广东传统非物质文化

Guangdong Chuantong Fei Wuzhi Wenhua

徐燕琳 编著

暨南大學出版社
JINAN UNIVERSITY PRESS

中国·广州

图书在版编目（CIP）数据

广东传统非物质文化/徐燕琳编著. —广州：暨南大学出版社，2012.8
ISBN 978－7－5668－0304－7

Ⅰ.①广… Ⅱ.①徐… Ⅲ.①文化遗产—研究—广东省 Ⅳ.①K296.5

中国版本图书馆 CIP 数据核字（2012）第190300号

出版发行：暨南大学出版社

地　址：中国广州暨南大学
电　话：总编室（8620）85221601
　　　　营销部（8620）85225284　85228291　85228292（邮购）
传　真：（8620）85221583（办公室）　85223774（营销部）
邮　编：510630
网　址：http://www.jnupress.com　http://press.jnu.edu.cn

排　版：广州广海照排设计中心
印　刷：佛山市浩文彩色印刷有限公司

开　本：787mm×960mm　1/16
印　张：14.5
字　数：275千
版　次：2012年8月第1版
印　次：2012年8月第1次
印　数：1—3000册

定　价：28.00元

前 言

传统非物质文化与物质文化相对，指的是人们世代相承的、与其生活密切相关的各种传统文化表现形式和文化空间，包括各种口头传说和表述、表演艺术、社会风俗、礼仪、节庆、有关自然界和宇宙的知识和实践、传统的手工艺技能等。这个概念范围很广，既涵盖了传统文化、民俗、民间文艺等内容，又将各种长期传承、历史积淀甚至人们习以为常的许多独特或普遍的经验、技能、才艺纳入关注范围。

传统非物质文化离我们并不遥远。可以说，它们在某种程度上形成或部分形成了我们的生活。比如，广东人爱喝汤，北方人爱吃饺子，这煲汤、包饺子的技法和习惯，就是传统的手工技能和饮食文化。过春节了，人们行花街、蒸岁饭、吃团年饭、拜年、送大橘、派利是、祭拜、游神、做年例，都是各地独具特色的非物质文化。即使在社会愈来愈现代化的今天，这些祖辈创造，历经实践、选汰并延续下来的历史文化遗产也不可能断绝。千百年来它们凝聚了一代又一代人的智慧与经验，是我们脚下坚实的土地，告诉我们从何处来，帮助我们认清将往何处去。

广东文化是中华民族文化的重要组成部分。丰富多彩的传统非物质文化，是广东人民社会生活、生产劳动、文化艺术、思想意识的记录和反映，并积淀成为深厚的民间文化资源和教育资源。本书将通过文字、图片和实际操作介绍等方式，介绍广东具有代表性的非物质文化项目，让读者获得对广东传统非物质文化直观、具体和系统的印象，并能够通过本书，将传统非物质文化与自己的现实生活结合起来，从而获得更多的知识和乐趣。

传统非物质文化，是我们生活的阳光、空气和土壤。它们以独特的方式滋润和抚慰着人们的心灵。对非物质文化遗产的认识和传承，不仅是一个长期被忽视的民族民间文化资源进入主流教育的过程和一种民族古老生命记忆的延续，也是一个对人类生存精神和生存智慧及活态文化存在的认知过程，还是一个更具人性发现和理性精神的民族文化整合过程。本书将与读者一起，共同踏上这趟发现之旅。

目录 CONTENTS

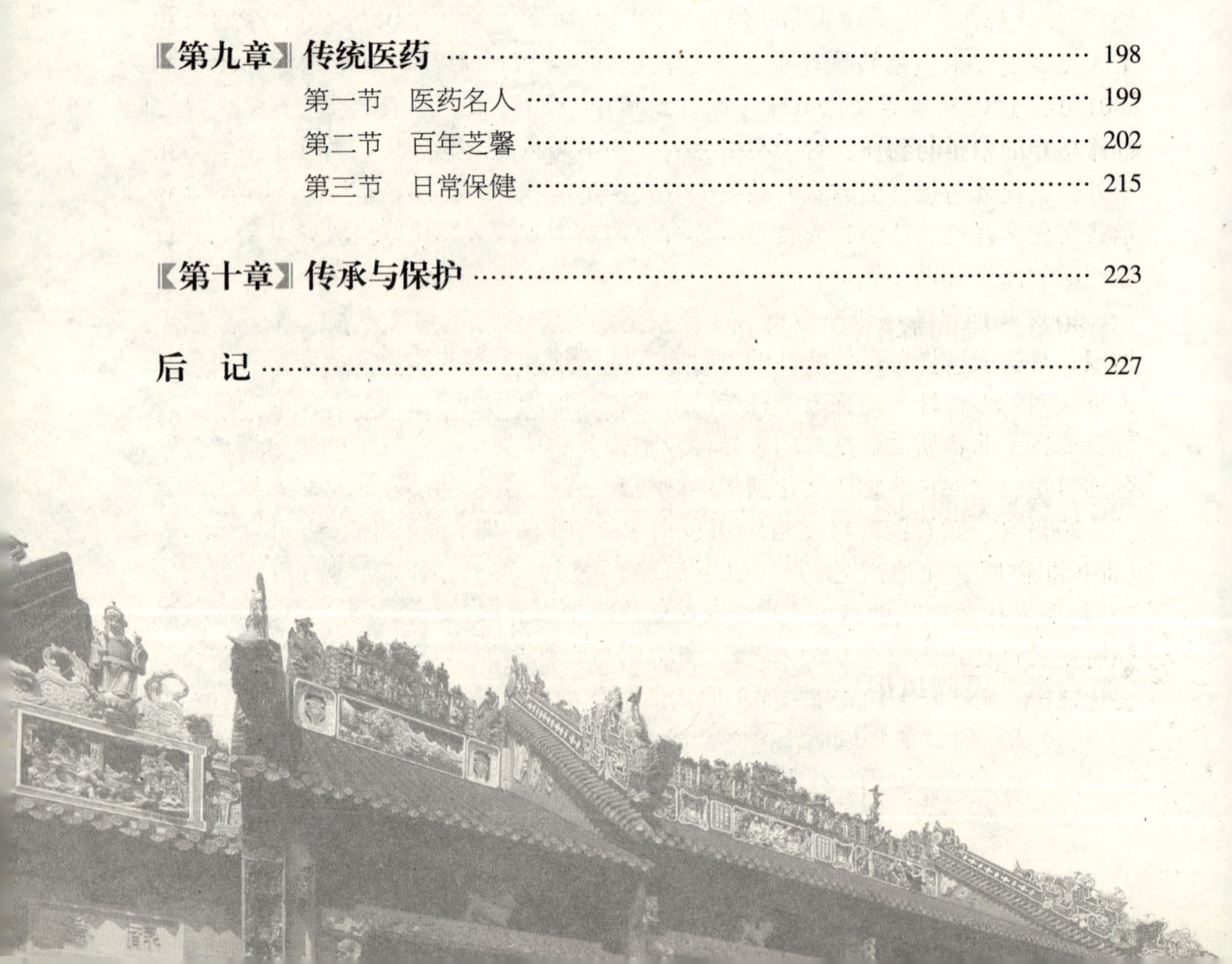

第一章 概述

第一节 非物质文化遗产概念

一、非物质文化遗产的定义

非物质文化遗产（Intangible Cultural Heritage）定义与内涵的确定并不久，但却经历了一个比较长的过程。

1998年，联合国教科文组织通过了《宣布人类口头和非物质遗产代表作条例》，正式提出“人类口头和非物质遗产”的概念，并于2001年5月18日宣布了人类有史以来包括我国昆曲艺术在内的第一批非物质文化代表作，共19项。2001年通过的《世界文化多样性宣言》重申应把文化视为某个社会或某个社会群体特有的精神与物质，智力与情感方面的不同特点之总和；认为除了文学和艺术外，文化还包括生活方式、共处的方式、价值观体系以及传统和信仰，呼吁在承认文化多样性、认识到人类是一个统一的整体和发展文化间交流的基础上开展更广泛的团结互助。

2002年通过的《伊斯坦布尔宣言》提出：非物质文化遗产是文化多样性的体现，是构成世界各民族特性的重要因素。保护和发展非物质文化遗产对于促进人类文明的多样性、增强人类社会的凝聚力和推动社会的发展具有重要意义。该宣言陈述了非物质文化遗产的重要性及加强非物质文化遗产保护的紧迫性，呼吁各国尽快制定保护非物质文化遗产的政策和法规，并加强国际间的交流和协作。

2003年，联合国教科文组织用包括中文在内的联合国六种官方语言公布的《保护非物质文化遗产公约》（以下简称《公约》），从国际准则的角度明确了“非物质文化遗产”的概念，此概念得到我国学术界以及社会各界的认可和接受。同时正式将文化的概念从“有形”的文化与自然遗产扩展到“无形”的非物质文化遗产，从呼吁人们尊重、保护非物质文化遗产上升到国际协作保护的高度。

《公约》对“非物质文化遗产”的定义为：

> 被各群体、团体，有时为个人，视为其文化遗产组成部分的各种实

践、表演、表现形式、知识体系和技能及其有关的工具、实物、工艺品和文化场所。各个群体和团体随着其所处环境、与自然界的相互关系和历史条件的变化不断使这种代代相传的非物质文化遗产得到创新，同时使他们自己具有一种认同感和历史感，从而促进文化多样性发展并激发人类的创造力。

根据其定义，非物质文化遗产包括以下五个方面：①口头传说和表述，包括作为非物质文化遗产媒介的语言；②表演艺术；③社会风俗、礼仪、节庆；④有关自然界和宇宙的知识和实践；⑤传统的手工艺技能。《公约》提出，要保护非物质文化遗产，确保非物质文化遗产的生命得以延续，包括非物质文化遗产各个方面的确认、立档、研究、保存、保护、宣传、弘扬、传承（特别是通过正规和非正规教育）和振兴。尊重有关社区、群体和个人的非物质文化遗产，同时在地区和国家之间互相欣赏，共同行动，开展国际合作及提供国际援助。《公约》成为世界范围内非物质文化遗产保护工作的共同行动纲领。

二、中国的非物质文化遗产保护工作

2004 年，我国经全国人大审议并通过了《保护非物质文化遗产公约》，正式加入联合国教科文组织《公约》，成为第六个加入该《公约》的国家，开始了中国化保护非物质文化遗产的进程。

2005 年，国务院办公厅下发的《关于加强我国非物质文化遗产保护工作的意见》指出，非物质文化遗产是各族人民世代相承、与群众生活密切相关的各种传统文化表现形式和文化空间。非物质文化遗产既是历史发展的见证，又是珍贵的、具有重要价值的文化资源。非物质文化遗产与物质文化遗产共同承载着人类社会的文明，是世界文化多样性的体现。此后又下发了《关于加强文化遗产保护工作的通知》和《关于公布第一批国家级非物质文化遗产名录的通知》。2006—2011 年，我国先后公布了三批国家级非物质文化遗产，合共千余项。

2011 年 2 月 25 日，第十一届全国人民代表大会常务委员会第十九次会议通过《中华人民共和国非物质文化遗产法》，该法自 2011 年 6 月 1 日起施行，以立法的形式确定了我国非物质文化遗产的重要地位。

随着《中华人民共和国非物质文化遗产法》的公布，中国非物质文化遗产的定义被正式确定为：

本法所称非物质文化遗产，是指各族人民世代相传并视为其文化遗产组成部分的各种传统文化表现形式，以及与传统文化表现形式相关的实物和场所。

具体包括以下六个方面：①传统口头文学以及作为其载体的语言；②传统美术、书法、音乐、舞蹈、戏剧、曲艺和杂技；③传统技艺、医药和历法；④传统礼仪、节庆等民俗；⑤传统体育和游艺；⑥其他非物质文化遗产。

《中华人民共和国非物质文化遗产法》共六章四十五条。第一章为“总则”，明确了本法的调整对象以及非物质文化遗产的保护原则。第二章为“非物质文化遗产的调查”，规定了县级以上人民政府开展非物质文化遗产调查的职责，对境外组织或者个人在中华人民共和国境内进行非物质文化遗产调查作出了规定。第三章为“非物质文化遗产代表性项目名录”，规定了建立非物质文化遗产代表性项目名录的政府层级、程序规范以及对名录项目的各种保护措施，并确立了对非物质文化遗产特定区域实行区域性整体保护的制度。第四章为“非物质文化遗产的传承与传播”，确立了非物质文化遗产代表性项目的代表性传承人认定制度和支持措施，规定了各级人民政府及其部门宣传、研究、合理利用非物质文化遗产等职责，以及学校、新闻媒体、公共文化机构等在教育、传播非物质文化遗产方面的责任。第五章明确了违反本法有关规定的行为相应的法律责任。

《中华人民共和国非物质文化遗产法》是我国文化领域继《文物保护法》之后的又一项重要法律，在文化法制建设中具有里程碑意义。这部法律的出台，标志着我国非物质文化遗产保护工作走上了有法可依的道路。这对于加强我国的非物质文化遗产保存、保护工作，继承和弘扬民族优秀传统文化影响深远。

三、非物质文化遗产的特点

非物质文化遗产作为人类特殊的文化遗产，其特殊性体现在以下三个方面：

1. 多元多样

文化在不同的时代和不同的区域具有各种不同的表现形式。这种多样性的具体表现是构成人类各群体和各社会的特性所具有的独特性和多样化。文化多样性是交流、革新和创造的源泉，是人类的共同遗产，应当从当代人和子孙后代的利益考虑并予以承认和肯定。

文化多元化是文化发展与社会进步的源泉之一，有利于增进文化交流和促进公众创作能力的发挥。文化多样性增加了每个人的选择机会。主张所有公民融入和参与的政策是增强社会凝聚力、民间社会活力及维护和平的可靠保障。

非物质文化遗产与物质文化遗产共同承载着人类社会的文明，是世界文化多样性的体现。每个族群、民族的非物质文化遗产，都蕴涵着本民族、族群特有的精神价值、思维方式、想象力和文化意识，是民族、族群内部维系和身份认同以及维护其文化身份和文化主权的基本依据。加强非物质文化遗产保护，不仅是民族生存与发展的需要，也是国际社会文明对话和人类社会可持续发展的必然要求。

我国是一个非物质文化遗产大国，是拥有世界级非物质文化遗产项目最多的国家，有28个项目进入联合国教科文组织的《人类非物质文化遗产代表作名录》，其中包括粤港澳三地联合申报的粤剧。各种非物质文化遗产内容丰富，形式多样，不仅如此，就是同一种非物质文化遗产在不同时期、不同地域也有多姿多彩的表现和存在。例如，中国剪纸艺术被列入世界级非物质文化遗产名录，但是我国幅员辽阔、民族众多，不同地区的剪纸风格、技法又很不相同。就是相同的地区，不同传承人的作品也不一样。内蒙古的剪纸粗犷劲爽，刚柔相济，极具草原风情；山西剪纸简练纯朴；江浙一带精细繁复；贵州剪纸也有独特的地域特色，选题广泛、造型丰富，如常见的有施洞型、台拱型。中国人品茶往往蕴涵着丰富的文化内容。人们喜欢以茶会友，在细品慢酌、谈笑风生中互通信息、交流情感。广东人也是如此。但是，潮州人喜欢喝的工夫茶，有着一套完整的冲饮程序，重在茶；广府的早茶讲究“一盅两件”，是从早期的“二厘馆”及后来的茶楼发展来的，是与商业文化相关、具有广府特色的饮食和社会文化；一些客家地区则有喝擂茶、咸茶、药茶的习俗。各个文化区由于历史、地理、文化不同，非物质文化遗产也多元多样。

2. 活态发展

非物质文化遗产多元多样化的内容，以人为本的创造、发展和传承模式以及传承中所体现的创新性、变化性，都说明它是一种“活态”文化，一种发展中的文化。

非物质文化遗产通过传承人的活动表现传达给受众。在传承过程中，不同时期、不同地域的传承人对非物质文化遗产不断的丰富、发展和创新，令非物质文化遗产保持着生命的活力并时时绽放异彩。活态发展是非物质文化遗产的生命源泉，也是它之所以能够世代留传的原因。

以戏曲为例。我国的传统戏曲在形成发展的过程中，形成了各种不同的程式套路。这些程式往往约定俗成，同时也在不断创新。例如梅兰芳和俞振飞合演的《白蛇传》“断桥”一折，白娘子和许仙在断桥重逢，许仙跪倒在白娘子面前请求原谅；白娘子又恨又爱，叫他一声“冤家呀”。白娘子在念这句词时，左手要空指许仙一下。有一天演到这里，饰演许仙的俞振飞跪得离演白娘子的梅兰芳近了一些，梅兰芳一指已经指到俞振飞的额头上，索性用力戳了一下。俞振飞顺势身体向后一仰。梅兰芳一看，赶紧又用双手来搀扶住。但一想，又感到许仙太负心，生气地轻轻一推。一戳、一仰，一搀、一推，这一组即兴表演，是演员进入了角色，按照故事情节很自然地生发出来的，生动地体现了二人的性格和他们之间的真实感情，于是再次演出时就把它保留了下来，成为之后固定的程式。后来，京剧和许多地方戏都吸收了这一组表演。[①] 就是这种自然而然的创新，使得许多传统文化能够不断发展，不断丰富，长盛不衰。

3．以人为本

非物质文化遗产是一种“活态”文化，是人类不断更新和叠加的历史文化记忆。它与人们过去和现在的生活息息相关，并指向更远的未来。非物质文化的创造、传承和发展都依赖于人。以人为本，是它的根本特征之一。因此，保护非物质文化遗产要始终坚持以人为本的原则。

非物质文化是各族人民世代相承的、与群众生活密切相关的传统文化表现形式和文化空间。非物质文化遗产的传承，注重的是知识、情感、技能、技术、文化空间和文化表现的传承，以实现人类对自身生产和生活方式、情感和智慧表达的关注。人是非物质文化的创造者、拥有者、传承者，非物质文化必须依托于人而存在，并服务于人。人是非物质文化遗产的核心与载体，也是非物质文化遗产保护的实质对象。保护人，特别是保护那些创造、创新和传承非物质文化遗产的活生生的人，是我们保护非物质文化遗产的根本。保护了人就保护了非物质文化遗产的源头，保护了文化的根脉。

非物质文化的保护还包括保护特定的文化空间和生产、生活方式。非物质文化遗产蕴涵着民族、国家、群体甚至个人特有的精神价值、思维方式和文化意识。它的存在不脱离特殊的生产和生活方式，同时是个性、审美习惯的“活”的显现。它依托于具体的人和人的生产、生活而存在，以声音、形象和技艺为表现手段，以口传身授作为文化链而得以延续。并且，其生存对社会环境有很强的依赖性，因而具有突出的不可再生性和脆弱性。以人为本，还包括尊重其特定的生产、生活方式，不轻易破坏特定的文化场所和文化空间，以尊重文化的独立性、完整性和自由发展。这是传统非物质文化得以传承的关键所在。

随着全球化趋势的加强和现代化进程的加快，我国的文化生态发生了巨大变化，非物质文化遗产受到越来越大的冲击。一些依靠口授和行为传承的文化遗产正在不断消失，许多传统技艺濒临消亡，大量具有历史文化价值的珍贵实物与资料遭到毁弃或流失境外，随意滥用、过度开发非物质文化遗产的现象时有发生。在传承链可能断裂的严重情况下，非物质文化赖以存在的文化生态空间也因不断受到挤压而碎片化、边缘化甚至消失。加强我国非物质文化遗产保护刻不容缓。

---

① 王家熙，许寅等．俞振飞艺术论集．上海：上海文艺出版社，1985．107.

第二节 广东传统非物质文化

阿富汗喀布尔博物馆大门上写着这样一句话："当一个民族的文化存在，这个民族就存在着。"联合国教科文组织的《伊斯坦布尔宣言》在强调非物质文化遗产的重要性时指出，非物质文化遗产是"文化多样性的熔炉"和"可持续发展的保证"。每一个民族和群体保护了自己本土文化的独特性，也就是为世界文化的多样性和人类的创造性作出了自己的一份贡献。广东传统非物质文化作为中华文明和中华民族传统文化的重要组成部分，其悠久的历史和灿烂的文化同样需要我们去认识，去保护，去传承。

一、广东文化概况

广东省位于南岭以南，东邻福建，北接江西、湖南，西连广西，南临南海，珠江口东西两侧分别与香港、澳门特别行政区接壤，西南部雷州半岛隔琼州海峡与海南省相望。全省陆地面积为17.98万平方千米，海域总面积达41.9万平方千米。

广东地势北高南低，境内山地、平原、丘陵交错。河流大多自北向南流，主要有珠江、韩江、鉴江等。最长的珠江由西江、北江、东江汇流而成，长2 122千米，是中国第三大河流。南海沿岸的珠江三角洲、韩江三角洲土地肥沃，是著名的鱼米之乡。

广东文化主要由广府文化、潮州文化、客家文化三大文化体系构成，分别以粤方言、潮州（福佬）方言和客家方言为标志。三大民系的形成，是中原汉族与岭南土著长期融合的结果。其中较大规模的融合始于秦征岭南，经过两晋、两宋、明末三次移民高潮（包括来自中原、楚、吴越、闽等地区）而逐渐发展形成。由于历史上的种种原因，三大民系的人民长期保持各自的生活习俗、文化意识和性格特征，并与壮、瑶、畲等少数民族一起，共同构成了广东文化丰富多彩、千姿百态的风情魅力。同时，又以其各自的优势和特色，促进了广东文化的发展。

广府文化以珠江流域为中心，既有古南越遗传，又受中原汉文化哺育，更吸收外来文化因素，具有多元的层次和构成因素。广府文化的中心城市广州，自古以来就是广东乃至岭南地区的政治、经济和文化中心。由于长期与海外文化接触交流，广府民系深具开放性，敢于探索和尝试，商品意识和价值观念较强。广府文化还可以分为西江北（今韶关、清远、肇庆）、西江南（今云浮、阳江、茂名、湛江）和珠三角（今江门、佛山、广州、东莞、深圳、珠海及港澳）次文化区。

从西晋永嘉之乱开始，中原汉族居民陆续南迁至粤赣闽三地交界处，与当地土著居民杂处，互通婚姻，最终形成相对稳定的客家民系。此后，客家人又以梅州为基地，大量外迁到华南各省乃至世界各地。他们以家族为核心拼搏求存，并与迁入地土著融合，形成了自己独特的文化风格。客家文化的中心地区为粤北的惠州、河源、梅州等地。客家文化具有中原文化的深厚底蕴，又具有十分强烈的寻根意识与乡土意识，因此客家人普遍具有坚韧不拔、勇于开拓的品质。

潮州文化是由古代南粤土著文化、中原文化和海外文化相融合而形成的文化。今天人们说的潮汕包括粤东（今汕尾、揭阳、潮州、汕头）和梅州的丰顺县。由于传统意义上的潮州文化已延绵千年并在海内外通用，涵盖包括旧属潮州府及使用潮州方言的人群和文化，故本书仍沿用“潮州文化”这一说法。潮州文化圆融开放，儒雅精致，保留了许多中原旧韵。“有潮水的地方就有潮人”，海洋文化亦造就了潮州人的拼搏意识。

广东文化的发展得益于长期以来中原文化的哺育和外来移民与本土居民的不断交融交汇。同时，由于地处大陆最南端，广东省与海外联系较为频繁，有机会接触且善于吸收、模仿和学习外来文化，并将传统文化与之结合，因此，广东文化一方面能够保持自身本色，另一方面也能够以开放、包容的心态，不断丰富、创新、发展。

二、广东非物质文化遗产及其分布

广东传统非物质文化资源丰富，品类多样。全省有一百多个县、镇、村被文化部和广东省命名为“广东省民族民间艺术之乡”、“中国民间艺术之乡”和“中国民间特色艺术之乡”，还启动了“民族民间文化保护工程”，非物质文化遗产保护工作一直走在全国前列。

2006 年 6 月 2 日公布的《第一批国家级非物质文化遗产名录》中，广东有 29 项列入其中，分别为梅州客家山歌、中山咸水歌、广东音乐、潮州音乐、广东汉乐、广东醒狮、龙舞（湛江人龙舞、汕尾滚地金龙）、英歌（普宁英歌、潮阳英歌）、潮剧、粤剧、正字戏、西秦戏、白字戏、花朝戏、陆丰皮影戏、木偶戏（高州木偶戏、潮州铁枝木偶戏）、龙舟说唱、佛山木版年画、广东剪纸、粤绣（广绣、潮绣）、象牙雕刻、潮州木雕、端砚制作技艺、灯彩（东莞千角灯）、石湾陶塑技艺、凉茶、小榄菊花会、瑶族盘王节、瑶族耍歌堂。

2008 年 6 月 7 日公布的《第二批国家级非物质文化遗产名录》中，广东有

29 项入选，分别为：雷州歌、惠东渔歌、麒麟舞、沙头角鱼灯舞、禾楼舞、蜈蚣舞、瑶族长鼓舞、广东汉剧、蔡李佛拳、雷州石狗、玉雕（广州玉雕、阳美翡翠玉雕）、广州榄雕、佛山彩扎狮头、灰塑、嵌瓷、新会葵艺、英石假山盆景技艺、枫溪瓷烧制技艺、广彩瓷烧制技艺、香云纱染整技艺、白沙茅龙笔制作技艺、龙舟制作技艺、安琪广式月饼制作技艺、传统中医药文化（潘高寿传统中药文化、陈李济传统中药文化）、洋村灯会、佛山祖庙庙会、抬阁（南朗崖口飘色、台山浮石飘色、吴川飘色、河田高景）、斗门水上婚嫁习俗、潮州工夫茶艺。

2011 年 6 月 10 日公布的《第三批国家级非物质文化遗产名录》，广东省有 7 项入选，包括跳花棚、雷剧、粤曲、木鱼歌、瑶族刺绣、赛龙舟、装泥鱼习俗。

在这三批国家级非物质文化遗产项目中，广东省合计有 65 项。入选国家级非物质文化遗产名录的是广东传统非物质文化的代表，然而，真实存在于民间的非物质文化数量更为众多，分布也更为广泛。自 2006 年至 2012 年，广东省先后公布四批省级非物质文化项目：

广州：48 项。分别是：广东音乐、沙坑醒狮、黄阁麒麟舞、粤剧、广绣、广彩、广州牙雕、沙湾飘色、五羊传说、岭南古琴艺术、貔貅舞、广州北胜蔡李佛拳、咸水歌、鳌鱼舞、灰塑、砖雕、榄雕、玉雕、木雕、广式家具制作技艺、潘高寿中药文化、陈李济中药文化、迎春花市、波罗诞、安琪广式月饼制作技艺、莲香楼广式月饼制作技艺、乞巧节、赛龙舟、萝岗香雪、何仙姑与挂绿的传说、粤语讲古、粤曲、广州珐琅制作技艺、广州戏服制作技艺、广州箫笛制作技艺、广式红木宫灯制作技艺、广州狮头制作技艺、盆景技艺、西关正骨、畲族拜祖公图、保滋堂保婴丹制作技艺、采芝林传统中药文化、敬修堂传统中药文化、小柴胡制剂方法、小凤饼制作技艺、沙河粉传统制作技艺、致美斋广式调味品制作技艺、岭南传统天灸疗法。

佛山：33 项。分别是：佛山剪纸、佛山木版年画、广东醒狮、粤剧、龙舟说唱、“石湾公仔”陶塑艺术、佛山祖庙北帝诞、九江传统龙舟、佛山秋色、佛山十番、八音锣鼓、龙舞、粤曲星腔、香云纱染整技艺、佛山狮头制作技艺、行通济、佛山彩灯、木雕、春节习俗、灯会、石湾玉冰烧酒酿制技艺、九江双蒸酒酿制技艺、官窑生菜会、陈村花会、高明花鼓调、藤编、石湾龙窑营造与烧制技艺、金箔锻造技艺、中医养生（源吉林甘和茶）、冯了性风湿跌打药酒传统祖方及工艺、端午节（盐步老龙礼俗）、蔡李佛拳、咏春拳。

深圳：17 项。分别是：沙头角鱼灯舞、客家山歌、大鹏山歌、麒麟舞、龙舞、狮舞、平乐郭氏正骨医术、“辞沙”祭妈祖大典、舞草龙习俗、大鹏清醮、黄氏宗亲祭典、赛龙舟、疍家婚俗、望烟楼的传说、下沙大盆菜、红釉彩瓷“满堂红”烧制技艺、贾氏点穴疗法。

珠海：9 项。分别是：沙田民歌、鹤舞、斗门水上婚嫁、飘色、装泥鱼技艺、一指禅推拿、沙溪四月八、七月三十装路香、中秋对歌会。

中山：13 项。分别是：中山咸水歌、醉龙、六坊云龙舞、小榄菊花会、赛龙舟、白口莲山歌、鹤舞、麒麟舞、飘色、黄圃腊味传统制作工艺、咀香园杏仁饼传统制作工艺、大涌红木家具传统雕刻工艺、沙溪四月八。

东莞：25 项。分别是：东莞麒麟舞、千角灯、咸水歌、草龙舞、狮舞、麒麟引凤、赛龙舟、龙舟制作技艺、石龙醒狮头制作技艺、麒麟制作、莞草编织、乞巧节、东坑卖身节、寮步香市、康王宝诞、东坑木鱼歌、长安大盆菜、莫家拳、舞木龙习俗、茶山公仔、横沥牛墟、七夕贡案、莞香制作技艺、道滘裹蒸粽制作技艺、广式腊味制作技艺。

江门：19 项。分别是：台山广东音乐、新会葵艺、台山浮石飘色、龙舞、狮舞、蔡李佛拳、咏春拳、白沙茅龙笔制作技艺、江门东艺宫灯制作技艺、灯会、赛龙舟、崖门海战流传故事、金声狮鼓制作技艺、新会陈皮制作技艺、广式硬木家具制作技艺、陈梦吉故事、恩平民歌、东古牌系列酱料制作技艺、广合腐乳酿造技艺。

肇庆：13 项。分别是：端砚制作工艺、悦城“龙母诞”庙会、雄鸡舞、龙鱼舞、春牛舞、贵儿戏、玉雕、贞仙诞、麒麟白马舞、肇庆裹蒸制作技艺、金渡花席编织技艺、德庆学宫祭孔活动、疍家糕制作技艺。

清远：13 项。分别是：英石假山盆景传统工艺、连南排瑶耍歌堂、瑶族长鼓舞、闹花灯、舞马鹿、瑶族小长鼓舞、凤舞、瑶族布袋木狮舞、豆腐节、瑶族八音、八排瑶族婚俗、排瑶民歌、过山瑶婚礼。

湛江：24 项。分别是：遂溪醒狮、人龙舞、舞鹰雄、姑娘歌、吴川飘色、雷州石狗信仰、雷州歌、傩舞、貔貅舞、吴川泥塑、麒麟村爬刀梯、雷州音乐、粤剧（吴川粤剧南派艺术）、木偶戏、雷剧、雷祖崇拜、龙舞、蜈蚣舞、藤牌功班舞、廉江石角傩戏、雷州蒲织技艺、雷州风筝节、关公磨刀节、坡头罗侯王庙庙会。

茂名：12 项。分别是：化州跳花棚、高州木偶戏、飘色、禾楼舞、狮舞、木偶戏（单人木偶）、年例、高州木刻画、信宜玉雕、缅茄雕刻、化橘红中药文化、冼夫人信俗。

阳江：8 项。分别是：阳江漆艺、阳江风筝、阳春根雕、疍家婚俗、高流河墟、阳江山歌、阳江豆豉酿造技艺、阳江小刀制作技艺。

云浮：15 项。分别是：泷州歌、六祖传说、陈璘传说、连滩山歌、连滩飘色、禾楼舞、云浮石艺、张公庙会、六祖诞庙会、横经席制作技艺、云安玲珑子母灯、东山祖庙庙会、马塘庙会、舞火篮、禾谷醮。

韶关：15 项。分别是：舞春牛、狮舞、香火龙、瑶族“拜盘王”、南华诞庙会、九峰山歌、粤北采茶戏、瑶族刺绣、张田饼印、乳源瑶歌、石塘月姐歌、仁化土法造纸技艺、龙船歌、乐昌花鼓戏、石塘堆花米酒酿造技艺。

惠州：7 项。分别是：惠东渔歌、凤舞、舞火狗、麒麟舞、龙形拳、罗浮山百草油制作技艺、九龙峰谭公庙醮会。

梅州：23 项。分别是：梅州客家山歌、广东汉乐、平远船灯、广东汉剧、五华提线木偶戏、丰顺埔寨火龙、石岩客家山歌、松口客家山歌、竹马舞、杯花舞、龙舞、狮舞、鲤鱼舞、五华石雕、铙钹花、蕉岭莲池舞、竹板歌、丰顺埔寨纸花技艺、梅县提线木偶戏、采茶戏、锣花鼓、兴宁罗家通书推算法、光德陶瓷烧制技艺。

河源：7 项。分别是：忠信花灯、花朝戏、忠信吊灯习俗、猫头狮、客家娘酒酿制技艺、龙川手擎木偶戏、康禾贡茶制作技艺。

汕头：20 项。分别是：潮阳民间剪纸、潮阳笛套音乐、潮州歌册、潮阳英歌、潮南英歌、蜈蚣舞、鳌鱼舞、潮剧、澄海灯谜、潮州音乐、抽纱、瓶内画、嵌瓷、木雕、后宅元宵渔灯赛会、贵屿街路棚、茶艺、陶瓷微书、广德泰药酒酿造技艺、太安堂中药文化。

潮州：25 项。分别是：潮州剪纸艺术、潮州音乐、潮州饶平布马舞、潮剧、潮州铁枝木偶戏、潮绣艺术、潮州木雕艺术、潮州大吴泥塑、鲤鱼舞、潮州歌册、潮州花灯、枫溪瓷烧制技艺、畲族招兵节、饶平彩青习俗、潮州工夫茶、陈三五娘传说、潮州麦秆剪贴画、潮州彩瓷、嵌瓷、浮洋方潮盛铜锣制作技艺、潮州抽纱刺绣技艺、潮州菜烹饪技艺、枫溪手拉朱泥壶制作技艺、潮州“出花园”、铜铸胎掐丝珐琅器制作技艺。

揭阳：34 项。分别是：普宁英歌、鹤舞、惠来九鳄舞、龙舞、狮舞、抛锣、潮剧、广东汉乐、潮州音乐、揭阳铁枝木偶戏、飘色、赛龙舟、神泉英歌、玉雕、嵌瓷、木雕、春节习俗、行彩桥、大溪宗祠祭典、三山国王祭典、摆猪羊习俗、竖灯杆升彩凤、锣鼓标旗巡游、茶艺、老香橼（佛手瓜）制作技艺、普宁豆酱制作技艺、贵政山茶叶陶罐制作技艺、揭阳酱油酿造技艺、揭西客家红酒酿造技艺、南枝拳、苏六娘传说、乒乓粿制作技艺、玉湖炒茶制作技艺、浦东牛皮鼓制作技艺。

汕尾：20 项。分别是：汕尾渔歌、海丰麒麟舞、滚地金龙、钱鼓舞、狮舞、飘色、泥塑、正字戏、西秦戏、白字戏、陆丰皮影戏、河田高景、南塘吹打乐、英歌舞、东坑地景、紫竹观道教音乐、博美妈祖信俗、凤山妈祖庙会、陆丰马尾酒酿造技艺、陆河擂茶制作技艺。

三、广东非物质文化遗产概况

根据国务院公布的三次《国家级非物质文化遗产名录》，非物质文化遗产可以具体分为10类：①民间文学；②传统音乐；③传统舞蹈；④传统戏剧；⑤曲艺；⑥传统体育、游艺与杂技；⑦传统工艺美术；⑧传统技艺；⑨传统医药；⑩民俗。广东传统非物质文化遗产蕴藏丰富，多种多样。本书中，我们基本以此分类来介绍广东非物质文化遗产。

1. 民间文学

广东民间文学非常丰富，在民间传播分布甚广，既反映了当地的自然、社会、历史、文化、经济、政治状况，同时也对它们造成了深远的影响。如在翁源流传的客家民间故事“七姑娘嫁蛇”和悦城龙母传说中“断尾龙祭母”等故事，在岭南各地各族中情节大体一致，反映了岭南蛇图腾和龙崇拜的特点，以及重视传统、传宗接代的伦理思想。[①] 广州的“五羊传说”，反映了先民自北方携带牲畜、农作物南来，落籍岭南和种植水稻的历史。特别是传说中对一茎六出的粳稻的强调及以“羊”为神兽的特色都与广州的人文地理环境有很大关系。国家非物质文化遗产保护项目“雷州歌”，体现出雷州半岛的地理风貌以及雷州人民的生存环境、劳动生产、家庭生活、爱情婚恋、历史人文、伦理道德、风土习俗、娱乐戏谑、丧白喜庆、政治时事等各种情况，具有十分宝贵的历史价值和现实意义。冼夫人、袁崇焕、崖门海战等故事也是历史的记录和民间心声的反映。

2. 传统音乐

广东的传统音乐主要包括音乐和民歌。三大民系都有自己具有代表性的音乐形式。广东音乐主要流传于珠江三角洲，是清末民初在当地民间“八音会”和粤剧伴奏曲牌的基础上逐渐形成的。常规乐器有粤胡、秦琴、琵琶、扬琴、洞箫、喉管、笙及木鱼、铃；代表曲目有《旱天雷》、《连环扣》、《倒垂帘》、《七星伴月》、《步步高》等。潮州音乐是以潮州为中心，发祥和流传于粤东地区和海内外潮汕人聚居地的各类民间器乐的总称。可追溯到唐宋之际，至明清时期发展成熟。潮州音乐的曲目十分丰富，最著名的是被称为“潮乐十大套”的曲目，包括《昭君怨》、《寒鸦戏水》、《小桃红》、《平沙落雁》、《凤求凰》、《月儿高》、《玉连环》、《黄鹂词》、《大八板》、《锦上添花》这十种。广东汉乐以梅州市大

---

① 农学冠. 蛇郎故事的原型及鳄（龙）崇拜. 广西民族学院学报，2000（1）.

埔县为代表，有文乐和武乐（打击乐）之分，文乐类的特色乐器有头弦、提胡、椰胡、唢呐和筝；武乐类的特色乐器有大锣、踠锣、当点。广东汉乐的曲目丰富，演奏形式多种多样，代表曲目有《渔樵问答》、《得胜令》等。

广东山区有山歌，水乡、海滨有咸水歌、渔歌，民间也流传着许多歌谣和童谣。梅州客家山歌流传于梅州客家人聚居地，宋明期间伴随着客家民系的形成而传播发展，是中原文化与梅州土著文化融合的产物。它有数万首歌词，内容包括劳动歌、时政歌、仪式歌、礼俗歌、情歌以及其他生活歌和儿歌等，涵盖了客家人生活的方方面面。客家山歌至今仍活跃于各地客家人中，广州越秀公园越秀山上，每月12日都有群众自发组织的山歌墟，每次聚会少则几百人，多则一两千人。咸水歌多是水上情歌，早在明末清初就已流行，广受中山、番禺、珠海、南海等沿海和河网地带的农民和渔民喜爱，有的地方还形成了对歌酬答的习俗。农忙之前或收获之后，人们搭起歌台，进行比试。中秋节时，他们还把船摇至江心，连成“中秋咸水歌擂台”。悠扬的歌声，给在咸水里艰辛劳作的人们以心灵的慰藉和快乐。

3. 传统舞蹈

广东各地的民间传统舞蹈，特别是各地的动物舞，最能体现岭南文化特色。许多舞蹈与体育、竞技有很大关系。其中，流传范围最广的舞狮舞龙就很有特点，形式也非常丰富，包括醒狮、青狮、七星狮、席狮和火龙、人龙、醉龙、纱龙、网龙等。广东醒狮起源于明代的南海县，流传于广东、广西和东南亚各国。每逢节庆或重大活动，必有醒狮助庆。佛山黄飞鸿的舞狮威震四方，其中狮子出洞、狮子上楼台、飞砣采青独树一帜。鹤山冯庚长倒挂金钩采青的绝技轰动省港澳，被誉为“广东狮王”。20世纪80年代以来，舞狮舞龙在民间十分兴盛。佛山几乎乡乡都有醒狮队，一年四季锣鼓声不断。佛山祖庙边的黄飞鸿纪念馆每天都会进行一次南派舞狮表演。冯庚长出生地沙坪越塘大塱村，逢年过节特别是每年农历2月13的“洪圣诞”，均组织盛大舞狮表演。

动物舞与民众生活关系密切。麒麟舞原为古代原始体育活动，与民众反抗强暴、抵御异族入侵有关，后演变成盛会节日、共庆瑞祥的文娱活动。蜈蚣舞有澄海蜈蚣舞和雷州乌石蜈蚣舞两种。澄海蜈蚣舞始创于清光绪年间，澄海西门陈成锦和石文勇两人设计制作了可供舞蹈的蜈蚣躯壳和整套舞蹈动作，经后人不断改进加工而日臻完美；雷州乌石蜈蚣舞则是雷州市乌石港先民创造的一种驱邪消灾、祈盼安康与丰收的民间民俗舞蹈。其他动物舞，如鲤鱼舞、舞九鳄、布马舞、啄鹤舞、舞鹰雄、雄鸡舞等也为广东独有，其中澄海更有“动物舞蹈之乡”的美誉。

广东传统舞蹈的一个特色是保持了原生态、原始的傩舞形式。湛江东岭村考兵傩礼被誉为中国文化的活化石，生动地反映了自先秦以来的傩文化传统。化州跳花棚是明朝时期从福建传入的，也属于傩舞的一种。还有雄浑的“男子汉的舞蹈”——英歌、“耍歌堂”上刚健欢乐的长鼓舞等。这些舞蹈是群众齐齐参与的热闹喜庆活动，显示出广东人的生命活力。

4. 传统戏剧

麦啸霞在《广东戏剧史略》中认为，广东戏剧“吸西方文明之风气，扇南国俊雅之精神”，“继昆曲乱弹之传统，集南北戏曲之大成”，具有“轻快流丽之特质与新颖善变之风格”。生长于革命策源地的广东传统戏曲，充满革命性和时代精神，富于生命力和创造力。

广东传统戏剧剧种很多，包括目前进入《国家级非物质文化遗产名录》的粤剧、潮剧、正字戏、西秦戏、白字戏、花朝戏、陆丰皮影戏、高州木偶戏、潮州铁枝木偶戏、广东汉剧、雷剧11种。其中正字戏、白字戏、西秦戏、花朝戏被称为广东的“四大稀有剧种”。广东传统戏剧从表演、唱腔、服饰、舞美、道具、音乐、化妆、剧本等方面，既吸收了传统戏曲和北方剧种的许多优点，又极具地方特色。

明万历年间，广东已经有了戏班组织——琼花会馆。《佛山忠义乡志》载：“镇内有会馆凡三十七，琼花会馆建筑瑰丽，为会馆之最。”琼花会馆附近就是佛山大基尾河边的琼花水埠，“优船聚于基头，酒肆盈于市畔”，方便坐红船的伶人上岸或到其他地方演出。清顺治十五年（1658）在灵应祠祖庙前的建华封戏台，康熙年间改名为万福台，是广东现存岭南地区规模最大也是最华丽精巧的古戏台。经过长期的发展，粤剧成为拥有11 369个剧目的剧种，还有“戏子称王”、“薛马争雄”等许许多多传奇故事。粤剧及粤剧艺人亦成为满清专制统治下宣传革命甚至直接参与革命的重要力量。

广东其他剧种也各具特色。例如作为宋元南戏支脉的潮剧，地方志记载，明清时已经“观者昼夜忘倦”、演出“无日无之”。其旦角唱腔优美深情，丑角生动诙谐，十分有趣，一直脍炙人口。此外还有被誉为“南国牡丹”的广东汉剧，一个人可以做一台的高州木偶戏，表演风格古朴、气魄宏大的正字戏等，异彩纷呈。

5. 曲艺

广东曲艺包括粤曲、木鱼歌、龙舟歌、南音、客家竹板歌、讲古等，其中龙舟说唱、粤曲、木鱼歌入选《国家级非物质文化遗产名录》。粤曲是粤方言区流行最广的一大曲种，盛行于广州、香港、澳门等地，并逐渐传播到东南亚及美洲华人聚居的地方。粤曲原为粤剧的曲调，它音乐性强，曲调优美动听，注重声腔艺术，有独特的风格和地方特色。木鱼歌是用粤方言演唱的说唱歌曲，也是粤剧、粤曲常用的曲牌之一。它演唱时不必伴奏，只用一段刳空了的硬质木头敲击作声以为节奏。目前珠三角一带还有人在传唱。

广东说书相传源于明末柳敬亭。除了粤方言区的粤语讲古，还有潮州话、客家话的讲古。在讲古受到冷落的很长一段时间里，粤语讲古人颜志图孤守讲古坛。每周六下午3点，颜志图的身影总会准时出现在广州文化公园棋艺馆讲古坛上。“原文再续，书接上一回”，一袭明黄色的飘逸长袍，一把古色古香的折扇，他便带着听众纵横驰骋——沙场烽烟、快意江湖、人间胜景、儿女情长。所谓“两杯清茶下肚，来听潮州讲古”，潮州的陈四文、王敏等，是当地赫赫有名的讲古大师。78岁的王敏还受邀参加马来西亚柔佛古庙“三月初三锣鼓响”庙会，连演三场，场场掌声如雷。

6. 传统体育、游艺与杂技

20世纪80年代以后，随着《再向佛山行》、《霍元甲》、《黄飞鸿》等影视作品风靡内地，广东武术重新引起了人们的关注。入选《国家级非物质文化遗产名录》的蔡李佛拳是著名的南拳之一，相传为广东新会京梅乡人陈享综合了蔡家拳、李家拳和佛家拳三家之长所创。该拳法多用爆发劲，吸气以蓄劲，呼气以助发，发声与动作配合，助威助势。实用、简洁的咏春拳，全世界有200多万人在练习，这主要是叶问和李小龙教授推广的功劳。一代宗师叶问一生颇具传奇色彩。抗日战争期间，佛山的工商业被日本人控制和侵占，叶家也常常三餐不继。日寇久闻叶问的大名，要他去做宪兵队的武术教练，叶问断然拒绝：“一个人的民族气节比什么都重要，这个问题绝对不能含糊！”宪兵队一再指派高手同叶问比武。很多人劝叶问认输算了，但叶问将生死置之度外，在鬼子的枪口下把日本高手打得心服口服。[①] 李小龙师承叶问的咏春拳，又结合自身特色开创了截拳道一派，《唐山大兄》、《猛龙过江》等电影让中国功夫走向世界，《龙争虎斗》里挥舞齐眉棍、双节棍的风姿激荡万千心灵，《精武门》中的一句经典对白“中国人不是东亚病夫”更是家喻户晓。

广东的其他体育运动如龙舟竞渡，游艺和杂技类的游马会、土地会、斗陀螺、滚铜钱等也多姿多彩，受到群众喜爱。珠江三角洲龙舟竞渡之风颇盛。李调元《南越笔记》称：“粤中五月采莲竞渡，至五日乃止。广州竞渡夺标较胜，有逾月者。”清末傅维森《珠江竞渡诗序》、居廉《荔枝湾龙舟竞渡图》等都记录

① 侠生．武侠大师叶问的真实人生．半月选读，2009（6）．

了广州龙舟竞渡的盛况。番禺“龙舟以吊大夫，凤船以奉天后，皆于五日为盛会”。出生于疍民家庭的广东音乐家冼星海在《民族解放交响乐》里即以“急鼓千捶船竞发，万桡齐举浪低头”的龙舟竞渡场面，表现激烈的战斗场景，发挥出激励人心的效果。他创作的《黄河大合唱》中“咳哟！划哟……伙伴啊，睁开眼！舵手啊，把住腕！当心啊，别偷懒！拼命啊，莫胆寒！咳！划哟！咳！划哟！咳！划哟！不怕那千丈波浪高如山！不怕那千丈波浪高如山！行船好比上火线，团结一心冲上前”，仿佛就是南方龙舟竞渡场面的生动描绘。①

7. 传统技艺、工艺美术

广东人杰地灵，自古以来就是南中国的经济、贸易中心，各种传统技艺和生产非常丰富，多项入选《国家级非物质文化遗产名录》，包括佛山木版年画、广东剪纸、粤绣（广绣、潮绣）、象牙雕刻、潮州木雕、东莞千角灯、雷州石狗、广州玉雕、广州榄雕、佛山狮头、灰塑、嵌瓷、新会葵艺、英石假山盆景技艺、瑶族刺绣等。艺术陶瓷类的瓷器生产技艺，如瓷塑、广彩、潮彩、青花、通花瓷等；陶器类的陶塑、紫砂（红泥）陶器、各种刻花和剔花陶器等；其他艺术陶瓷如瓷板画、刻瓷、嵌瓷、陶瓷微书等，都享誉四方。此外还有笔墨纸砚类，如端砚制作技艺、白沙茅龙笔制作技艺；食品饮品类，如广式月饼制作技艺、凉茶；抽纱花边和编织类，如香云纱染整技艺等。它们历史悠久，内涵丰富，往往传承千百年，是广东人民历史和经验的总结。

传统工艺美术来自民间，创作内容往往来源于百姓日常生活。佛山木版年画属于民间画，与天津杨柳青、苏州桃花坞、山东杨家埠的木版年画并称为中国四大木版年画。它形象精细、饱满，线条粗犷、有力，红彤彤的色彩艳丽、寓意吉祥，因而又有“万年红”的美誉。

工艺美术作品的材料不仅有价值昂贵的象牙、美玉，此外，一些简单的日常用品也能在能工巧匠的手下绽放异彩。我国著名思想家梁启超的故乡新会盛产蒲葵并以葵扇制作工艺出名，素有“葵乡”的美誉。从东晋起，历经民间艺匠千余年的探索，新会艺人将编织、绣花、绘画和印花等工艺融为一体，使葵艺加工达到了出神入化的境界。同治末年老画师陈晚创制的火画扇，1952 年被国家列为特种工艺品。岭南画派一代宗师关山月曾前来观摩，并曾 60 余次尝试“烙火画”工艺，但都无法把握烙铁的力度，每次都把扇面烧糊，最后掷“烙”长叹：真是一门绝技！

① 徐燕琳．疍民文化与冼星海的音乐创作．林有能，吴志良，胡波．疍民文化研究．香港：香港出版社，2010．341～342．

8. 传统医药

岭南多雨潮湿，气候温润。岭南医家和民间运用生长于本地的草药或药材，积累了大量的临床用药经验和治病方法，为保障岭南人民的健康作出了贡献，同时也流传有不少相关的民间传说。例如，相传秦时郑安期在广州白云山结茅而居，采集草药为老百姓治病；东晋葛洪与其妻鲍姑也曾在白云山、罗浮山采药炼丹，治病救人。当时广州瘟疫横行，葛洪夫妇便将他们炼的丹药投到濂泉的井中，让民众取饮，以避传染。岭南医药和本地人的生活交织在一起。比如凉茶、老火汤中就有很多中医药，以此达到解暑去燥、养生益寿的效果。广东有许多百年传承的老品牌，如陈李济、太安堂、敬修堂、采芝林、潘高寿等。到了三伏天、三九天，许多人会依时进行天灸，以祛病强身。外出郊游时，许多人习惯带上一瓶罗浮山百草油；家有婴儿的人家，也喜欢在家里放上一两盒“保婴丹”来“看门口”。2008 年的非典时期，白云山制药厂的板蓝根颗粒效果卓著，成为抗击非典的“功臣”和“勇士”。中医药对治疗 SARS 取得的效果已得到包括世界卫生组织专家在内的广泛重视，充分证明了传统医药的价值和意义。其中广州中医药大学附属医院医护工作者、中医泰斗刘仕昌 89 岁还拄着拐杖到隔离病区为非典患者把脉会诊，并最早提出中医防治非典方案，被誉为“最老的抗非功臣”。非典时期，白云山制药厂在黑市将板蓝根从 6 元一包炒到 100 多元一包的情况下，坚持不提价，保质保量，加班加点生产；汶川地震后王老吉毅然捐款 1 亿元的壮举，都充分显示了广东中医药工作者和企业的社会良心。

9. 民俗

广东民风民俗资源蕴藏丰富。风光明媚、生机盎然的自然风貌陶冶了广东人的气质，孕育了广东丰富多彩、四时有序的民俗风情。叶春生、施爱东《广东民俗大典》认为，广东民俗来源于中原传统，又具有百越古族的遗风逸韵和水上人家的特异风采。它们活泼多样，古老又年轻，富于人情韵味，带有浓郁的市井风情和水乡浪漫。

春节是中国人一年里最重要的节日。广东春节民俗继承了中原传统，同时又具有岭南特色。比如珠海三灶年终时，各家各户均进行大扫除，然后买鲜花、盆桔（桔谐音“吉”）放置家中，并在它们的枝头挂上利是，取吉祥之意。大年二十九晚，家家户户蒸大年糕、包粉角等，新成婚的男子亲自或出钱请人搭秋千架，俟年初一给村中小孩玩耍，以祈来年早生贵子。大年三十全家团圆，贴春联。年夜饭前，以各种丰盛的供品祭祀祖宗和神像，燃放鞭炮。除夕夜煎两尾鲮鱼或塘鱼放在米缸，叫“压岁”，有“衣食有余”、“年年有余”之意。米缸上一般贴“常满”两个大字，面上放两个带叶的橘子和有头的生菜，每个神位放一封“利是”。年夜饭后，长辈向晚辈发“压岁钱”置于枕下压岁。除夕夜一般通宵点灯，一家老少彻夜不眠，称“守岁”。自“交子”时开始竞放鞭炮，送旧岁，迎新春。正月初一俗称“做年”。男女老少用柚叶煲水洗澡，穿上新衣，拜祭列祖列宗并到庙宇拜谒，祈求保佑全家在新的一年里安康顺利，五谷丰登。这一天早餐吃素，午餐吃“豆捞”（一种用糯米团拌糖，炒花生或黄豆做成的粉果），寓意一年有得“捞”（有钱赚）。邻里相互恭喜、道贺。未婚者向已婚者讨“利是”，称“逗利是”。正月初二俗称“开年”，要吃发菜、蚝豉、生菜、鲤鱼等，求好彩头。生菜是“生财”，“蚝豉”代表“好事”。这天，将大年糕切成三大块以示“开年”，其中一块年糕需放在香案供神；出嫁女携夫带子回娘家拜年；渔家则在船头挂上两尾鱼，意取新一年有更多渔获；之后打开船舱，水浇船头，并用草火把从船头至船尾“旺”一通；升起船帆，象征起航，向大海说一些“去南方，吹南风，去北方，吹北风”之类的吉利话。正月十三晚，在宗祠门口燃放炮，分五个堡进行。先放火箭，继由吹管、笛者奏起乐曲，然后点燃炮。“嘭”一声，炮头带着银红射向空中，待缓缓落下来时，族里的人便争着抢夺，以抢到银红为记，称为“抢头炮”，到“炮会”登记，“炮会”派人逐家送炮，抢到头炮者预示一年都能行好运。渔民则在正月十五到十六集中到海边放花炮，放完炮后就出海捕鱼。① 这一系列民俗，如年终大扫除、祭拜、守岁等均为中原传统，但布置盆桔、抢头炮、祭船等习俗，则具有珠三角渔区特色。

在茂名、湛江等地区，则有“年例大过年”的说法。出门在外的人，春节可以不回家，“年例”一定要赶回来。当地年例风俗久远。光绪《茂名县志》载：“自十二月到是月（农历二月）乡人傩，沿门逐鬼，唱土歌，谓之年例。”《茂名市志》说：“‘年例’唯粤西鉴江、罗江两江流域的村落所独有，清代已十分流行。‘年例’是当地民间敬神、游神、祭祀社稷、祈祷风调雨顺、百业兴旺、国泰民安的活动。”年例日因各地而有所不同，一村过年例，周围村庄群众都来看热闹助兴，家家户户大摆宴席招待亲朋好友。不论是否相识，一律热情款待茶饭酒菜。村镇街道张灯结彩，各户盛筵招待亲朋，来客越多，主人就越高兴。活动内容有游神、游灯、点灯、打醮、舞狮、舞龙、飘色、八音、武术表演、做大戏（粤剧）、木偶戏、燃放烟花炮竹等，通宵达旦，十分热闹。

各地的民俗文化，与其历史传统、民众心理有密切关系。客家人几经迁徙，颠沛流离，披荆斩棘，在荒山野岭中安身立命。客家先民中不乏中原士族，传统文化在客家民系中积淀深厚。以客家堂联习俗文化为例。兴宁石氏“万石流衍”

① 黄金河．文化三灶．北京：中国戏剧出版社，2005．236~237．

家祠堂联："肇基河南迁基江南建基闽南扩基岭南年近三千历史，始祖�公远祖奋公中祖扈公近祖崇公威武万石流衍"，显示了客家人不忘自己根基的强烈的寻根意识和文化自信。在艰苦卓绝的环境中，他们始终保持着积极乐观的心态。蕉岭县淡定村培远堂（丘逢甲故居）楹联："西枕庐峰东朝玉笔山水本多情耕读渔樵俱适意，南腾天马北渡仙桥林泉皆胜境同藏出处尽随心"[①] 也显示了客家人淡泊名利、随遇而安的精神和世代相承的文化传统。

广东悠久的历史与广泛的分布形成纷繁复杂的传统文化，也成就了广东独具特色、包罗众多的非物质文化遗产。它们与我们的生活息息相关，也是我们骄傲和自豪的历史文化财富。

① 黄钰钊. 客从何来. 广州：广东经济出版社，1998. 342～344.

第二章 民间文学

在漫长的历史时期，民间流传着许许多多的故事、传说和歌谣。口头传播，是这些民间文学作品在民间传承的重要方式。它们亦通过集体创作的方式，在不断传唱或讲述的过程中成为一种集体无意识，从而更充分地体现了群众的思想、感情和生活。其中一部分民间文学作品在流播过程中湮灭了，另外一部分则经过无数唱述者的加工而不断丰富和完善，甚至被人记录下来，成为我们今天听到或看到的民间文学。不同记录者、转述者的加工，让它们具有了一定的个性。当然，这种个性，也与广大群众口头创作的集体性和世代的积累融合在一起。

历史记载，早在周代，已经有失明艺人为天子献曲、诵诗的表演形式；春秋时，宫廷中又出现了“俳优”，他们以讲故事、讲笑话为内容进行歌、舞、乐、优的表演；隋代出现了纯讲故事的表演形式；唐代有僧人在寺院内外讲故事释经文、宣传佛教的俗讲、变文。这种表演形式流入民间，出现了民间艺人讲故事的表演形式；及至北宋，已经出现了具有现代说书特征的说话艺术形式。后来，说话艺术形式发展成为小说、戏曲和弹词、大鼓书等多种多样的曲艺，但“说书”这样一种以讲故事为主的口头表演艺术，至今在大江南北依然存在。广东的粤语说书已经成为省级非物质文化遗产。说书讲古在潮州地区、客家地区流传甚广，许多民间故事因此得以口口相传。这些故事内容十分丰富，有反映地方历史文化的神话传说，有富于传奇色彩的名人故事，有浪漫的爱情故事，也有活泼的民间生活故事。特别是唐代以后，随着教育的普及和文化的发展，名人、才士辈出，有许多“聪明人”的故事在民间流传，为人们喜闻乐见。

第一节 神话传说

神话是想象或幻想的远古口头文学作品，反映了当时的人对自然界或社会现象的认识，也与早期宗教和信仰有关。这类作品往往用奇丽的幻想来组织，多讲述神仙故事，富有浪漫主义色彩，如女娲补天、后羿射日等。传说则偏重于口头流传的故事，更具社会性和历史性，多以人为主角。即使是神仙故事，其中也往往蕴涵着人间的行为原则。

广东山川奇秀，人杰地灵。古往今来，有许许多多的神话传说在民间流传。

一、五羊传说

广府地区众多的民间故事中，最古老的是五羊传说。相传一年广州大旱，庄稼颗粒无收，百姓无计可施，只好日夜祈求天神降福。他们的虔诚终于感动了五位仙人。仙人们骑着毛色各异、口衔谷穗的五只仙羊，飘然降临广州。他们把谷穗赠给人们，祝愿广州永无荒饥，然后腾空而去，那五只仙羊则变成石头留在人间。从此以后，广州年年风调雨顺，五谷丰登。因为这个神奇的传说，广州又被称作“羊城”、“穗城”。今天，广州越秀公园内的五羊雕像，是广州最具象征意义的城徽。

五羊雕塑

关于五羊传说，最早的文献记载见于晋代。到了唐宋，五羊传说更为流行。唐代著名诗人高适的诗和《太平广记》卷三十四引唐裴铏《传奇》“崔炜”篇中都提及羊城，即广州。至北宋《太平寰宇记》引《续南越志》云：“旧说有五仙人，骑五色羊，执六穗秬而至，至今呼五羊城是也。”明末清初屈大均《广东新语》卷五《石语》中也有“五羊石”条。经过千百年来民间的加工完善，这个传说越来越丰富。广州的天平架、五仙桥、鸡颈坑、麒麟岗等地名，也都有许多与之相关的“古仔”（故事）。

话说五位仙人为什么要骑着羊来广州呢？据说，五谷仙本来是要驾乘天马下凡，谁知贪玩的天马不知道跑去哪里玩耍去了。五谷仙无奈，只好找来五只仙羊，骑着它们下凡来了。

五位神仙骑着五只羊，五只羊口里分别衔着稻、黍、稷、麦、豆五谷，直奔广州城而来。刚到广州北郊上方，稻仙忽然见到一只小白马，原来这就是他们要找的那只小白马，从天上跑下来玩了。众仙便降下祥云，寻找小白马。那只小白马见势不妙，连忙摇身一变，变成了个小山岭，这就是现今白云山麓的马仔岭。

众仙找不着，看到这里山清水秀，就停下来歇一下脚。他们发现脚下的这座山岭，形状如同一朵白云，就把这山称作“白云山”。白云山前另有一山岭，形似一条趴着的瘦狗，头、尾、身、脚，活灵活现，众仙就叫它“瘦狗岭”。

不知谁突发奇想地提出，到底是白云山重还是瘦狗岭重？众仙争论不已，最后找来一座天平来称，没想到“瘦骨嶙峋”的瘦狗岭竟然比白云山还重。后来人们便把神仙们放天平的地方称作“天平架”。

称完两座山的重量，众仙又接着赶路。这时候，稻仙骑的羊叫了起来，稻仙才想起仙羊肚子饿了，便让它吃草去。闲着无事，稻仙又问：“用仙羊做坐骑好是好，只是易饱易饿。你们说有什么坐骑要比羊儿好呢?”豆仙答道，“麒麟最好。”麦仙一听说麒麟，忙掏出一把扇子，迎风一招，马上来了一只麒麟。麦仙笑嘻嘻地对稻仙说：“这是最好的坐骑，请上。”

稻仙心中有些疑惑，这么快就变出一只麒麟，是不是想戏弄我？豆仙以为他是嫌地上脏，连忙掏出一方手帕，变作一块地毡，说：“仙兄，地毡都有了，试试这新坐骑吧。”

稻仙正在犹豫，那只麒麟却等得不耐烦，一溜烟跑上山去了。众仙见稻仙放跑了麒麟，都一齐嚷着要罚。稻仙说：“我认罚，就请大家吃鸡吧。”不一会儿，他拿来一只鸡，五位仙人就兴致勃勃地吃了起来，他们嫌鸡颈没肉，顺手就扔到了一边。

仙羊吃饱了，五位仙人赶紧让羊儿衔着五谷，他们骑上羊背，驾上云头，继续赶路，这才有了五位仙人送谷穗到广州的故事。

据说后来当地村民在五仙逗留过的地方修了一座桥，命名为“五仙桥”。五仙桥前面有座马仔岭，传说那就是贪玩的天马。马仔岭前有个地方叫下马铺毡，那就是豆仙变的地毡。再往北走有个麒麟岗，就是当年稻仙放走的麒麟。附近那条鸡颈坑，就是当年稻仙扔下的鸡颈变成的。①

二、六祖惠能传说

惠能，一作慧能，唐初高僧，中国禅宗第六代祖师。俗姓卢，原籍范阳，生于新州，就是今天的广东新兴。惠能幼年丧父，家境贫寒，靠上山打柴奉养老母，无钱读书。因听客人诵《金刚经》而顿时开悟，萌生求佛之念。于是他辞亲北上，到湖北黄梅东禅寺参拜五祖弘忍大师。弘忍问：“你是哪里人？来这里求取什么?”惠能回答：“弟子是岭南人，来到这里不求其他，只求‘作佛’。”弘忍听后问道：“你是岭南人，哪里能‘作佛’!”惠能回答：“人虽有南北，佛性并无南北之分。”他非凡的志向让弘忍赞叹。

① 《中国民间故事集成》编辑委员会．中国民间故事集成·广东卷．北京：中国 ISBN 中心，2006．475～476.

惠能来到寺中，被安排在碓房舂米，八个月都没有机会去禅堂。他没有抱怨，而是自己刻苦学习佛法，学业精进。当时，弘忍因年事已高，命众徒作偈呈验，以传付衣钵。神秀是众僧中的上座和尚，写了一偈："身是菩提树，心如明镜台，时时勤拂拭，勿使惹尘埃。"众人皆叹。惠能也要求作偈，念道："菩提本无树，明镜亦非台。本来无一物，何处惹尘埃。"众僧大奇。

次日，弘忍法师来到碓房，惠能正在舂米。弘忍问："米熟也未?"惠能曰："米熟久矣，犹欠筛在。"就是说，米已经舂好了，就等着过筛。五祖用杖击碓三下便离开了。夜里三更时分，根性敏锐的惠能来到弘忍法师的禅房。弘忍密授《金刚经》，付予衣钵。正是："三更受法，人尽不知，便传顿教及衣钵。"弘忍说："汝为第六代祖，善自护念，广度有情，流布将来，无令断绝。"并让他速速南归，以免被人加害。随即又赠他一句："逢怀则止，遇会则藏。"弘忍送惠能到九江驿，亲自为他摇橹。

五祖弘忍自惠能走后就不去坐堂。过了一天，估计惠能已走出很远了，才对众门徒说："吾道南矣。"意思是说，我的道法已经传给了南方的人，他已经到南方去了。其后，数百人追赶到大庾岭，欲夺惠能衣钵。其中有个叫惠明的和尚，原是四品将军，武艺高强，一马当先截住惠能，逼他交出袈裟衣钵。惠能将袈裟衣钵放在石头上，对惠明说："须知这袈裟衣钵，乃佛家圣物，不是任何人都可以据为己有的，更不可以力争，应以有德有能者来继承。如果师兄认为我不够资格的话，那么请你拿去吧。"惠明动手去拿，但很奇怪，不管他怎么拽，怎么拉，都拿不起来。惠明十分惭愧，慌忙对惠能施礼赔罪，请他说法。然后惠能收起衣钵，继续赶路。

惠能回到广东境内，辗转来到怀集、四会的深山密林中，想起五祖弘忍大师赠给他的偈语："逢怀则止，遇会则藏"，便在这里隐居了15年，直到唐高宗仪凤元年（676）才出来弘扬佛法。是年正月初八，惠能来到广州法性寺（今光孝寺）。一天，风扬起寺庙的旗幡，两个和尚在争论到底是"风动"还是"幡动"。惠能说："不是风动，不是幡动，仁者心动。"众僧大为惊叹。后来，惠能就在菩提树下，开讲东山顿悟法门。次年春，惠能离开法性寺，北上南华寺开山传法，前来送行的有一千多人。惠能在南华寺传教说法长达37年之久。其间，韶州刺史韦璩曾邀请惠能到韶州开元寺（后更名为大梵寺）讲经，其言行被弟子法海汇编成书，这就是被奉为禅宗宗经的《六祖大师法宝坛经》。① 在佛教中，

① 惠能著；徐文明注译．六祖坛经．南京：凤凰出版社，2002；《中国民间故事集成》编辑委员会．中国民间故事集成·广东卷．北京：中国ISBN中心，2006．270～273．

只有佛祖释迦牟尼的言行记录能被称作“经”，而宗派祖师言行录也被称作“经”的，惠能是绝无仅有的一个。

惠能以“见性成佛”为宗旨，形成了被后人称为中国佛教禅宗“南宗”的独特风格，从学者数以千计，声名远播，对岭南文化影响深远。

三、悦城龙母故事

肇庆德庆悦城龙母庙与广州陈家祠、佛山祖庙并称岭南古建筑的三大瑰宝，是国家级重点文物保护单位。这里前临西江、背靠五龙山，山环水抱。龙母庙左右各有青黄旗山拱卫，形成“五龙护珠”之势。西江水流经龙母祖庙前，似有灵性，团团回旋不愿离去。

《德庆州志》卷五说：“龙母神生于周秦之世，载《南汉春秋》志乘庙原碑，斑斑可考。”德庆悦城龙母庙的《孝通祖庙旧志》写得更加具体：“敕封护国通天惠济显德龙母娘娘，温氏，晋康郡程溪人也。其先广西藤县人，父天瑞，宦游南海，娶悦城程溪梁氏，遂家焉。生三女，龙母，其仲也，生于楚怀王辛未之五月初八。”广西梧州的地方志《藤县志》卷六载：“或曰蒲姓。……随其母至悦城，心喜其地，欲以为安厝所，因熟记之。及归，于溪边得石卵，剖之出五物，如守宫状，喜水。母豢渐长，放之江，遂去。越数年，鳞甲辉煌复来见母。母知龙子之远迎也，别其父母曰：儿当乘龙至悦城，遂跨龙，薄暮抵江口……”龙母仙逝后，“立庙祀，极显应，故至今香火独盛云”。历代对龙母均有封赐，有“膺封十数朝，享祀二千载”之誉。①

传说龙母造福黎民百姓，做了很多好事，西江流域的百姓们尊称其为“龙母”，并从四面八方前来瞻仰龙母、敬拜龙母，龙母庙的香火常年都十分旺盛。特别是每年农历正月初四的龙母开金印、正月二十二龙母开金库、五月初一至初八龙母生辰诞、八月初一至初八龙母得道诞、十二月十五龙母水灯节等传统节假日前后，各方善信游人汇集于龙母祖庙朝圣，届时人山人海，兴盛之极。

不仅德庆有龙母庙，广西梧州、岑溪、武鸣、藤县等地也有龙母庙和龙母传说。龙母信仰是西江流域人民的共同信仰。

第二节　历史故事

广东僻在南隅，民风淳朴质直。兼之历史上经历过多次血与火的洗礼，浴火

① 叶春生，蒋明智．悦城龙母文化．哈尔滨：黑龙江人民出版社，2003．

重生的广东人民一代代坚守气节，宁折不弯，同时富于革命与创新精神，不畏强权，不怕牺牲。许多历史故事记录了他们的辉煌壮举。

一、崖门海战故事

宋祥兴元年（1278）六月，被元军追逼的南宋末帝赵昺及杨太后，在太傅张世杰、左丞相陆秀夫等文武官员的护卫下，率十万军民，退守新会崖山。次年正月，元军追到。正月十三至二月初六，双方在崖门海面上发生了著名的大海战——宋元崖门海战。这场海战十分激烈，最后以元军获胜、宋军失败，南宋王朝覆亡而告终。为了不做亡国奴，左丞相陆秀夫背负8岁的幼帝赵昺跳海殉国。宋军将数百艘战舰自行凿沉。从太后到文官将士、妇女老孺，南宋军民全体蹈海自尽。《宋史》记载，七日后，海上浮尸以十万计。这是何等的惨烈决绝，又是何等的视死如归！

文天祥因早前已在海丰被俘，正好拘禁在元军船舰上目睹了宋军大败，痛彻心扉，作诗《二月六日，海上大战，国事不济。孤臣天祥坐北舟中向南恸哭，为之诗》悼念：

长平一坑四十万，秦人欢欣赵人怨。
大风扬沙水不流，为楚者乐为汉愁。
兵家胜负常不一，纷纷干戈何时毕。
必有天吏将明威，不嗜杀人能一之。
我生之初尚无疚，我生之后遭阳九。
厥角稽首并二州，正气扫地山河羞。
身为大臣义当死，城下师盟愧牛耳。
间关归国洗日光，白麻重宣不敢当。
出师三年劳且苦，咫尺长安不得睹。
非无虓虎士如林，一日不戒为人擒。
楼船千艘下天角，两雄相遭争奋搏。
古来何代无战争，未有锋蝟交沧溟。
游兵日来复日往，相持一月为鹬蚌。
南人志欲扶昆仑，北人气欲黄河吞。
一朝天昏风雨恶，炮火雷飞箭星落。
谁雌谁雄顷刻分，流尸漂血洋水浑。
昨朝南船满崖海，今朝只有北船在。
昨夜两边桴鼓鸣，今朝船船鼾睡声。

北兵去家八千里，椎牛酾酒人人喜。
惟有孤臣雨泪垂，冥冥不敢向人啼。
六龙杳霭知何处，大海茫茫隔烟雾。
我欲借剑斩佞臣，黄金横带为何人。①

“远望崖门气势雄，一天云海啸晨风。古祠已毁倭夷火，危石犹存宋帝踪。”郭沫若曾赋此诗缅怀崖门海战。“人生自古谁无死，留取丹心照汗青”，文天祥的《过零丁洋》也因此成为民族英雄的千古绝唱。崖门一带至今仍留存着宋帝行宫、崖门炮台、全节庙、国母殿、杨太后陵、蟠龙橘等文物遗址和传说。从南宋末代朝廷驻跸崖山到最后灭亡，在新会前后 7 个半月，发生了很多事情，众多视死如归、精忠报国的民族英雄，慷慨悲壮的崖门海战，为新会留下了极其丰富的文化遗产。崖门海战的故事、宋玉玺的传说、人物故事、景物传说、宋室遗裔流落新会繁衍皇族村的故事，以及后世为了纪念民族英雄义建祠庙的人和事等，代代流传。

二、望烟楼的传说

凤凰山望烟楼的传说距今已有 700 多年的历史。

“凤凰不墨千秋画，山水无弦万古琴。忠魂常伴千回转，此去瑶台作仙人。”素有“凤山福水福盈地”之称的凤凰山，在民间传说里，与文天祥的后人文应麟多有关联。相传文天祥的侄孙文应麟不满元朝的残暴统治，在福永大茅山脚下开村立业。有一天，文应麟与友人闲游凤凰岩，见其山川秀丽，胜景非常，欲在此建庙祭拜文天祥。由于当时的政治高压，故托言为观音梦嘱，建庙供奉观音莲座，名曰“凤岩古庙”。他秉承伯祖父的遗志，时刻不忘抗元复宋的大计，常在凤凰山上练剑习武。现今，从凤凰山飞云顶沿山脊向北行的一个小山坳里，有几块石头，虽历经岁月沧桑，上面还有当年文应麟练舞试剑的剑痕，人们称之为“试剑石”。1994 年，文氏族人重建凤凰古庙，同时在庙内设文天祥纪念馆及应麟亭，以纪念文氏先贤。

文应麟尚气节，怀大义，生平性善，乐与好施。每到青黄不接或灾年，他常爬上凤凰山顶，观察山脚附近村落各家各户的烟囱是否冒烟。如果望见山脚附近村落哪家断烟，无米下锅，就派族人送粮到户，接济贫民。老百姓对他感激万分，称他为“义人”。为了瞭望方便，他在凤凰山巅搭建了一座临时的瞭望台，傍晚就登上此台眺望四周村落，以便于了解民情。后人为了纪念他，在那里建了

① 文天祥，黄兰波. 文天祥诗选. 北京：人民文学出版社，1979. 75～76.

一座望烟楼。逢年过节，附近村民便自发地赶来祭拜他。现在文氏祠堂两侧的对联就是“烟楼世泽，正气家风”。

沧海桑田，岁月更迭。每到劳作之余、年节庆祝或祭祀祖宗时，老人们就讲起望烟楼的传说故事，讲述文氏先人侠义仁爱、正气磅礴的精神。传说中还融入了深具岭南特点的家祭、年祭、墓祭、族祭等祭祀文化，是了解明清珠三角民间民俗文化的活教科书。最长的传承人潘妹如今已92岁，陈肖媚87岁，文榜胜82岁，文宝驹59岁，文美光43岁，望烟楼的传说也在众多新生一代青年中传诵。①

第三节　机智故事

自古以来，人们崇尚智慧、赞美智者，“聪明人”的故事成了人们津津乐道的话题。古今中外的聪明人故事，大都讲述一个个小人物，或是乳臭未干的稚龄童，或是一贫如洗的穷书生，或是两鬓染霜的白头翁。他们凭借自己的聪明才智，斗强蛮、蔑权贵、扶弱小、解万难，演绎着人类的正义、智慧和才华。广东也不例外。

一、陈梦吉的故事

陈梦吉是明代嘉靖年间的人，祖居新会县城铲湾街。传说他生下来不哭不闹，家人都以为他天生聋哑。孰料这陈梦吉才华横溢，后来做了金牌大状，经常出谋划策、帮百姓排忧解难，又施计整蛊贪官污吏和土豪劣绅，公堂之上，手摇白纸扇，把那堂堂七品县官问得个哑口无言，人称“铁嘴铜牙，扭尽六壬”，成为传诵一时的“扭计祖宗”、“桥王之王”。陈梦吉的故事在民间广为流传，每每在茶余饭后、花前月下，说一两段他扭计的趣事，引得听者捧腹大笑。

传说陈梦吉因扭计太多，得罪了县官，被抓进牢里监禁。监禁期间，看守狱卒贪得无厌，经常向犯人和犯人家属勒索财物，贪赃枉法。陈梦吉出狱后，决意要惩戒狱卒。

有一天，陈梦吉特意去找那狱卒，假意说在监禁期间，得他照顾，十分感激，特意请他喝酒，作为酬谢。狱卒信以为真，饮酒的时候还规劝陈梦吉不要扭

① 赖为杰．福永故事．北京：中国文联出版社，2008；郭培源．福永古文化考略．广州：花城出版社，2002．108；广东省地方史志编纂委员会．广东省志·文物志．广州：广东人民出版社，2007．181；深圳市宝安区文化局．宝安民间文学集成．香港：大道出版社，2004；李映华，瞿明光，李海阔．望烟楼上望炊烟，正气家风代代传．宝安日报，2009-02-24．

计了，扭输了就要吃亏。陈梦吉却自夸扭计必赢，甚至信口开河地说自己连法术也精通，狱卒对此却不相信。说到后面，两人拿五两银子打赌，看看陈梦吉在三天之内，能不能让狱卒的屁股上长出一条尾巴来。

狱卒虽然觉得不可能，但还是半信半疑，常常摸自己的屁股。两天过去了，根本没有什么尾巴。到了第三天，狱卒得意洋洋地跑去找陈梦吉。

谁知，陈梦吉带了一位富绅来作证，叫狱卒躺在地上，扒开裤子，验看之后再定胜负。狱卒为了要赢五两银子便只好同意了。狱卒一脱裤子，那富绅便怒冲冲地打了一下狱卒的屁股，走了。狱卒起身领了五两银子，笑着说："你输给我了。"陈梦吉仰天长笑道："谁说我输？你自己的屁股给人打，给人看，才得这点钱，我却借你的屁股和那富绅打赌，赢了他三百两银子哩！是你赢，还是我赢呀？"狱卒听了，才知自己中计，却又拿他无可奈何，只得面红耳赤，悻悻而去。①

陈梦吉的故事还被改编成诸多影视作品。以下为香港电影《算死草》的片段（周星驰饰陈梦吉）：

陈梦吉：请大家先听我说一个故事：从前有一位何西爵士，乃是香港名门望族。有一个长子曰何中，就是主控官本人。爵士年纪老迈，长子继承家产乃理所当然，谁知中途杀出一个私生子何欢，也就是被告了。有人担心家产地位不保，顿生歹念，于是派手下何春，欲将私生子暗杀，不知道什么缘故暗杀失败。于是将计就计，将何春杀死，再将罪名嫁祸给那可怜的私生子身上。那个人不但心狠手辣，无法无天之尤者也。（主控官一身冷汗）不知道大家对我这个假设有什么看法？

主控官：（大笑）哈哈哈！

陈梦吉：主控官你笑什么？

主控官：我笑你编造这个故事既无知又白痴呀！

陈梦吉：既然无知又白痴，但你听后冷汗直流，这也奇怪哦！

陈梦吉：（加重语气）主控官！案发当晚你在哪里？

主控官：在家。

陈梦吉：在家干什么？

主控官：看书。

陈梦吉：看什么书？

---

① 《中国民间故事集成》编辑委员会．中国民间故事集成·广东卷．北京：中国 ISBN 中心，2006．1141～1142．

主控官：看《玉蒲团》。

陈梦吉：看到哪里了？

主控官：看到潘金莲跟……那个……

陈梦吉：是不是跟唐三藏？

主控官：对！跟唐三藏……（突然反应过来）唐三藏是《西游记》的，你想整我啊？

陈梦吉：真有你的，那么潘金莲究竟跟谁呢？

主控官：我为什么要回答？（情绪越来越激动）

陈梦吉：我也不知道你为什么要回答，真是丢人现眼。

主控官：陈梦吉你够啦。

……

二、袁崇焕“收银”

明末抗清名将袁崇焕，从小胆识过人。当年，告老归田的徐尚书带领家人来到石龙镇袁崇焕祖父的杉木店，买杉木修尚书府，徐尚书仗势欺诈，借石龙话“跳”与“条”同音，命家人将杉木放置成一堆一堆，放一堆跳过后算作一条（跳），结果满店杉木只作几“条”（跳）计算。跳完，徐尚书说一声“明天到尚书府收银”就扬长而去。袁崇焕放学归来，见到祖父受欺而一筹莫展，便说：“爷爷，不必忧虑，明天带我一起去收银，孙儿自有办法。”

第二天，袁崇焕祖孙俩来到尚书府，徐尚书正在观鱼。他见袁崇焕身穿绿袄蓝裤，便存心戏弄，口占一联：“井底虾公穿绿袄”。袁崇焕见他身穿大红官服，反唇相讥答道：“落汤螃蟹着红袍”。徐尚书听了无话可说，只好吩咐家人拿秤来称银子。这时，袁崇焕不慌不忙地在钱褡里抽出一节竹筒放在台上说：“且慢，我店中收钱不用秤，是用这个竹筒来量的，一条杉一筒银，请装银罢！”徐尚书说：“哪有这样收银的。”袁崇焕理直气壮地回答说：“你有那样计算杉木的方法，我自然要有这样收银的规矩！”徐尚书只好如数奉给杉银。①

三、神童林大钦

林大钦是科举时代岭南文科状元之一，后被任命为翰林院编修，向来受到潮汕人的推崇。潮汕民间流传着很多关于他才思敏捷、善于应对的故事。

（1）改名。

① 李光福，马进．神童才女妙联巧对．太原：北岳文艺出版社，2008．142～143．

明正德年间的一个隆冬腊月，在海阳县东莆都一个叫仙都的村子中一户姓林的贫寒人家里，一个小孩呱呱坠地，他就是林大茂。七岁时，父亲为他聘请了一位名叫郭绵山的先生做他的“开笔”（启蒙）老师；十岁起，他就到叶慕先生执教的学堂上学。

有一天在上学路上，林大茂看到一个汉子，身边带着大公鸡等实物和不少对联的上联，让人们对下联。汉子声称对得上下联的，即将公鸡等物奉上，对不上的就要输给他十文钱。那公鸡旁边的上联是：

雄鸡头顶鬃

林大茂跃跃欲试，对那汉子说：“阿叔，我来试对，若对得着，我不拿你的鸡；若对不着，也不输给你钱好吗？”那人见是乳臭未干的孩子，便夸下海口说：“你输了，免还钱，你赢了，我这大公鸡白白相送。”在众人的鼓励下，大茂便说：“那好，我来对！”说着就念出下联：

牝羊颌垂须

这一来，果然博得一片赞赏声。

大茂赶到学堂时已迟到很久了，而且怀里还抱着大公鸡。叶先生一见大怒，叱责说：

竹架满园，岂能成林大茂。

大茂不假思索，脱口而出：

梅花魁首，何曾从叶先生。

叶慕一听，不但不生气，反而称赞大茂有捷才，认为这孩子长大了必将“大魁天下”，所以为他改名“大钦”。“钦”取意于皇帝“钦点”，“大钦”也就含有“大魁天下”之意了。

（2）善对。

林大钦15岁时便以优异成绩考中秀才。有一次，太守夜巡，到西门楼时，更鼓敲了四下。转到东门楼时，更鼓却敲了三下。太守气恼地传讯门吏，写下对子，限他两天内一定要对好，否则就要问罪。对子是：“东楼三，西楼四，更鼓不明，不明更鼓。”门吏苦苦思索，不能对上，于是求助于林大钦。林大钦略一思考，脱口而出：“南斗六，北斗七，诸星灿烂，灿烂诸星。”门吏大喜，急忙抄去呈献给太守。太守见对得十分工整，询知出自大钦，免了门吏之罪，还派人前往大钦家予以嘉勉。

林大钦18岁时，边教书，边自修。当时，西林村有一孙员外膝下有三女，老大、老二已分别嫁给陈一松（后累官工部侍郎）、翁万达（后累官兵部尚书），唯有三女儿尚未定亲。那一年，孙员外寿辰，孙家大办寿宴，陈、翁一齐赴席。

这一天，林大钦独坐书斋，忽然有个乞丐前来要饭。林大钦随手挥毫，写下了“天增岁月人增寿，春满乾坤福满堂”的对联送给乞丐，嘱其拿去贴在孙家门口，必获厚赐。这一来可就惊动了孙家上下。孙员外赶来一看，不禁连连称赞，即书一便笺，嘱乞者转交林大钦。

林大钦接到便笺，一看：“食尽牛头肉，猪儿借刀烹。传书人不见，片言在丹青。”这分明是“午刻专请”四字。林大钦一看就明白，于是整衣赴宴。

宴席上，大家少不了一番揖让。旧俗，教书先生坐首席。主人请林大钦坐大位，林大钦毫不犹豫地坐了下去。时已中进士的翁万达很不服气，借谈笑之际，作一联曰：“目珠子，鼻孔子，珠子何为孔子上？”林大钦随口应道：“眉先生，须后生，先生不如后生长！”翁万达利用珠、朱谐音，隐晦地诘问孔子、朱子的地位，暗责大钦之不恭，的确别出心裁；林大钦则运用眉须生长的先后长短现象，说明后来者可以居上，也十分巧妙。

当然，林大钦也明白，席中自己年龄最小，一联对过，就蹲在椅子上进食，以示谦恭。翁万达趁机打趣：“叉手蟹，鞠躬虾，专敬林先生仔。”林大钦迅即对道：“献爪龙，展翅凤，特朝朱天子翁。”至此，翁林互相叹服。在陈一松、翁万达的撮合下，孙员外将三女儿许配给林大钦，从而成就了孙家“三女贵”的佳话。

（3）过河。

林大钦中状元后进翰林院不久，就以“母病”为由辞官南归。有一天，行至一渡口，艄公得知林大钦为新科状元，想试试状元的才华，便笑着说：“林大人，小的出一对子，您若对得上，我立刻渡您过河……”林大钦知艄公的用意，便接口说：“若对不上，我自己游过河。”艄公说：“不敢，若对不上，就请多待会儿，等人多了，才一起过河。”大钦爽声说：“请赐教。”

艄公看到南岸一载西瓜小船，被风吹到北岸，当即吟道：“南船载西瓜，被东风打入北港。”这艄公倒还不俗，十二个字，竟有四个名堂，而且东南西北部自然地嵌在联中。艄公见林大钦沉吟良久，打趣道：“林大人不会食言吧。”

正当林大钦搜肠刮肚之际，忽见岸上一盛装少妇，对着身旁的婢女说：“夏莲，去找只春蕊（潮俗也称为花篮）装些冬蟹，送往秋溪李老爷处。”林大钦即景生兴，回头对艄公说：“春蕊装冬蟹，命夏莲送往秋溪。此联如何？”艄公一听，这信手拈来的对子，浑然天成，生趣盎然，不禁连声称妙，于是立即解缆撑竿，独送林状元过河。[①]

四、伦文叙的故事

伦文叙是明朝南海县黎涌人，自小聪明过人，被称为神童、奇才。孝宗弘治十二年（1499）连中会试第一，殿试第一，考中状元，后授翰林院修撰。民间流传着神童伦文叙的许多故事。

除夕前一天，11 岁的伦文叙来到舅父马老二家里。马老二一见他便笑着说："你来得真巧，我正愁没人写春联哩。"小文叙说："没问题。不过，年初一的压岁钱得赏重一点哈。"舅父连声答应。小文叙心中大喜，执笔一望，见对面薛举人门前种的数十棵观音竹长得十分优雅，灵机一动，挥笔写了一副对联：

门对千竿竹，
家藏万卷书。

马老二看罢，高兴地说："阿叙，你写得真好！"于是当天便把春联贴在了大门上。

刚贴不久，就被将要出门的薛举人看到了。嗯，肯定是对门家的外甥伦文叙写的。大胆，竟敢将我家门前的竹写进春联，我可要叫他名不副实。他一气之下，马上转身回家吩咐家人，将门口的观音竹削去半截。望着削短了的观音竹，薛举人哈哈乐了："我叫你无竹可对了！"

第二天是大年初一，小文叙跟母亲到马老二家拜年，一来就看到薛举人家门前的竹子七零八落，知道是因为自己把他家的竹子写进春联之故，立即拿出一张大红纸，写了一个"短"字，又写了一个"长"字，分别加贴在了春联的上下联尾，变成：

门对千竿竹短，
家藏万卷书长。

这样一改，切景切情，又成一对。薛举人一见，气得跳脚："好一个大头仔，竟敢与老夫作对！"急忙命家人，务必将门外所种的观音竹全部砍掉，并连根拔去，看他还有什么长短可说。

小文叙见了，又在大红纸上挥笔写了两个字，然后在上下联的最后一字下面分别又贴上一个字，成了：

---

① 王小辉. 汕头旅游故事. 汕头：汕头大学出版社，2004.

门对千竿竹短无，
家藏万卷书长有。

对联变来变去，就是加一两个字，而且意味更长。而小气的薛举人家，门外漂漂亮亮的千竿竹，却被连根拔了，一株不剩。薛举人再看之下，也无计可施了。①

第四节　爱情故事

从古到今，爱情都是人生同时也是人类永恒不变的主题。广东的山山水水间也有无数的爱情故事在传诵。

一、七姑娘嫁蛇

古时候，有一对老夫妻靠耕田过活，膝下无儿孙，只有七个女儿，其中以第三个女儿最为善妒，第七个女儿最为美丽、贤惠。

一天，老农独自过山径去耕田，不料在山径里碰到一条大蛇，溜溜地蹿来，伸头吐舌地缠住了他的周身，他连动也动不得，急得哭了起来。

——一生好善，不独没有得到荣华富贵，临老反要被蛇缠死，其是意料所不及！想我一生并没有做恶事，大蛇白白地抓住我，真是岂有此理！

——听说你的七个女儿都很美丽，只要你肯送一个给我做老婆，我便放你回去。

——笑话，笑话！我的女儿怎能拿来配蛇？

——不肯么？缠死你！

——嗳唷！痛呀！痛呀！肯了，肯了。我现在是愿意了，但不知她们姊妹可肯嫁你？

——你试试问她们罢。

——呵。……

蛇仍缠住老头儿，不过不再用力缠绞，使他喊得痛苦罢了。

等了一会儿，他的大女儿来叫他回去吃早饭，见状大惊，她缩手缩脚、神魂惊骇地站在远处叫道：

① 王金中，惠锡华. 中国状元妙对故事. 合肥：安徽文艺出版社，2002.

——亚爸！归来食朝（早饭），又有新禾白米饭，又有鲜鱼煮鲜汤。

——妹子！你嫁不嫁蛇？

——亚爸！我不嫁蛇，蛇头蛇尾缠紧爷。

他失望了！大女儿悄悄地回去了。二女儿来了，高叫道：

——亚爸！归来食朝，又有新禾白米饭，又有鲜鱼煮鲜汤。

——妹子！你嫁不嫁蛇？

——亚爸！我不嫁蛇，蛇头蛇尾缠紧爷。

三女儿来了，站在远处喊叫道：

——亚爸！归来食朝，又有新禾白米饭，又有鲜鱼煮鲜汤。

——妹子！你嫁不嫁蛇？

——亚爸！我不嫁蛇，蛇头蛇尾缠紧爷。

他又失望了！三女儿悄悄地回去了。

四女儿、五女儿、六女儿都来过了，他照例询问，她们都是异口同词地回答说不愿嫁蛇。他慌极了！他想若是连第七个女儿都不愿嫁蛇，那可糟了！……

最小的女儿，终于蹒跚着来了。她走前去柔和地叫道：

——亚爸！归来食朝，又有新禾白米饭，又有鲜鱼煮鲜汤。

——妹子！你嫁不嫁蛇？

——亚爸！我愿嫁蛇，蛇头蛇尾放了爷。

说也奇怪，那头大蛇仿佛通人性，真个放了老头儿。它盘旋在地下，高伸着头，跳动着利舌，瞪着七姑娘，如奏凯旋乐般地快乐。

老头儿死里得生，真是欢喜极了！含泪与七姑娘告别后，对蛇说道：

——把这个女儿嫁给你，你好生抚养吧！领去，由你领去！

七姑娘手握住蛇尾，蛇呼风唤雨，如流星般地逝去了。

老头儿保全生命回家去了。全家人都以为七姑娘必无幸免地要给大蛇吃掉了。

七姑娘牵住蛇尾在空中风驰电掣般行走，不一刻就到了一座金碧辉煌、高耸云霄的宫殿。蛇摇身一变，成了一个美丽俊俏的少年王子，他们双双携手进宫里去了。

七姑娘与蛇郎成婚后住在宫殿里，吃的是山珍海味，穿的是锦绣绸缎，用的是银器金器，婢奴环立，任凭颐使，所过的荣贵欢乐的幸福生活，不仅生平没有享受、目睹过，就是连梦中也不曾梦到过！

满月（一月）后，她忽动思家之念，饮食不饱，坐卧不安。蛇郎问明缘由，遂打发她去探外家归宁。她领了婢女，担了珍珠宝贝，穿了锦绣绸缎，插了金簪，戴了玉手镯，响叮当地回到了娘家。拜了爷妈，探了姊妹，遂追述起她与蛇郎结婚的种种情况来。

大家都异常欢欣地恭贺她。老妇人因母女再得相逢，更欢喜得相抱痛哭，诉说起两地的牵挂思念来。

但是七姑娘的六个姐姐当中，第三个姐姐生平贪心嫉妒，眼见妹妹的荣华富贵，不免懊悔当日没有嫁蛇。她愈想愈眼热，愈想愈难过，遂不禁于羡妒之余，私自定下了毒辣的计划。

……

蛇郎与前妻又复为夫妇如初。真是婚姻本是前生定，谁也不能作弄呵。①

二、苏六娘传说

"欲食好鱼马胶鲳，欲娶靓嬷苏六娘。"苏六娘的故事，几百年来为潮汕群众所传诵。

揭阳炮台镇东北二里处，有一个三面临溪的小村寨，古榕苍绿，翠竹茂林，溪水迂回，西入榕江，一派幽雅景致。这里就是苏六娘故事发生的地方——雷浦村。

雷浦村创于宋。当时潮州有一姓苏的官员来到桑浦山西麓，并选择此地建造府宅，起名为"雷浦"，意为雷震万物，福泽桑浦。到了明代，苏员外操守祖业，夫人郭氏勤劳持家，家资殷实。郭氏于正月十五之夜产下一女，因排行第六，取名六娘。六娘生性聪颖，天姿过人，读书、绣花样样精通，又长得美貌伶俐，面如桃花，手似姜芽，天生十指红指甲。五岁时，苏六娘在晒谷场上用谷粒排成的龙凤鸟兽像活的一样，天上的鸟雀、地上的鸡鸭都吓得不敢来偷吃谷子，人们都说她是仙女下凡。

六娘从小在西胪舅父家寄读，与表兄郭继春互生爱慕，暗结婚约，订下海誓山盟。后来，苏员外到潮州与人打官司，为求打赢，便把六娘许配给了饶平新埔村杨书办的三公子杨子良。六娘听说父亲要把她嫁给杨子良，便想刺目明志、投榕江以酬知己。后经婢女桃花献计，连夜往潮阳京北村桃花母亲家中暂避。迎娶前因六娘突然失踪，苏员外只好挑选一名婢女假扮六娘去代嫁。杨家在半路等新

① 张清水．嫁蛇．民俗（合订本·第二册）．上海：上海书店影印，1983．

娘，见轿里坐的是假六娘，婢女因此被杨子良活活打死。杨书办怕受罪责，遂假称新娘不幸掉下深坑，把这件事暂时平息了。

郭继春拼死要爹娘将六娘接来，郭员外只得命人到京北村悄悄把六娘接过来。六娘暗随继春上省赴试以避眼前之难。后来继春赴试不第，与六娘回归西胪，不幸被杨子良探知，由他父亲修书给苏氏族长，要其执行族法严惩六娘。

族长设计，命家丁前往西胪，骗说六娘之母因思女病危，要六娘速回雷浦。六娘心如刀割，急雇小舟回娘家。六娘一进雷浦村即被族长派来的壮丁拖到祖祠，族长当即召集苏氏族人，打开龛门宣读族法，并将六娘装进猪笼，扛至双溪嘴沉下榕江。隔天，凶讯传至西胪，郭继春哭了一天一夜，奔至榕江投水而死。[①] 据说，第二天郭继春抱着苏六娘，双双漂于白屿海面，被人捞起后同葬于凤山顶上。也有人说，六娘沉江之际，郭继春与桃花请来渡伯，渡伯潜水打开猪笼救出六娘，并送郭继春上京应试，虽未能及第，但最后有情人终成眷属，郭、苏两人相偕到老。还有人说，苏六娘和郭继春化为两只白海豚，长年在西胪雷浦之间的江面游弋。

三、陈三五娘传说

“六月热毒天，五娘楼上掷荔枝，陈三骑马楼下过，五娘伸手掷给伊”，“茶花开来向日红，陈三磨镜为人情。九月菊花实清红，摩挲镜内有情人。九月初九曾有约，同走花园泉州城。九月初九曾有约，走出花园潮州城”。陈三与五娘美丽的爱情故事，在闽南粤东和台湾、海外广为流传，让无数人为之倾倒。

《陈三五娘》又名《荔镜记》，讲的是福建泉州人陈三送兄嫂往广南上任，路过广东潮州。当时正是元宵佳节，潮州街上，张灯结彩，锣鼓喧天，人群川流不息，一幅人间好景色。陈三与黄家五娘在此相遇，一见倾心。富豪之子林大亦于灯市惊见五娘之美，托媒送聘。五娘之父黄九郎贪财应许，五娘坚持不从，但严命难违，悲伤万分。六月，五娘与婢女益春在绣楼赏夏尝荔，五娘触景伤情，满腹辛酸。此时，陈三正好骑马寻访五娘，两人远远相见，看清对方正是灯下人。五娘便将荔枝手帕投落，以寄深情。陈三拾得荔枝手帕后喜出望外，即谋入府，以图与五娘一叙。

数日后，陈三化装成磨镜匠来到黄府，趁人不觉，故意将宝镜打破，表示愿卖身为佣，以赔宝镜。五娘料得陈三来意，又喜又惧，心意彷徨。陈三卖身黄府，一心想借机接近五娘，但咫尺天涯，难得与五娘相见。五娘既无法摆脱林家

---

① 黄毓坚. 炮台古迹. 揭阳县志通讯，1985（1）.

婚事，又不能与陈三缔结良缘，千思万想，朝夕愁思，只见玉容消瘦，病体缠绵。

日月飞逝，陈三来到黄府，不觉已将年余。陈三历尽苦楚，终因五娘的态度若即若离，不能明白其真情实意。失望之余，陈三欲返乡里。婢女益春获悉，婉言相劝。陈三乃修书托益春交予五娘。五娘阅后，深受感动，即命益春召见陈三，两人相会，互诉衷情，山盟海誓，比翼连理，永不分离。适时林大强娶五娘，陈三和五娘相偕私奔，后陈三被捕入狱，幸得其兄相助才与五娘团聚，有情人终成眷属。

《陈三五娘》是深受群众喜爱的爱情故事。因其讴歌自由恋爱而不容于当时的礼教，在明清两代常遭禁演，但在民间却广受欢迎，甚至有“嫁猪嫁狗，不如共陈三走”的说法。梨园戏、潮剧、莆仙戏、芗剧包括台湾歌仔戏中，《陈三五娘》都是经典传统剧目。又有小说《荔镜奇逢传》、歌册《黄五娘送寒衣歌》、《黄五娘跳古井歌》、《洪益春告御状》、《陈三全歌》、《新造荔枝记》等。

闽潮一带，相关古迹、传说也很多。据林淳钧先生记载，今潮州市枫溪区花园乡，据说就是明代黄九郎的蔚园，称为花园。花园乡有一眼古井，四季不竭，是当年五娘汲水浇花之古井，人们称之为“五娘井”。花园乡还有五娘墩，相传当年五娘曾在此赏花观景。泉州北郊常有水患，陈三后任当地官吏，率乡民修堤坝，有益于民，当地乡民为纪念他的功绩，称此坝为“陈三坝”。闽粤交界处，有座小山叫坠花山，传说五娘随陈三奔回福建时，途经此地，五娘鬓上所插的山丹花不慎坠下，后此地漫山遍野尽开此花，遂得其名。距坠花山不远处，有一小溪叫粉脂溪。据说五娘与益春跑累了，来此溪边洗脸，从怀中取出绢帕抹汗，不慎把帕巾中的胭脂和香粉掉落溪中。溪水遂被染红，溪底的砂石也因香粉沉淀皆白，遂称粉脂溪。浪漫的爱情故事，感动着一代代的人。

关于陈三五娘的民间歌谣很多。以下八则为马风先生所辑：

东畔出有苦孟姜，西畔出有苏六娘。
北畔出有英台共山伯，南畔出有陈三共五娘。

六月热春天，五娘楼上掷荔枝，
陈三骑马楼下过，五娘伸手掷给伊。

绿竹绿竹枝，绿竹种在河堤墘，
五娘坐在竹丛顶，“吊渴”陈三在路边。
绿竹绿竹丛，绿竹所种在溪东，
五娘坐在竹丛顶，“吊渴”陈三在路中。

溪木涸干干，一涸二涸到轿脚。
陈三骑马来砌塔，五娘骑马砌塔脚。
淡水涸悠悠，一涸二涸到潮州，
陈三骑马来砌塔，五娘骑马砌塔周。

井底饲“洋官”，井面开花红牡丹，
陈三五娘相伴走，放掉益春在半山。
井底饲泥鳅，井面开花双石榴，
陈三五娘相伴走，放掉益春在半洲。

提个篮仔来摘茄，听见锣鼓冲冲潮。
放掉篮仔走去看，看见陈三和五娘。
提个篮仔摘芫荽，听见锣鼓冲冲飞。
放掉篮仔走去看，看见关爷带二妃。

门脚一丛柑，唔高唔矮好凉衫，
唔高唔矮好打扮，打扮起来似陈三。
门脚一丛蕉，唔高唔矮比君腰，
唔高唔矮好打扮，打扮起来似五娘。

茶花开来向日红，陈三磨镜为人情，
九月初九曾有约，同走花园泉州城。
九月菊花实清红，挲摩镜内有情人，
九月初九曾有约，走出花园潮州城。①

① 林淳钧．陈三五娘的民间传说及歌谣．潮剧闻见录．广州：中山大学出版社，1993．63～68．

第三章 民间音乐

民间音乐是人们在长期的生产实践和社会生活中创作和发展起来的、用以表达特定情感的音乐形式。它是民族文化的精粹，集中体现了一个民族的民族精神、性格、气质、心理素质、风土人情和审美情趣。民歌的音乐语言特色突出，音乐形象具体生动，具有鲜明的民族特征和地方色彩。它们形成于民间并流行于民间，主要包括民间器乐、民间歌谣、民间舞蹈音乐、戏曲音乐、说唱音乐等。

第一节 民间器乐

民间器乐是指用中国传统乐器演奏的民间传统音乐，有独奏与合奏两种表演形式。常用的吹管乐器有笛子、箫、笙、唢呐等；拉弦乐器有二胡、京胡、高胡等；弹拨乐器有扬琴、琵琶、三弦、筝等；打击乐器有鼓、锣、钹、梆子等。各种乐器独奏表演都有独特的地方特色，如四川、湖南等地的芦笙曲、直箫曲，新疆的热瓦甫、都塔尔弹唱，西藏、青海等地的鹰骨笛吹奏等。在中原和东北、西北，有蕴涵深厚、高亢醇厚的唢呐吹打；东南有闻名遐迩的广东汉乐筝曲、闽南筝曲。合奏曲以乐器组合的方式分类，分为清锣鼓乐、丝竹乐、弦索乐、吹打乐等形式。不同的乐器组合及不同的曲目和演奏风格，形成了多种多样的器乐乐种。它们历史久远，绚丽多姿，一方面反映了当地的文化发展和文明进程，另一方面也往往与民间社会生活、民俗活动息息相关。

一、潮州音乐

潮州音乐是流传于潮州地区的各类民间器乐的总称，它亦流行于闽南、粤东以及世界各地潮汕人聚居地。潮谚常说："三弦琵琶筝，锄头粪箕筐。"潮州音乐与潮州人民的劳动、生活联系在一起，是他们生活的一部分。

潮州音乐源远流长。在中原汉民族多次南徙的过程中，中原音乐与潮汕百越先民的音乐文化相互渗透、相互融合，成为潮汕地区音乐文化的远古源流。

潮州音乐先后接受了唐宋的燕乐、法乐的熏陶，也受到宋元的南戏、明清的正字、潮音、西秦、汉剧等多种剧种音乐的影响。于晋代开始进入潮汕各地的佛教文化艺术，令法乐和佛曲也逐步融入潮州音乐。经历了唐宋时期的形成，明清两代的演变和发展，潮州音乐逐步走向成熟并形成了自己的音乐派系。潮州音乐具有典雅精致的特点，同时又能够表现雄浑大气的风格，被称为“中国古典交响乐”、“保留得最完整的南韵古乐”。

潮州音乐是具有潮汕特色和独特艺术风格的古老乐种，它保留了唐宋中原古乐的风韵和古老稀有的二四谱和工尺谱，采用七不平均律，在传统民间音乐艺术中独树一帜。它的主要乐器是二弦、二胡、扬琴以及锣鼓等打击乐器。潮州音乐大致可分为广场乐和室内乐两大类。前者包括潮州大锣鼓、外江锣鼓乐、潮州小锣鼓、潮州花音锣鼓、潮州八音锣鼓等，后者包括笛套古乐、潮州弦诗乐、潮州细乐、潮州庙堂音乐等，是一个庞大而完整的音乐体系。

潮州音乐的曲目十分丰富，最著名的是被称为“潮乐十大套”的名曲，包括《昭君怨》、《寒鸦戏水》、《小桃红》、《平沙落雁》、《凤求凰》、《月儿高》、《玉连环》、《黄鹂词》、《大八板》、《锦上添花》。

潮州音乐在近百年来越来越得到社会重视。20 世纪 50 年代初成立了汕头潮乐改进会和潮州市民间音乐团等组织。1956 年，潮州音乐曾在北京参加全国音乐周会演；1957 年，在世界青年联欢节上，潮州大锣鼓《抛网捕鱼》获得金质奖章。这些年来，潮州音乐得到了蓬勃发展，村村有锣鼓队，乡乡有闲乐馆。每年农历正月至三月间，潮汕各地群众自择吉日游神，潮州大锣鼓班于神像后面演奏以烘托游神活动的喜庆气氛，后面还有长长的“标旗”、“花篮担”、“英歌舞”等队伍，走村串巷，送去新春的祝福。平时，或者十几个人，或者三五小聚，乐声悠扬，不绝于耳。它像潮汕人饮工夫茶一样，是生活中必不可少的一件事。据统计，潮汕地区乐社有 300 多个，闲乐馆不可胜数，潮州音乐的民间性由此可见一斑。①

二、广东汉乐

广东汉乐历史悠久。自公元 4 世纪以来，汉民族就多次大规模南迁到粤东、闽西、赣南等地定居，被当地人称为“客家人”。客家人不仅带来异乡习俗，还带来“中州古调”、“汉皋旧谱”等中原古汉乐乐谱，与客居地的民间吹打乐、

---

① 陈天国，苏妙筝，岭南文库编辑委员会，广东中华民族文化促进会．潮州音乐．广州：广东人民出版社，2004；《国家级非物质文化遗产大观》编写组．国家级非物质文化遗产大观．北京：北京工业大学出版社，2006．67 ~ 68；周和平．第一批国家级非物质文化遗产名录图典（上）．北京：文化艺术出版社，2007．139 ~ 141；庄庆生．浅谈潮州音乐的民俗性．http：//www．chaoju．com/cz－yiyue/qiantanczyy．html．

庙堂音乐等乐种融合，同时又吸纳了潮乐的一些成分，形成具有地方特色的音乐流派——广东汉乐。

广东汉乐主要分布在广东梅州、汕头、韶关、惠阳等地区，又以梅州市大埔县为代表。大埔有着良好的汉乐群众基础：民间汉乐活动由来已久，汉乐演奏点遍布城乡。全县有汉乐队38个，家庭汉乐演奏点60多个，还有专门研究汉乐的大埔县汉乐研究会，有会员200多人，其中国家级省级音乐家协会会员就有30多人。

广东汉乐古朴大方，刚柔并济，分为丝弦乐、清乐、汉乐大锣鼓、中军班音乐、庙堂音乐五个类别。丝弦乐，俗称和弦索。它是广东汉乐中最普遍的演奏形式。演奏时以头弦（俗称吊规子）或提胡领奏，配以扬琴、三弦、笛子、椰胡等乐器。清乐，又称儒乐，比较儒雅，人称“筝、琶、胡”。汉乐大锣鼓主要于民间迎神赛会或闹元宵等传统节日演奏，以唢呐为主奏，往往热闹喜庆。中军班音乐，由仪仗性质的乐队演奏，用于民间的婚丧喜庆活动。庙堂音乐，是宗教法事时演奏的吹打音乐。

广东汉乐曲目丰富。《广东汉乐曲目集》中有曲目612首，其中丝弦乐430首，清乐56首，汉乐大锣鼓23首，中军班音乐62首，庙堂音乐31首。广东汉乐的代表曲目为《单点尾》、《玉山坡》、《粉叠》、《普天乐》、《玉芙蓉》、《水底鱼》、《一封书》等。广东汉乐中部分乐曲来自中原宫廷音乐、古代音乐，同时也保存了唐代宫廷乐律，如中军班音乐《大乐》、丝弦乐《南进宫》等。广东汉乐吸收了许多其他音乐成分，如《渔樵问答》来自古琴曲，《浪淘沙》原属琵琶曲，还有从民歌小调转化来的《剪剪花》，原属戏剧曲牌的《得胜令》，等等。

汉乐的曲调富于文学性，乐音的高低抑扬、长短缓急，结构的起承转合、呼应跌宕，包含着很深的文学内涵和优美意境。钱热储先生即以文章篇法，将其分为词曲体、风诗体、骚赋体、散文体。①

三、广东音乐

广东音乐是流行于珠江三角洲及广府方言区的一种传统丝竹乐种，其风格轻柔细腻、清新流畅、悠扬动听，深具岭南特色。2008年北京奥运会开幕式的各

---

① 钱热储．乐调之风格．公益社乐剧月刊，1934（8）；《国家级非物质文化遗产大观》编写组．国家级非物质文化遗产大观．北京：北京工业大学出版社，2006．68；周和平．第一批国家级非物质文化遗产名录图典（上）．北京：文化艺术出版社，2007．142～143；袁静芳．民族器乐欣赏手册：乐种、乐器、人物、乐谱．北京：中国文联出版公司，1986；张高徊．大埔汉乐．广州：广东人民出版社，2008；大埔县广东汉乐研究．大埔广东汉乐的历史渊源．http：//dabuhy．com/in－1b．html．

国家代表队入场仪式上，就有一段欢快的广东音乐《步步高》。

广东音乐是中原古乐（包括江南小曲调）传入珠三角后与本地民间歌谣、粤剧过门小曲相融合而形成的独特乐种。它孕育于明代，形成于清末民初。演奏广东音乐的组织最初为戏曲音乐乐队及亦农亦艺的“八音会”，除用于民间婚、丧、喜、庆等场合外，放映无声电影之前和过程中也常奏广东音乐。19 世纪 20 年代，广东音乐名家辈出。以何柳堂为代表的何氏叔侄三人（其族弟何与年，族侄何少霞）创作了《赛龙夺锦》、《鸟惊喧》、《七星伴月》、《晓梦啼莺)、《迴文锦》、《重阳三复》、《松风水月》、《陌头柳色》等。吕文成首创高胡，使其成为广东音乐中独特的主奏乐器，又创作改编了近两百首乐曲，把广东音乐的发展推向了一个新的阶段。这些乐曲包括《步步高》、《蕉石鸣琴》、《烛影摇红》、《落花天》、《平湖秋月》、《青梅竹马》、《银河会》、《歧山凤》、《醒狮》、《沉醉东风》、《月影寒梅》等。他的作品不仅具有浓郁的传统广东音乐风格，又吸收了西洋音乐的优点，曲调优美流畅，节奏生动活泼，令人耳目一新。这一时期的优秀作品还有丘鹤俦的《娱乐升平》、《狮子滚球》、《双龙戏珠》，何泽民的《孔雀开屏》、《花间蝶》，陈德钜的《西江月》、《宝鸭穿莲》，易剑泉的《鸟投林》，陈俊英的《凯旋》，陈文达的《惊涛》，尹自重的《华胄英雄》等。他们的努力使广东音乐在旋法、节奏、调式、结构、演奏特点等方面得到进一步的发展和完善。同时，群众性的音乐集社纷纷成立，如“济隆”、“素社”、“钟声慈善社”等。

广东音乐早期的合奏，多用二弦、提琴（类似板胡）、三弦、月琴、横箫（笛子）这五种乐器，称为“五架头”，又叫“硬弓组合”，独奏则多用琵琶或扬琴。20 世纪 20 年代以后，广东音乐合奏改以钢弦二胡为主奏乐器，辅以扬琴和秦琴，俗称“三件头”，又称“软弓”。后来，在“三件头”的基础上又增加了许多丝竹乐器，如大阮、中胡、唢呐、喉管等，还吸收了小提琴、低音提琴等西洋乐器，使之得到丰富、发展，形成乐器组合上的鲜明特色。

广东音乐是一种标题音乐。其音响色彩清脆明亮，旋律活泼跳跃，结构上以简驭繁，较少大型套曲。它以器乐的丰富和宽广的音域以及表现手法的丰富多变来写景、抒情、状物，因而地方色彩浓郁，极具特殊的艺术魅力。广东音乐擅长对生活小境的描摹，流露出朴素的生活情趣，特别是其中对自然景物的描写更是清新愉悦。比如早期乐曲《雨打芭蕉》，其旋律流畅明快，运用顿音、加花等技巧，表现雨点打在芭蕉叶上，芭蕉在雨中摇曳的声音情态以及人们炎日逢雨的欢乐。《龙飞凤舞》描述民俗节日中挑着龙灯耍戏的长龙，主题音调采用切分节奏，顿挫有致；小锣清爽，唢呐鸣唱，弹拨乐器的整齐节奏，共同营造出龙凤呈祥的欢乐气氛。①

四、佛山十番

“几十年前，每到节庆日，佛山都有十番表演，街头巷尾金钹飞舞，锣鼓喧天，几十个十番会齐聚街头，十里空巷，民间有‘佛山节庆无十番不欢’的说法。”南海桂城茶基村“何广义堂”的十番中最老队员、80岁的何汉然老人不无骄傲地如是说。②

佛山十番是用打击乐器演奏的器乐曲，表演的时候，有高边锣、大文锣、翘心锣、企身鼓、群鼓、沙鼓、响螺、大钹、飞钹、单打等10种伴奏乐器，这些乐器按10种打法轮番敲出10段音乐，所以叫“十番”。“出秋色”的时候，“十番锣鼓”是最有特色的表演。

相传，十番锣鼓起源于唐朝，是凯旋乐的一种，流传于北方，明代盛行于江南，永乐年间由安徽、江浙一带传入佛山和叠滘，距今已近600年。明清时期，佛山已成为全国四大名镇和“天下四大聚”之一。由于冶炼业发达，一些“十番”用的打击乐器，如金钹、大钹、高边锣、文锣等铜制打击乐器皆能制造，从而为十番在佛山落户提供了良好的条件。

在数百年的传承过程中，佛山十番将飞钹表演与本地八音锣鼓相融合，并结合民俗活动，逐渐形成自己的艺术特色。原有锣鼓合奏的“素十番”和丝竹锣鼓合奏的“混十番”两种形式，现仅存“素十番”。飞钹的特点是，其小钹不按常规碰击，而是一手执钹冠，一手甩动穿上绳子的另一钹进行擦击，十人八人同时表演各种花式，有很强的可舞性和可观性，故名“飞钹”。这种飞钹表演目前在国内仅此一家。

佛山十番深受群众喜爱。历史上南海县佛山镇方圆五六公里的范围内，就有二三十个十番会。1935年，叠滘茶基村“何广义堂”应香港果菜行业会馆邀请，参加了英皇银禧大典巡游，并一连巡游表演了三天。当十番经过香港主要繁华街道时，人们争相观看，万人空巷。同年，“何广义堂”又赴广州表演。1938年，日本侵略军占领佛山，各十番会都停止了活动。抗战胜利后，只有南海的叠滘茶基村、庆云村和夏教恢复练习演出。现在只有茶基村“何广义堂”仍然坚持，并由一批老艺人培养新手，组成新老结合的队伍。茶基村附近的庆云村和夏教虽

---

① 袁静芳. 民族器乐欣赏手册：乐种、乐器、人物、乐谱. 北京：中国文联出版公司，1986；袁静芳. 中国传统音乐简明教程. 上海：上海音乐学院出版社，2006；袁静芳. 民族器乐. 北京：人民音乐出版社，1987；吴凡. 民间音乐. 北京：中国社会文献出版社，2008.

② 谢俊忠. 佛山十番——昔日无十番不欢，今日十番难得欢. 珠江商报，2007-05-29.

然停止活动多时，但仍然保存了主要的十番乐器，这都是保护、传承佛山十番的可靠基础。①

五、岭南古琴艺术

古琴是中国最古老的乐器之一，相传创始于史前传说的伏羲氏和神农氏时代。有关古琴的记载最早见于《诗经》、《尚书》等文献。《尚书》载："舜弹五弦之琴，歌南国之诗，而天下治。"东汉应劭《风俗通》："七弦者，法七星也，大弦为君，小弦为臣，文王、武王加二弦，以合君臣之恩。"三国时，古琴七弦、十三徽的型制已基本稳定，并一直延续到现在。

岭南琴派是中国古琴具有重要影响力的主要流派之一。早在南北朝时期，广东曲江人（今韶关）侯安都（518—562）就有很高的琴艺。五代十国时南汉国吏部郎中陈用拙著有《大唐正声琴谱》10卷。南宋末年，金元入侵中原，南宋皇帝被迫从临安南迁至冈州崖山，相传《古冈遗谱》就是当时留下来的。其中的古冈，即今广东新会县。

明代，岭南琴坛出现了几位有影响的琴家，如陈白沙、梁启运、释闻一、邝露、陈子壮、陈子升、陈恭尹、梁佩兰等人。今存最早的岭南琴谱为清代黄景星的《悟雪山房琴谱》，故一般将黄景星认为是岭南琴派的代表人物。此外，岭南琴学还有庆瑞《琴瑟合谱》、云志高《蓼怀堂琴谱》、何斌襄《琴学汇成》和朱启连《鄂公祠说琴》等著作。

黄景星字渭南，广东新会人，其琴艺得自其兄黄观洞和广东香山（今中山）琴家何洛书传授。由于官考屡败且生活贫困，他只好抚琴以自娱。晚年曾与陈绮石、李乡昆等琴友在广州组建琴社切磋琴艺，从而促进了岭南地区琴学的发展。1836年，黄景星将《古冈遗谱》中30首琴曲与其他琴曲汇成《悟雪山房琴谱》，共50首。岭南琴派的《碧涧流泉》、《双鹤听泉》、《鸥鹭忘机》、《怀古》、《玉树临风》以及《神化引》等曲目古朴、刚健、爽朗、明快，颇具地方特色。《碧涧流泉》为岭南琴派最具代表性的琴曲，最早出现在《古冈遗谱》中。全曲为三段体结构，平缓处流泉泠泠，急峻时嘈嘈切切，乐曲首尾呼应，意趣盎然。

黄景星之后，又出现了何斌襄、容心言、朱启连、郑健候等有影响的琴家，岭南琴派的影响日益扩大。

100年间，岭南琴派形成了刚健、爽朗的风格。1980年10月，在广东省音

① 入选省"非遗"，"十番"将首演. 佛山日报，2007-05-28；佛山十番. 广东文化网，http://www.gdwh.com.cn/whyc/2010/0203/article_2008.html.

乐家协会的支持下，广东古琴研究会成立，在搜集古谱、琴曲打谱、移植创作琴曲、录制音像资料、斫琴琴学研究等方面取得了令人瞩目的成绩。①

第二节　民间歌谣

民间歌谣包括民歌和民谣，是人民群众在生产和生活中为表情达意而口头创作的一种歌曲形式，通过口传心授在群众世代相传中不断得到加工提炼，具有集体创作、口头创作，在口头传播中不断变异，并能表达人民心声的特点。民间歌谣源于生活，并广泛深入地渗透入民间生活之中。

广东民俗好歌。广东各地的民歌民谣是各族民歌的重要分支，在中国民歌体系中占据重要位置。广东民歌民谣具体包括以下几大类别。

一、山歌

山歌是中国民歌的基本体裁之一，流传分布极广，蕴藏也极为丰富。广东的山歌有客家山歌、泷州歌、连滩山歌等多种。

1. 客家山歌

客家山歌始于唐代，用客家方言演唱，是广东省民歌中传唱地域最广的歌种，以兴梅山歌最具代表性。客家山歌继承了《诗经》质朴、清丽的民间风格，亦受到唐诗律绝和“竹枝词”的影响，同时又吸取了南方各地民歌的优秀成分，千百年来广泛流传，清人黄遵宪《人境庐诗草》搜集的《山歌》和李调元《粤风》中均有客家山歌。客家山歌旋律优美，婉转动听，几乎所有曲调中都有颤音、滑音、倚音等装饰音，唱腔也有多种。从流行地域可分为松口原板山歌、梅县山歌、兴宁罗岗山歌、蕉岭长潭山歌、大埔西河山歌等。

客家山歌题材广泛，善用比兴手法，尤以双关见长，语言生动通俗，朗朗上口。传统作品以情歌最多，比如“岭岗顶上一株梅，手攀梅树望郎来。阿妈问涯望脉介？涯望梅花几时开”。这是说，女孩子手攀梅树眺望情郎到来，母亲问她张望什么，她含羞推说看梅花什么时候开。此歌将女孩子的心情写得玲珑剔透。“橄榄好食核唔圆，相思唔敢乱开言；哑子食着单只筷，心想成双口难言。”这首歌用形象生动的比喻并带双关，诉说倾慕对方、想与之结成夫妻却又不好意思

① 陈建华．广州市文物普查汇编·海珠区卷．广州：广州出版社，2008．395～396；王平．广州市非物质文化遗产名录图典2006—2008．广州：广州出版社，2009．14～15；中国古琴网，http：//guqin.cc/html/139/965．htm.

开口的心情。山歌往往用男女对唱形式，互相呼应："深山大树好遮阴，只听山歌唔见人；妹若有情应一句，省得阿哥满岭寻。""几番上岭唔见郎，急得阿妹乱忙忙；好比花针吞落肚，日刺心肝夜刺肠。""客家山歌远传扬，条条唱出情意长，条条唱出郎心事，声声唱出妹衷肠。""入山看见藤缠树，出山看见树缠藤。藤生树死缠到死，树生藤死死也缠。"

山歌来自民间。客家山歌有较强的艺术想象力，富于生活气息和生命活力。在优美的山歌中，万事万物都是有感情、有生命的。"哥系绿叶妹系花，哥系绫罗妹系纱，哥系高山石崖水，妹系山中嫩细茶"，这首山歌用红花、绿叶，绫罗、纱，高山水、嫩细茶来比喻男女恋人不离不弃的深情，通俗易懂，生动传神。"见妹挑担百二三，阿哥心头着一惊；心想同你分多少，又见人多唔敢声。"客家妹子勤劳能干，情郎看了吃惊心疼，想帮她挑又不敢。全歌抒情叙事浑然一体。

除了情歌，还有叙事歌，有情节、人物、故事。有的篇幅较长，有的是传本，内容有历史故事、英雄故事、民间故事。下面这首是说女孩子嫁作人妻的故事：

> 鸡公仔，髻蕾蕾，井边担水泪垂垂。人家问涯叫脉个？么爷么哀受人欺，檐前洗面哥会骂，房里梳头嫂会槌。嫂莫槌，哥莫骂，十七十八涯会嫁。嫁个金屋栋，玉屋梁，金凳子，象牙床。等到另日转妹家，阿哥阿嫂见到笑哈哈。鸡公仔，半夜啼，啼醒满姑来做鞋。做倒一双鞋，一长又一短，拿来换鸡卵。鸡卵圆，换铜钱。铜钱烂，换把扇。扇子凉，换白糖。白糖甜，换白盐。盐雪白，换升麦。麦子香，换块姜。姜味辣，换铙钹。铙钹锃锃锃，换酒罂。酒罂漏，换黄豆。黄豆矮，换老蟹。老蟹沿过塘，满姑捉来食哩做新娘。鸡公仔，翼些些，新娘担水打水花，涯问新娘仰般打，肩头缩上又缩下。

"翼些些"是说鸡拍翅膀的样子。客家地区很多乡村饮用古井水，井深七八米，用绳索系桶打水。"新娘担水打水花，涯问新娘仰般打，肩头缩上又缩下"的描述，十分生动形象。①

习俗山歌，是以当地风俗、习惯、地理、物产为题材的各种山歌，如劳动歌、请神歌、择畜歌、时令歌、节景歌、嫁娶歌、祝贺歌、丧葬歌、祭典歌、酒宴歌、水路歌、地名歌、耕牛歌、名产歌、食物歌、中药名歌等。以下为《大鹏

---

① 余耀南. 大埔民间故事歌谣和俗谚. 广州：广东人民出版社，2008. 257.

地名歌》：

七娘山上起云头，打落杨梅坑下求。兄弟齐全鹿嘴角，马尿河前见日头。舂白米头系大碓，写字唔成系碧洲。狗猎黄猄大岭下，朝朝霞雾半天云。爱饮甜茶鸡公笃，爱见洒莲荔枝山。上洞田唇夹下洞，土洋行出系溪涌。下沙地福王母洞，龙歧对面水头冲。行出布锦系水贝，行过窑坳系乌涌。松山隔离系田心，田心前面系大鹏。

还有一些特殊的形式，如“尾驳尾”，就是以上一首的尾句作下一首的首句，既接意又接韵。“尾驳尾”多在对歌时采用。

“拆字歌”就像猜字谜，或者把字拆开来慢慢唱：

和字写来口加禾，讲唱山歌要人和，家和就能万事兴，国和就多盛世歌。

一字写来一条龙，单人独马赵子龙，二字写来隔条河，一文一武在朝中。

还有一种“虚玄歌”，又叫“调虚玄”，故意将不可能的、荒唐的事唱出来，看谁唱得更玄虚。这是一种充满趣味性的娱乐歌：

你讲虚玄冇惯玄，涯讲虚玄又过玄。豆腐拿来楔桌脚，足足楔黑十过年。你讲虚玄冇惯玄，涯讲虚玄又过玄。山冈顶项屙堆尿，莯倒三坑七段田。你讲虚玄冇惯玄，涯讲虚玄又过玄。江西顶项踢脚趾，一倾倾啊大窿前。

童谣也有故意“虚玄”的：

月光光，夜夜光，年三十腩出月光，瞎子看到贼偷秧，哑子大喊人来捉，跛子赶到禾坪岗，秃手捉呀倒，足足闹到天大光。

砻谷四射，簸米煮粥，煮个饭菜香喷喷，吾坐锅唇，涯坐锅笃，食哩打烂锅头笃。

也有称作说反话、弄颠倒的“拉翻歌”的：

拉翻歌来拉翻歌，拉翻兜凳拉翻坐，赶鸭上山吃树叶，赶羊下水觅田螺。

今个年头确系奇，柀子树上打黄梨，草蜢来同鸡打斗，老鼠敢梆猫公须。

涯今唱条拉翻歌，石磨把风吹落河，古井肚里下乌薮，竹头尾上钓罢哥。①

客家地区山多，歌也多，山歌成为客家人生活的一部分。歌中唱道："日日唱歌润歌喉，睡觉还靠歌垫头；三餐还靠歌送饭，烦闷还靠歌解愁。""山歌唔唱忘记多，大路唔行草成窝；快刀唔磨会生锈，胸膛唔挺背会驼。"山歌已成为客家人生活的需要、心声的表达，千百年来保持着旺盛的生命力。

2. 连滩山歌

"连滩山歌"源于郁南连滩镇，它用南江地区方言演唱，主要流传于两广（广东、广西）、三市（肇庆、云浮、罗定）、六县（郁南、云安、封开、德庆、苍梧、岑溪）。

连滩山歌起源很早。据明嘉靖年间《德庆州志》记载，当时就已经有樵歌传唱。清道光年间《西宁（今郁南）县志》描述说："男女杂沓唱歌，遂成习惯，文人中有好事者，平时每出歌题，招人作歌，略似竹枝词。而土语多有音无字者，以意杜撰。歌词亦以俗而有趣味者为佳。""女子出嫁前三四晚，村族中未嫁之女子为伴娘，齐集其家，出嫁者哭而道别，以歌达之，自祖先至亲属，皆称其名分为之词，歌词合韵……语多双关，不必雅，然情必极至。"

传说连滩山歌的始祖是歌仙刘三妹。连滩南江对岸有一座山叫根竹山，根竹山上有一个岩洞，据说是刘三妹来传歌时住的洞，称为"刘三岩"。刘三岩对面有一座形如铜鼓的山，叫铜鼓山，传说每个月的初一，刘三妹便登上岩顶，面向铜鼓山唱歌，一直唱到十五。只要刘三妹开口唱歌，对面的铜鼓山就会响起铜鼓声伴奏，二者一唱一和，十分和谐。由于刘三妹的歌声很动听，人们都爱听她唱的歌，于是一传十，十传百，周围百里的人们都成群结队前来听歌和学歌。此事惊动了当地的一位恶霸财主，他见刘三妹人靓歌甜，就逼迫刘三妹做他的小妾。刘三妹无奈只好离开南江，到广西传歌去了，成为后来的"刘三姐"。

连滩山歌，形式活泼，情景交融，常用比兴手法，多数是即景演唱，即兴而歌。它的内容丰富，或者抒发个人情感、表达男女之情，或者反映社会事件、歌唱劳动生产，以及各种日常生活、猜谜娱乐等。节日、喜事、丰年、劳动之余都有歌。如《结婚敬茶歌》："堂前设茶敬新翁，新姑一于同敬重；子肖媳贤礼义重，忆记养育敢报功。"猜谜歌："千兵万马同一家，同祖同宗也同话；等到午时出去耍，唔出状元出探花。"谜底是蜜蜂。还有"大话歌"，是尽可能地用歌

① 莫日芬．广东客家山歌．广州：广东人民出版社，2007；陈菊芬．天籁回响：广东客家山歌．广州：花城出版社，2008．

唱出不可能的、夸张的情景，令人捧腹，如："谈笑古话歌无端，云雾山顶扒龙船；桅杆顶上种棵蒜，花开遮盖五大县。""石头浮面要江河，画眉生春（蛋）大过箩；老鼠拖猫梁上过，鲤鱼拖獭过江河。"

连滩民歌是南江地区人民在长期的生产和生活中形成的艺术结晶和历史产物，承载着当地许多重要的历史文化信息，被誉为南江文化的"活化石"，深受群众喜爱。民间歌手不仅劳动之余唱以自乐，还常常受聘到主家演唱，为婚娶、祝寿、添丁、进宅等喜庆活动增添欢乐气氛。也有采取山歌擂台形式的，男女歌手各一人当台柱，男称歌伯，女称歌妹，他们坐在群众中间，接受四面八方歌手的挑战，以歌答歌，互相比赛，热闹非凡。①

3. 九峰山歌

乐昌历史悠久，夏商时为扬州之域，春秋时属越，战国时属楚，秦时属海南郡。秦末，赵佗为南海尉，称帝岭南，乐昌属南越国。乐昌是古中原文化、楚文化、吴越文化和西南文化的交汇地，文化独具特色、富有魅力。唐代以后，中原移民和许多少数民族南迁乐昌。少数民族中以瑶族为主。他们从湖南的湘江、资江、源江流域迁徙到乐昌的九峰住了下来，也开始用他们的语言诉说他们的生活和心事。明末清初诗人屈大均有描写乐昌九峰风情的诗句："瑶女歌声远，风声听不清。"随着接触和交往的频繁，瑶、汉两族人民逐渐融合在一起，瑶歌"汉化"成了客家山歌，语言以客家话为主。其中的"牛尾村山歌"调仍保留着湖南口音，是客家话和湖南话的混合唱。"过山帮"调则仍保留瑶家方言。人们劳动唱、休息唱、家里唱、上山唱，曲调为自由体，音律随情景、情怀而变，歌词三句、四句或五句不定，形成了"九峰山歌"。

九峰山一带峰峦叠翠，最著名的有九座山峰：五指峰、向日峰、青云峰、紫徽峰、太乙峰、云祖峰、羊角峰、马蹄峰、三星峰，九峰镇因此得名。当地人居于高山，民众分散，信息沟通不便，劳作艰辛。为了交流感情、传递信息，形式活泼、内容多样的山歌便成了他们生活的需要。开门见山，出门唱歌，山歌千年传唱不衰。九峰山歌内容包括农事耕种、婚姻生活、生产贸易、男女情事、宗教信仰、生育教化等多种，曲调多样，旋律优美，极具艺术性。特别是男女情歌最

---

① 邱钧彦．论连滩山歌的渊源与表现形式．广东社会文化，2011（3）；罗强，罗荣南．连滩山歌——南江文化的"活化石"．云浮日报，2011－11－11；云浮县文广新局．我县"连滩山歌"被省政府批准申报第三批国家级非物质文化遗产名录．广东郁南网，http：//www. gdyunan. gov. cn/Item. aspx? id＝8999.

多，如《红粉娇娥连情人》、《五更静》、《五送妹》等。在婚姻不自由的年代，有情人不能成眷属，多少相思，多少心酸无奈，尽在歌词中。唱者投入感情，听众找到共鸣。

九峰山歌原来曲调很多，现在只留下了五个曲调，即“过山帮”调、“刘莎妹”调、“下南京”调、“九峰山歌”调、“牛尾村山歌”调。“刘莎妹”调中的“刘莎妹”其实是衬词“沙哩沙哩来”的缩写谐音；“过山帮”调音调高亢悠远，适合在山间歌唱；“下南京”调用于男女互相道情、调情，多用于年轻人对唱；“九峰山歌”调调式固定，所唱内容包罗万象，最适合于歌者自由抒发；“牛尾村山歌”调略带悲音，适用于妇女诉说心事。①

4. 泷州歌

无可奈何小两文，粥水清清照见人。筷子挑挑无粒米，眯埋双眼囫囵吞。

有心不怕漂江水，竹枝当橹叶当舟，藤断自有篾来驳，船到滩头无使油。

西江的南面有一条古老的河流，古称泷水。泷水发源于广东信宜县，流经罗定城北，由东北而下至大湾木栗，会东水，过郁南、云浮境，北行百余里，流入西江。泷水地区自唐代始，民间盛行歌舞祭祀之风。屈大均所著《广东新语》和翁方纲《复初斋集》中都提到泷人好歌。刘三姐歌墟遗址至今仍在罗镜镇留存。

长期以来，泷人傍水而居，靠山而住，或耕种，或樵猎，或打鱼。劳动之余，他们用唱歌来抒发感情。明清时期，一批文人和粗通诗律的民间歌手仿效刘禹锡创作《竹枝词》并汲取泷水山歌与泷水咕歌的体裁和语言精华，对当地山歌加以改进，进而创作出一种文人山歌“泷州歌”。它既保留了方言俗语，又新添了一些雅词，易学易懂，因而创作者也日渐增多。著名学者翁方纲于清乾隆二十九年（1764）、三十二年（1767）视学罗定所作的四首诗中就有“近闻比户事讴吟”的诗句，可见当时泷州歌创作风气之盛。② 乾隆四十九年（1784），罗定

① 冯春华．九峰山歌：自古山歌从口出 山歌绕着九峰转．韶关日报，2009-09-19；邓学聪．浅谈“九峰山歌”的历史渊源与艺术特色．广东省文化馆．http://www.gdsqyg.com/czdy/show.php?itemid=110.

② 邓世锠．历史文化名城罗定．广州：花城出版社，1998．75.

州内的诗人创办泷州歌社并组织赛歌活动。后来，罗定州内、东安、西宁多地以及广西苍梧、岑溪、北流等地也纷纷建立诗歌社。民国《罗定志·风俗志》载，“城乡皆有诗文会，自科举废，文会寝息而诗社不废。主会者命题，限时收卷，隐其姓名，编以号数，即属诗人论次，有宋人月泉吟社之遗风。阅定后其名在前列者各赏赉有差，故士多以风雅相尚”①。泷州歌半诗半歌，半吟半唱，乐曲基本固定，抒情味浓。它一般七字一句，四句一首，格式像旧体诗的七言绝句。

清末至民国初期为泷州歌的发展和兴盛时期。泷州歌社主持人称“主会”。各地泷州歌社每次出歌题，除泷水地区作者踊跃参赛外，邻近的阳春、信宜，广西的岑溪、北流、苍梧等地也有泷州歌爱好者投稿，甚至广州、广西南宁以及云南昆明等地也有作品投寄；而泷人也应邀给相邻的信宜、高州、茂名以及广西岑溪、北流、苍梧等地的诗歌社投稿。泷州歌社投稿数最多时可达 3 000 篇，“歌榜”也由原来的一榜改为“东”、“西”两榜，一批杰出的泷州歌手成为著名评师。

泷州歌文化积淀深厚，流传地域广泛，具有极高的价值。由于种种原因，现在泷州歌坛出现了冷清现象，歌社逐渐减少，目前只剩下罗定市滨镇思理管理区的谭文生主办的一个歌社还在继续活动。泷州歌作品主要还是通过民间抄录传唱的形式流传，除少数作为地方文献得以幸存外，大多还是在民间歌社或群众中口头流传和抄录，亟待挖掘、抢救和保护。②

二、水乡民歌

广东海岸线长，境内河网密布。傍水而居、以水为家的水乡人民，创作出了各种各样的水乡民歌。

1. 惠东渔歌

惠东渔歌是宋朝时随移民迁徙，从福建沿海一带传入，流行于惠东平海、稔山、盐洲、巽寮等沿海地区并广为传唱的民歌。它的音调中带着海的悠远、辽阔、婉转。早期的惠东渔民（疍民）社会地位卑微，长期过着艰难的海上漂泊生活，“出海三分命，上岸低头行”就是他们生存境况的真实描绘。面对大海、蓝天，他们以浪为枕，浮海而歌，用一些本土古老的曲调来寄托情感，以歌自

---

① 罗定市公众信息网，http：//www. luoding. gov. cn/govmach/swhg/3092－22339. html.

② 郭永青，甘树兵. 泷州歌源流及其研究价值. 艺术探索，2010（5）；云浮市委宣传部. “三罗”流传泷州歌. http：//www. yunfu. gov. cn/govmach/xcb/html/98180_ 0. htm.

乐，以歌解忧。经过岁月的积淀，惠东渔歌逐渐形成了疍民独特的曲调、风格和演唱形式。斗歌中最长的《乜人晓得天顶星》，歌词就有十几种之多。

甲：乜人晓得天顶星？乜人晓得海底虾？乜人晓得碧脚米？乜人晓得树尾花？

乙：神仙晓得天顶星，龙王晓得海底虾，米筛晓得碧脚米，蝴蝶晓得树尾花。

甲：你知乜个直溜溜？你知乜个海底泅？你知乜个赶风走？你知乜个独条须？

乙：我知大桅直溜溜，我知尾舵海底泅，我知大帆赶风走，我知吊舵独条须。

甲：你知乜鱼着火烧，你知乜鱼上战场，你知乜鱼好打索，你知乜鱼好合腰。

乙：我知魟鱼着火烧，我知鲳鱼上战场，我知鳗鱼好打索，我知带鱼好合腰。

甲：你知乜鱼为大兄，你知乜鱼三姓名，你知乜鱼得人惜，你知乜鱼得人惊？

乙：我知海鲸为大兄，我知哥鲤三姓名，我知金鲤得人惜，我知虎鲨得人惊。

惠东渔歌皆为无伴奏的清唱，旋律优美、婉转且带有一点淡淡的伤感。其衬词、衬句和拖腔的运用十分丰富，使歌曲的风格具有海洋气息的独特音韵。它的曲调品种繁多，目前收集到的就有 29 种。惠东渔歌既保留了中国民族传统音乐调式的特点，又善于吸收地方民间音乐和地方戏曲。原生态惠东渔歌大多为五声音阶，且以“宫”、“徵”为主。随着渔歌的发展，它逐渐吸收了当地（福佬地区）的民间音乐和戏曲，把 7 音和 4 音融入惠东渔歌并作为旋律的过门，从而丰实了惠东渔歌的音律。

惠东渔歌最突出的特点是其旋律具有浓厚的地方戏曲音乐和庙堂音乐韵味。它吸收了戏曲板腔的音乐形式，如“啦打啲嘟啲”调的《一对龙虾藏礁洲》的前奏旋律紧凑而委婉，采用了粤剧常用的高胡等乐器。主题部分木鱼的节奏又与广东的传统庙堂仪式歌颇为相似。这种类似庙堂音乐的色彩，来源于沿海渔民面对风雨险阻、生活艰辛而以民歌唱诵方式向神灵的祷告。

惠东渔歌传承人陈志祥说，渔歌贯穿了渔民生活的全部。渔民习惯于用渔歌叙述事物、表达感情，习惯于把心中所思所想痛快淋漓地唱出来。疍家妇女祈求亲人出海平安返航时唱《平安歌》。她们平日一边劳作一边等待出海的男人回来时，就唱《织网歌》、《纺线歌》、《思君歌》。久别的亲人团聚，会很自然地对唱渔歌，表达相思之情、离别之苦。谈恋爱时，用“阿哥安弓去射鸟，射鸟唔着射着人。阿哥安弓去射鸟，射鸟唔着射着妹”这样巧妙的词句表达情意。结婚仪式上唱《叮咛歌》，叮嘱新人勤俭持家、孝顺父母，祝福新人恩恩爱爱、白头偕老。秋夜，渔民更是对月而歌，通宵达旦。渔歌既有悲哀、感伤、发泄心头郁积的情诉，也有沉重、拼搏的劳动号子，可以说是渔民现实生活的展现和精神生活的依托。当地有句俗语：“无歌无调憋死人”。平海镇渔民苏方泰从12岁就开始收集、写作渔歌。他说，他是“拉网唱，摆渡唱，摇橹唱，筛网唱。哪天没事了，坐在那晒太阳，就对歌斗歌。村里有人结婚，拉起二胡就想唱”。

1956年，渔歌手苏墨水、苏带心参加了全国民歌调演，惠东渔歌从此为人所知。20世纪60年代，中央歌舞剧院创作了大型渔歌剧《南海长城》，其音乐素材就是取自于“惠东渔歌”和“汕尾渔歌”。近年来，惠东渔歌先后唱响亚运会火炬传递惠州站、广州亚运会文艺展演和上海世博会。目前，平海、港口、巽寮等渔区的中小学基本都开设了渔歌课，并对中小学教师进行了相关培训，或者请老渔歌手来教学。据报道，几年前惠东仅有10余名惠东渔歌传唱者，经过惠东县组织的渔歌进校园活动，目前惠东会唱渔歌的学生已逾千人，古老的渔歌将继续传唱下去。①

2. 咸水歌

咸水歌用广州方言演唱，又称“咸水叹”、“叹哥兄”、“叹姑妹”、“白话渔歌”，是珠江口咸淡水交汇地带流行的歌谣，主要流传于广东中山、番禺、珠海、南海等沿海和河网地带的农民和渔民中。据说，珠三角地区过去由于没有水闸，咸潮泛滥成灾，一些地方的庄稼甚至颗粒无收，被戏称为“蛋家佬”、“水流柴”的水乡人唯有以打鱼为生。他们忍辱负重，晚上棹船唱歌对歌，苦中作乐。由于木桨荡起的咸水水花“火光闪闪”，水乡人触景生情，咸水歌因此而得名。②

---

① 刘车，陈志祥. 大亚湾畔的歌声——惠东渔歌小议. 中国文艺家，2010（4）；蒲荔子. 惠东渔歌唱响上海世博会. 南方日报，2010-07-03；祝勇. 千年渔歌，又在惠东唱起来. 南方都市报，2009-11-12；林立. 惠东渔歌宋朝以来千年不衰. 东江时报，2008-07-21.

② 天涯文侠. 沙田民歌响彻斗门城乡. http://hi. baidu. com/tywx89317_2/item/f29353e7ee6c45abc00d757d.

咸水歌历史悠久。清乾隆年间吴淇编的《粤风续九》及李调元《粤风》中便辑有“疍歌”，如“疍船起离三江口，只为无风浪来迟。月明今网船头撒，情人水面结相思”。后来，许多疍民迁居陆上从事农业劳动，但仍保留唱歌习俗。他们在农忙前后搭歌棚斗歌，中秋节船集珠江江心，连成“中秋咸水歌擂台”。

咸水歌与水上居民的日常生活密不可分，水乡人家在嫁娶等喜庆的日子里唱咸水歌；在出海打鱼、摇船驳艇、织网绞缆时也唱咸水歌，在休闲欢聚时更爱唱咸水歌。钟敬文先生说，“他们以舟楫为家，以渔为业”，并以诗的语言描述这种“浪漫而诗美”的生活：“他们一生之绝大的慰安与悦乐，便在于歌唱。休息时固然要唱，工作时尤要唱；独居时固然要唱，群聚时更加要唱。所以在他们的居处中，无论是在烟雾犹迷的早晨，日中鸡唱的停午，月明星稀的晚上，都可闻到他们悠扬嘹亮的歌声，仿佛如在歌者之国一样。”① 咸水歌的最大特点是触景生情、即兴演唱，形式有独唱、对唱、斗歌，唱时无乐器伴奏和道具辅助，它的音乐是在摇摆或划桨的基本节奏上组成的，以正规节奏为主，八分音符和十六分音符交替使用，夹杂附点音符和切分音，韵律和谐而又起伏变化，仿佛水上波浪起伏、千帆相竞。

咸水歌在中山坦洲历史最为悠久，当地素有在农业劳动或行船时歌唱的习俗，流传广泛，曲目丰富，至今仍然保留着传统的唱法。它采用粤方言中山次方言歌唱，衬词用“啊咧”、“啊”，衬句多用“妹好啊咧”、“弟好啊咧”，歌唱具有即兴性强、随字求腔等特征，内容往往与日常生产和生活有关。如反映渔民收获喜悦之情的《摸虾公》：

你一边涌我一边涌罗嗨，你班大姐落海摸虾公，摸到虾公得餐餸罗嗨，虾公落锅只只鲜红。

《海底珍珠容易揾》：

海底珍珠容易揾，好你妹呀，妹好哩，真心亚妹世上难寻。弟呀好哩，海底珍珠大浪涌，好你弟呀，弟好哩，真心亚哥世上难逢。妹呀好哩，出海又打鱼鱼打浑，好你妹呀，妹好哩，有鱼打浑有人跟寻。弟呀好哩，虾仔在涌鱼在海，好你弟呀，弟好哩，鱼虾沉水唔见游来。

疍家人把海水冲积而成的土地叫做沙田，所以在沙田水乡流传的咸水歌也被

① 钟敬文．中国蛋民文学一脔．郑振铎辑．中国文学研究（号外）．上海：商务印书馆，1927．2.

称为沙田民歌。沙田民歌现存5 000多首，是在当地疍家人唱的“疍家歌”、“渔歌”的基础上逐渐形成的有鲜明地方特色的水乡民歌的统称，歌词大都反映海河生产和沙田农耕劳动，具有海河文化与农耕文化融合的特征。它采用带有珠海沙田地域口音及语汇的广州方言演唱，在婚、丧、祀神等民俗活动中产生并发展。

沙田民歌在珠海南屏最鼎盛的时期是20世纪30至50年代。南屏的“沙田民歌王”陈社金说，当时的水乡处处有歌，人人能歌。特别是晚上月亮照在河面上时，歌手们就一河两岸对起歌来，看到什么就唱什么，想到什么就唱什么，而且都能合辙押韵。他的父亲当年就是村里的“歌王”。[①] 2005年，沙田民歌被列入广东省首批非物质文化遗产保护目录。此后，一些民间音乐爱好者开始自发研究和宣传沙田民歌，让这一传统文化又重新焕发出生命力。

三、其他歌谣

1. 雷州歌

雷州歌是雷州半岛的民歌，它用雷州方言演唱，是广东四大方言歌之一。

雷州歌的内容非常广泛，涉及雷州半岛的地理风貌以及雷州人民的生存环境、劳动生产、家庭生活、爱情婚恋、历史人文、伦理道德、风土习俗、娱乐戏谑、丧白喜庆、政治时事等各个方面，充分反映了雷州的社会风貌及劳动生产内容。雷州歌曾多达34种韵脚，经过长期多次合并后形成了17韵，韵音全按雷州方言划分，不同的韵音具有表达不同内容的功能。雷州歌唱词运用雷州口语，格律严谨，修辞手法多样，常用赋、比、兴、双关等，音乐朴实，往往出口成歌。比如爱情歌曲《盼情郎歌》：

> 拿起火石打火光，情哥不来今夜昏。低头牵衫拭眼汁，自己拭湿自己捶。

这是说，女孩子在等情郎，等来等去等不到，眼泪流下来，拧干了再接着擦。

雷州歌的特点是“注入诚挚的情感，引以丰富的史识，凸显平民的智慧”[②]。在语言表现上，平易质朴、风趣幽默是其特点。比如这首“颠倒歌”《雨仔落落雨仔飏》：

---

① 孙海茵. 广东非物质文化遗产——沙田民歌. 南方农村报，2007-10-20.
② 洪三泰. 雷州歌精品鉴赏·序. 北京：长城出版社，2005.

雨仔落落雨仔飏，老鼠衔猫跳过窗。犲牛捉虎叫哞哞，鸡抓鹰竲半天翔。

千百年来，雷州人爱雷州歌，唱雷州歌，雷州地区也流传着很多关于雷州歌的民间传说。黄清雅的故事就是其中之一。何安成《雷州歌精品鉴赏》记载，黄清雅少时志在功名，一心专读圣贤书。有一天，他听到门外歌声阵阵飘扬，那是村里人劳作往来，出一歌入一歌，歌声质朴自然，清新美妙，不禁听上了瘾。有一次，外面按年例游神，四处都是锣声、歌声，他坐不住了，悄悄闪出课室门去。对雷州歌颇为上瘾的塾师发现了，就对他说："我出字，你填歌，填得佳才准行。"黄清雅一口答应。塾师挥毫，题目是《打锣游神》，顶头字也是"打锣游神"，韵限"景心情"。黄清雅不待填写，随口即唱：

打死都念三月景，锣响谁人不动心。

游看人群总走跌，神仙下凡都动情。

几年后，乡试举人考试。在这样庄严的场合，黄清雅答完卷，竟在卷后写了一首雷州歌：

日头死去雷公哭，四山岭头戴白包。

云作吊幛天奠酒，感动屋檐眼汁流。

宗师阅卷，发现其诗文极妙，于是用红墨连连圈点，认为其无疑是独占鳌头了。但当他看到卷后的雷州歌时，不明白这篇非诗、非经、非词、非赋的文章为何物。于是大笔一挥，黄清雅因此就屈当一般举人了。

这可是一首绝好的雷州歌啊！韵味甜爽，拟人写景传神。黄清雅感慨地唱道：

诗也妍妍歌妍妍，诗总圈红歌不圈。

圣贤都被讴歌感，讴歌岂无感圣贤。

黄清雅对此并不后悔。京师会试时，他仍不忘献上一首地方特产——雷州歌。结果他落第了。

此后，他嬉笑怒骂皆成歌，成了雷州百姓真正的代言人。尽管他的诗词文赋样样了得且著述颇丰，但真正广泛流传的还是他的雷州歌。宗师虽只给他一般举人，雷州人却一致封他为"歌解元"，并给他的坟墓立碑"乡进士"。几百年后的今天，凡雷州人及海外雷裔，均晓其大名，都能唱几首他的雷州歌。①

2. 潮州歌谣

潮州歌谣俗称“歌仔”、“畲歌”或“畲歌仔”，是潮汕地区沿海居民和山里畲民的歌谣与中原移民的民谣经长期融合而形成的。潮州歌谣以潮州方言口头创作，具有自身独特的艺术特色。潮州歌谣吸收了本地的民间信仰、民俗事象，反映民众生活和情感，包括潮州歌、儿歌、叫卖调、舞歌、斗畲歌、劝世歌（小调）、婚俗歌和大量的渔歌。它们往往表达美好愿望，诉说民间疾苦，歌颂正义事物，讽刺邪恶现象。流传广泛的潮州古老歌谣有《天顶一只鹅》、《正月剪春萝》、《月娘月光光》等。

潮州歌谣源远流长。近代对潮州歌谣的研究曾是新文化运动下北大歌谣运动的一个组成部分。丘玉麟先生在《潮州歌谣（第一集）》问世时曾表示：“大规模的机器工业代替了家庭手艺工业，社会制度改变，家庭组织改变，反映新生活的歌谣或将产生。至于能像旧歌谣一样多量与否还是疑问；而反映旧生活的歌谣将渐不在妇孺的红唇白齿间婉唱则是一定的断论。十年二十年后，旧歌谣将消灭，无复能流传，岂不是一大可惜的损失！我不愿这反映潮州生活的流动文学的歌谣消灭，我当把这些歌谣抄写编印成书，为固定文学，以保留我们这个农业化的旧时代的潮州生活之残影。”“歌谣的多方面自由的体裁与平易婉妙的语句可以帮助我们的新文学的发达。”② 吴显齐先生认为：“最早最朴素的潮歌，是谣谚和畲歌”，认为它具有民间性、大众性，“富于生命力、想象力和语言的复杂性”，同时说明潮歌“以潮州方音为表现工具”、“潮歌是最精炼的潮州话，而潮州话则是潮歌永久的源泉，表现的宝库”。③

以下为几首潮州歌谣：

潮州风景好风流

潮州风景好风流，十八梭船廿四洲，廿四楼台廿四样，二只鉎牛一只溜。

天顶一条虹

天顶一条虹，地下浮革命。革命铰掉辫，娘囝放脚缠。脚缠放来真架势，插枝花仔冻冻戏。

① 何安成．雷州歌精品鉴赏．北京：长城出版社，2005．15～16，124～128．

② 丘玉麟．潮州歌谣（第一集）．汕头：汕头开明出版部，1929．2，4．

③ 吴显齐．谈潮州歌谣．新中华，1948（2）．

七丈溪水七丈深

七丈溪水七丈深，七尾鲤鱼头带金。七条丝线钓唔起，钓鱼阿哥枉费心。七丈溪水七丈高，七尾鲤鱼泅过沟。七条丝线钓唔起，钓鱼阿哥枉费劳。

淡淡青天唔好欺

淡淡青天唔好欺，举头三尺有神祇；善恶到头终有报，只争来早与来迟。父是天，母是地，食着果子忆着枝。打虎哩欲亲兄弟，到底都是骨肉亲。一日念佛无放松，一年唔见一年人。桃花李花多相似，年年相貌唔相同。后生行路如蜂飞，老来行路着拒捶。后生食糜免物配，老来无配唔食糜。

过番歌

断柴米，等饿死，无奈何，卖咕哩。

一溪目汁一船人，一条浴布去过番。钱银知寄人知返，勿忘父母共妻房。

火船驶过七洲洋，回头不见我家乡。是好是劫全凭命，未知何时回寒窑。①

潮州请戏童曲

一则请神神就知，二请神仙下天台。三请神仙一齐到，众仙众佛到家来。童子跪在客厅中，专心立意请神人。要请老王老古姬，要请娘娘讲道诗。

项挂念珠胸前上，手持木鼓在胸前。金钟一响木鼓响，木鼓一响人清闲。天罗诗，连罗诗，拜请娘娘邀童儿。邀阮童儿西国去，亦欲白云见青天。

解说：潮俗八月有观神的仪式，观戏童也是其中的一个节目。月夜清凉，在庭院或村头广场，一群孩童围坐，手执香支，齐唱请戏童曲。选一二儿童坐在中心，过一阵，受机械的咒语哮唱所催眠，可由人指挥做戏或唱曲。各地的歌曲不同。仙城一带是：“田师爷，骑马吱吱声，身穿龙袍脚穿靴，头壳戴顶金帽仔，邀俺童身去游行。”等到乩童入眠起舞，就是神被请到了。②

---

① 吴显齐．谈潮州歌谣．新中华，1948（2）；马风．潮汕文化丛谈．新加坡：新加坡潮州八邑会馆，1990．58．

② 余流．观戏童．潮艺网，http：//www. csmynet. com/f2fcb75b-c230-4e06-91ec-99ff00fca6fd. aspx.

3. 粤语童谣

月光光

月光光，照地堂，虾仔你乖乖瞓落床。听朝阿妈要赶插秧咯，阿爷看牛要上山坡。虾仔你快高长大咯，帮手阿爷去睇牛羊。

月光光，照地堂，虾仔你乖乖瞓落床。听朝阿妈要捕鱼虾咯，阿嫲织网要织天光。虾仔你快高长大咯，撑船织网就更在行。

月光光，照地堂，虾仔你乖乖瞓落床。虾仔你快哋咪埋眼咯，一觉瞓到大天光。

落雨大

落雨大，水浸街，阿哥担柴上街卖，阿嫂出街着花鞋，花鞋花袜花腰带，珍珠蝴蝶两边排。

凼凼转

凼凼转，菊花圆，炒米饼，糯米团，阿妈叫我睇龙船，我唔睇，睇鸡仔，鸡仔大，搽去卖，卖得几多钱？卖得三百六十五个仙。

点指兵兵

点指兵兵，点着谁人做大兵。点指贼贼，点着谁人做大贼。

解说：从第一个字开始念起，一个字指一个人。最后念到那个人，要接受惩罚。

猜呈沉

呈沉剪，呈沉包，呈沉糯米叉烧包。老鼠唔食香口胶，老鼠要吃叉烧包。

解说：往日，在西关的街头巷尾，不论春夏秋冬，常常可以看到一群孩子在玩“猜呈沉”的游戏。在取定次序后，众人便一面口唱此谣，一面跺着脚以声作势。当唱到每句最后一个字时，一群孩子立刻伸手作出包、剪、搭的动作，以定胜负。①

4. 客家童谣

排排坐，唱山歌，唱个脉个歌，唱个好山歌。

排排坐，唱山歌，阿哥打鼓，老娣（即弟弟）打锣，阿姆来烧火，大嫂灶背炒田螺，老妹来把山歌唱，阿公阿婆听去背驼驼。

月光圆圆，阿妈种田，耘田壮秧，打谷满仓。

月光光，秀才娘，骑白马，过莲塘，莲塘背，种韭菜，韭菜花，结亲家，亲

---

① 梁达. 西关童谣儿戏. 广州：广州出版社，1996.

家门口一口塘，放个鲤嫲八尺长，短鲤拿来煮酒吃，长鲤卖来做学堂，教出学生个个好，朝朝早起向太阳。

火萤虫，唧唧虫，嘶呀嘶，张天师，张呀张，碗来张，碗呀碗，莲花碗，莲呀莲，白莲，白呀白，雪白，雪呀雪，落雪，落呀落，长乐，长呀长，古塘，古呀古，猪古，猪呀猪，野猪，野呀野，唱野（长揖），唱呀唱，禾尚，禾呀禾，割禾，割呀割，番葛，番呀番，过番，翻倒一个腰腰圈。

第四章 民间舞蹈

民间舞蹈是由广大人民群众在长期历史进程中集体创造并不断积累和丰富发展而形成的，是在群众中广泛流传的一种舞蹈形式。它直接反映人民群众的思想感情、理想、愿望。由于各国家、各民族、各地区人民的生活劳动方式、历史文化心态、风俗习惯以及自然环境的差异，民族舞蹈具有不同的民族风格和地方特色。

1986 年，在广东曲江石峡遗址出土的陶罐残件上有五人手拉手起舞的生动画面，表明在新石器时代末期广东先民在劳动之余就有了最原始的歌舞。移民进入广东，中原舞蹈相继传入，并进行了富有地方特色的发展。比如龙舞是在西汉时期传入南越国的，狮舞则是在东晋北魏时期传入的，到了明朝初年，佛山镇制作狮子等动物舞蹈道具已相当兴盛。

广东民间舞蹈的特点是：第一，经常在各种节庆民俗活动中出现，比如春节、年例、神诞、庆典等，而且往往属于群体性的大型活动，舞蹈者少则十数人，多则上百人，参与的人不计其数。第二，保留了大量原始的傩文化，往往具有驱鬼逐疫、祭祀等功能，如湛江东岭的“考兵”，各地的禾楼舞、跳花棚等。第三，动物舞特别多。比如潮汕民间舞蹈有几十种，其中动物舞蹈最为著名，澄海更有“动物舞蹈之乡”的美誉。第四，种类非常丰富。1982 年广东省民间舞蹈调查统计，广东省民间舞蹈品种有 506 个，其中广州 11 个，佛山地区 30 个，汕头地区 87 个，韶关地区 103 个，湛江地区 36 个，肇庆地区 49 个，惠阳地区 68 个，梅州地区 40 个。其中舞狮舞龙就有醒狮、青狮、松岗七星狮、席狮、火龙、人龙、醉龙、纱龙、网龙等多种类型。

广东民间舞蹈风格大都刚劲、矫健。如英歌、舞狮舞龙、大长鼓舞等，音乐节奏方正、对称、刚强、威武，加上乐器的构成及舞蹈律动皆刚劲、矫健、勇猛、威武，从而表现出阳刚之美以及广东男子汉的性格。这与广东人民长期与自然灾害作斗争和长期出海作业、出海贸易，形成崇尚男子气概、不惧艰险的传统有关。在历史上古百越人也素以“骁勇”著名，秦始皇五十万大军南征时屡攻不克，甚至主帅被杀，“伏尸流血数十万”。[①] 1840 年鸦片战争爆发，广州三元里

---

① （战国）吕不韦，（西汉）刘安等著；杨坚点校。吕氏春秋 · 淮南子. 长沙：岳麓书社，2006. 404 ~ 405.

"人民英勇抗英，令英人丧胆。抗清斗争此起彼伏，风起云涌，辛亥革命亦策源于广东。另外，武术南拳乃是形成广东民间舞蹈风格的一个重要因素。广东民间舞特别是男性舞蹈往往与南拳有密切的关系，如英歌舞、醒狮舞在表演前后多作南拳表演。英歌舞把南拳如"大箭马"和"拦点"、抛、削巧妙地结合在一起，醒狮舞的舞步则完全采用南拳步法。其他如龙舞、麒麟舞、舞貔貅也是如此。南拳属南少林派，此派传习者以嵩山少林寺为祖庭，以福建少林寺为发祥地。清初，南少林寺成为反清复明的大本营和洪门子弟的聚义厅。清廷派兵围焚南少林寺，仅至善禅师等五人逃出。他们在福州编传了五祖拳，至善禅师之徒洪熙官创洪拳，另有蔡、莫、李、刘四徒亦分创蔡、莫、李、刘拳。此五种拳术在广东流传最广，对广东的民间舞蹈影响较大。清末民初南海平州人林世荣以洪拳和佛拳为基础，模仿虎鹤的形象创编成虎鹤双形拳，它也属武术南拳，对南海醒狮舞有很大影响。南拳人称"硬桥硬马"（南派称用前臂攻防的手臂动作为桥法或鞭法），马步如老树盘根，手拿九鼎，稳如泰山，以刚强、威武、勇猛著称，所有动作都显示出勇猛彪悍的阳刚之美。①

广东各地的舞蹈历史悠久，往往伴随着许多优美的传说。它们有的是祈求风调雨顺，五谷丰登，六畜兴旺；有的是祭神驱鬼，保佑老少平安；有的是欢迎喜庆，娱乐大众；有的则歌颂英雄好汉，展现他们的英姿风采。丰富多彩的舞蹈记录下了各地人民的历史文化、生产和生活，也成为他们的期盼和愿望的真实反映。

第一节 傩舞

傩被称为"中国舞蹈艺术的活化石"，是中国最古老、传统文化意蕴最深厚也最具生命力的活态非物质文化遗产。

在原始社会，基于朴素的自然崇拜、图腾崇拜、祖先崇拜、宗教信仰，人们以傩的形式驱鬼逐疫、禳凶纳吉。殷墟甲骨文卜辞中已有对傩祭的记载；《周礼·夏官》中记载："方相氏掌熊皮，黄金四目，蒙熊皮，玄衣朱裳，执戈扬盾，帅百隶而时难（傩）以索室殴疫。"周代将傩以"礼"的形式固定下来，称为"国傩"、"大傩"，乡间也叫"乡人傩"；《论语·乡党》记载，孔子曾在看见傩舞表演队伍到来时穿着礼服站在台阶上恭恭敬敬地迎接；《后汉书·礼仪

① 《中国民族民间舞蹈集成》编辑部. 中国民族民间舞蹈集成·广东卷. 北京：中国 ISBN 中心，1996. 11～12.

志》里亦记载了“先腊一日，大傩，谓之逐疫”的驱傩活动。傩祭风习自秦汉至唐宋一直沿袭下来并不断发展，逐步形成了包括多种宗教、艺术形式、民间文学及神话传说诸多因素在内的文化丛系。至明清两代，傩舞虽古意犹存，但已经更富于娱乐性和民俗性了，傩舞在一些地区已发展成为地方傩戏。今天江西、湖南、湖北、广西、贵州等地仍保存着比较古老的傩舞。

广东的傩文化具有显著的地方特色。雷州半岛是热带雷电多发区域，雷电时常伤害人畜，乡民多敬祭雷神、驱灾避祸。据谢彬筹先生研究，在“走成伥”中，民众不但敬祀雷神，还把家族祖先姓氏马、郭、方、邓、田名为“五雷官将”，并以其作为家神，配合捉鬼驱邪。广东傩敬奉的多是对国计民生有奉献的先贤神祇。如康皇及其车、麦、李、刘、洪五部将，是抵御外侮、为国捐躯的忠勇将领；雷神是与民众生活紧密相连，又能庇护一方人畜的神灵；北帝是祛火消灾、造福人间的神祇。在广东还存留着由巫觋、师公于请神驱鬼时表演的歌舞而形成的戏曲剧种，如粤东的紫金花朝戏和海陆丰的师公戏以及粤北的师公戏。①

一、湛江傩舞

湛江傩舞由中原及闽南传入，主要分布于市郊、吴川、雷州、廉江、徐闻等地区。市郊东岭等村有《考兵》，吴川有《舞二真》、《舞六将》，雷州市的松竹镇、南兴镇、东市村、下田村、附城镇东门村都有叫《走清将》的傩活动，用以驱邪遣灾，祈求平安，迎祥纳福。其中，吴川市的《舞二真》面具是明洪武八年（1375）留下的，旧县村《考兵》面具制造于明万历年间。清嘉庆《雷州府志》所载：“自正月十二日起，曰开灯，连至十五夜。城市间每夜彩灯。或三四百人为一队，或五六百人为一队，放爆竹，烧烟火，妆鬼判诸杂剧，丝竹锣鼓迭奏，游人达曙，是曰傩。城中为最，各乡圩间有之，谓之遣灾。亦有至二十八日或二月十二日乃傩者。”

傩舞以雷首公与东（青）、南（赤）、西（白）、北（黑）、中（黄）的五方雷将为主体以及土地公婆、艄公婆等构成，形式古朴生动，气氛热烈壮观。面具造型武相粗犷威猛，文相端庄俊秀。傩面具材质多样，色彩以黑、红、黄为主，线条朴实夸张，色彩鲜明和谐。傩舞演出时先由道士在庙前设坛向神灵燃烛、焚香、烧纸宝、供三牲，接着颁令、颁符、敬请五色旗队，之后八宝、飘色、锣鼓班等，各路兵马先到坛前扎寨练兵，然后再到各家各户赶鬼驱邪，保佑平安。五方雷将手持斧、锏、链、刀、令旗等兵器，配以击鼓奏乐，并以奇特步

① 谢彬筹. 广东傩文化浅识. 麻国钧. 祭礼·傩俗与民间戏剧. 北京：中国戏剧出版社，1999. 523～530.

态奔向各个角落跳跃舞打，搜寻不祥之物，驱除疫鬼；土地公、土地婆手执“神棍”为村民祈福。其间还常融入“穿令箭”和“滚刺床”两项当地民间绝技。之后游神，游神队伍浩浩荡荡地到村镇各土地公管辖境界敬祭。游神完后，队伍回到神庙广场前，再次举行祭神仪式，至此，整个活动结束。

傩舞（来自：广东文化网）

湛江傩祭仪礼激烈喧腾，鼓声、爆竹声惊天动地，人们在八仙与唢呐、焰火与烟尘构建的傩的力量、傩的色彩中尽情狂欢。湛江傩舞虽继承了中原传统文化，但其深受吴越文化影响，因此更具有鲜明的地方特色。“单就春节民俗仪式来看，东岭傩仪、客家祭典、湛江东海岛人龙舞、潮汕英歌舞、番禺飘色、连平花灯，无不昭示着来自中原的文化传承，而其杂糅的西南丛林万物有灵的吴越文化信仰则使其内涵更为丰富。广东被称为中原文明的‘最后密藏地’实不为过”！前来采访的记者颜长江惊叹：“‘傩’在周代就列入‘礼’的范畴，而礼之本意是祭祀祈福。自周至唐，几千年间宫廷傩礼一脉相承。到了宋代，傩礼已不见于正史记载，而江西、福建、广东、贵州一带民间则保存至今。‘礼失求诸野’，此语信然。说东岭村考兵傩礼是中国文化活化石，实不为过”①。

二、禾楼舞

广东省云浮市郁南县的禾楼舞，是一种具有驱鬼逐疫、祈年祭祀功能的民间舞。它是原始巫文化流变与傩文化结合的产物。广东的罗定、清远、阳江、化州、雷州等地也有类似的舞蹈形式，如“跳禾楼”、“唱禾楼”、“考兵舞”等。

叶春生教授认为，禾楼的风俗，实际就是谷精人形化演变的结果。每到禾苗抽穗扬花的时节，禁止生人和大牲畜到田里乱走，以免禾胎受惊而灌浆不满、形

① 颜长江. 像爱情一样轰然降临——元宵节东岭村的魔幻现实图像. 刘瑞琳. 温故（之四）. 桂林：广西师范大学出版社，2005. 80～93；湛江傩舞. 广东文化网，http：//www. gdwh. com. cn/mjzt/2012/0416/article_ 1866. html.

成稗谷。为了补救这方面的损失，为使禾胎灌浆，人们便在田间搭起牌楼，称为“禾楼”，并歌舞其上，祈求神灵保佑。清远还有《禾楼歌的传说》，谓乡民此举感动了仙女，使之下凡，用自己的乳汁灌洒禾胎，于是禾穗结实丰盈，获得了大丰收。①

禾楼舞的动作原始、粗犷，舞者戴着假面具，身穿黑衣黑裙，头戴小竹笠，腰扎围巾，脚蹬麻鞋。身披红袍的“族长”，同时亦是沟通人神的巫师，头戴莲花冠，系红色间黄披肩，左手执牛头锡杖，代表神圣不可犯的权威，右手摇着一个系有彩带的铜铃以震慑和号召众人。原初的舞蹈作为母系社会遗存，歌舞者曾有男扮女装。整套歌舞共十三节，分别为调香、请神、调扇、调铃、造禾楼、调旗、调花、梳妆、调遮（伞）、送神、上楼台、调雨、倒禾楼。舞者要向东南西北四方起舞，须边摆身踏足，边唱禾楼调。

据叶春生教授考察，各处禾楼舞风格各不相同。郁南连滩镇，正月十五夜，村民们在河滩竹林边，一边围着温暖的火堆，一边观赏禾楼舞。舞者戴面罩，头顶蓑帽，足蹬麻鞋，身穿黑衣，晚间手持火把围绕火堆亦歌亦舞。在古朴而悠扬的音乐中，身披红袍的“族长”左执牛头锡杖，右执铜铃，在铃声号召下，众族人依次出场，过火门，拜“族长”，双手将稻穗举过头顶，庆祝五谷丰登，祈求上天再次赐福。舞者舞步轻快，号声呼呼，一派庆丰收的景象，歌词亦曰：“登上楼台跳禾楼，风调雨顺庆丰收，瑶户欣歌太平世，众执穗铃咏金秋。”

罗定的“跳禾楼”则从祭神开始，由一名女巫主持，男巫在一旁敲击小锣以协节律。祭神之后摆山歌擂台，由男巫师扮歌伯，先拜过刘三姐神像，后与棚上观众对歌，其所唱皆郁南连滩山歌调。发展到现在，跳禾楼还与当地祭神打醮的仪式相糅合，巫风更浓。有学者认为，罗定“跳禾楼”是壮族风俗的遗存，而郁南禾楼舞则继承了瑶族的古风。

化州北部的禾楼舞则以祈年为主。每年农历七月十四“禾了节”，一场酒宴过后，在禾堂可容纳二至四人对歌起舞的小型高脚楼上摆一张八仙桌，楼堂中央挂一张刘三姐画像便可进行表演。楼堂中央的画像过去有挂禾花仙子、禾谷夫人的，后传说刘三姐传歌至此，正值当地闹虫灾，刘三姐教他们炼“百草丹”，消灭了虫患，从此楼堂中挂上了刘三姐的画像。也有说刘三姐唱山歌驱虫，当地青年牛哥见刘三姐唱起了山歌，跟着同唱。他们时而合唱，时而对唱，美妙动听的歌声不仅驱散了害虫，也催长了庄稼，确保了丰收。村民为了纪念歌仙刘三姐，便在晒谷场搭起禾楼，唱禾楼歌，跳禾楼舞。歌唱的内容也多是歌颂刘三姐、祈

① 叶春生．岭南民间文化．广州：广东高等教育出版社，2000．30．

求丰收、有关男女感情等。调式有踏楼歌、跳楼歌、月令歌、猜歌等，生活气息浓郁，与农事息息相关。

阳江禾楼舞多于六七月间进行。一般台上摆一张八仙桌，台上的演员称“楼娘”，多为男扮女装；台下的演员叫“宿佬”，多为男角。“楼娘”和“宿佬”上下对答，俗称“驳歌仔”，内容风趣幽默，又称“大话歌”。楼娘上台便唱：“好久未曾讲大话，今晚唱条大话歌，盲佬来把热闹看，聋佬听见笑呵呵。”楼娘边唱边舞，台下宿佬只驳歌，不起舞。歌词即兴编成，出口成章：“穿着蓑衣去饮酒，着紧长衫去驶牛；老鼠拖猫满屋走，蛤仔咬蛇田洞游。”①

禾楼舞是古代农耕文化的产物，原始农耕文明的影响处处体现在禾楼舞中。如族长手执牛头锡杖，众人在牛角醇厚雄浑的音调指挥下起舞，都反映了对耕牛崇拜的观念。禾楼舞历史悠久，文化内涵丰富，具有较高的人类学、宗教学和美学价值。

三、跳花棚舞

跳花棚舞，又称跳棚舞，是傩舞的一种，流行于化州市官桥长尾公村及卷塘尾村一带，也是当地“吃艺日”的一项重要活动。它保留有“傩”的色彩，集面具、戏、歌舞、喃唱于一体，形成古朴粗犷、雄健有力、明快轻松的风格。每年晚秋收割后，小雪至大雪期间，当地村庄搭起草棚（戏台），饰以“七十二贤”和花卉，挑选16周岁以上男性能歌善舞者数十人排练三天，同时搭建跳棚台和祖先神座棚，第四天（吃艺日），全村杀鸡杀猪，备办三牲食品敬神，广邀亲朋好友前来会聚，晚上开始演出，通宵达旦。锣鼓一响，号角一吹，全村沸腾，热闹非凡，像过年例节一般隆重。粤西地区有句俗语：“冬（冬至）大过年（春节）”。化州的俗语是：“跳棚（跳花棚）大过冬”、“嫁到长尾公，吃了跳棚再吃冬”。

跳花棚舞历史悠久。据广东省地方志载，明清时已经有跳花棚舞。跳花棚舞演出场面盛大，演员少则十多人，多至上百人。他们都戴着面具，身穿古袍服，形象原始粗犷。跳花棚舞演出有固定的“科本”，共分为接神、安座、开棚门、小孩儿、道叔、秀才、后生唱歌、依前、陈九、锄田、钓鱼、判官、监棚、送虫、量棚、八仙、拆棚、独脚和尚等18科（场），一边舞蹈一边吟唱，跳花棚舞贯穿于整个18科。演出时用的器具繁多，包括面具36个，用樟木精雕而成，形状、表情各不相同；道具有耙头、沙刀、缨枪、钺斧、纸钱等；伴奏以击乐为

---

① 叶春生. 广东禾楼舞：巫文化与傩文化结合. 中国文化报，2011－12－15.

主，包括堂鼓、中钹、高边锣、高音叮；器乐有二胡、秦琴、唢呐等。跳花棚舞内容多为农事耕耘、男女情感、生活趣事、祈神保佑等，旨在驱邪除恶，祈求风调雨顺、物阜民安、五谷丰登。

跳花棚舞属于傩舞系派，反映了农耕文化形成的信仰崇拜和民间生活，比如锄头舞表现耕作，斧头舞表现开山辟地，镰刀舞表现收割的过程，是研究当时当地社会情况和生产力发展情况的重要历史物证，也是研究民俗文化、宗教信仰的宝贵资料，其历史价值和艺术价值弥足珍贵。

跳花棚舞世代相传，深为当地群众喜爱，影响也在不断扩大。“秋光好，跳棚舞。庆丰收，邪恶无。”这是20世纪六七十年代化州跳花棚舞的情形，近年也越来越活跃。为了传承跳花棚舞这一极具地方特色的民俗艺术，化州市加大资金投入，扶持了一批骨干村庄排练跳花棚舞，并在化州艺术高级中学开设培训班，吸引了更多的年轻人学习这一民俗艺术，让跳花棚舞重放异彩。①

四、英歌

英歌，又称秧歌、莺歌，起源于明代中期，是流行于广东潮汕地区的潮阳、普宁、揭阳、惠来、陆丰等地的一种融南派武术、戏剧等地方艺术为一体的中国民间广场舞蹈。表演者一般画着梁山好汉脸谱，或持英歌槌，或持手鼓，随着槌声或鼓声变换各类队形，舞姿刚劲、雄浑、粗犷、奔放，构成了磅礴、威武、强壮、豪迈的气势，给人以力与美的震撼，被誉为“男子汉的舞蹈”。

英歌与北方喜庆佳节中不可或缺的民间歌舞“秧歌”有一定的渊源。秧歌传入潮汕地区变为英歌，被赋予了驱邪除秽的功能。人们认为，新春伊始举行英歌表演能驱除邪恶、迎春接福、如意吉祥、六畜兴旺、生意兴隆。为使表演者具有特殊神力，在每年首次表演前，表演者要在本村祠堂内拜祖祭神，并在为祖先神灵表演后，将一只雄鸡抛出祠堂门外，随即鸣炮，朝着雄鸡飞落的方向整队出发，开始进行走街串巷的歌舞表演。

各地英歌表演都有自己的特点。普宁的英歌融合了舞蹈、南拳套路以及戏曲表演，表演者配合着忽紧忽缓的锣鼓点和众人如雷贯耳的吆喝，双手挥动彩色木棒，并不停地交错翻转敲击，一步一呼地边走边舞，呈现着以“长蛇挺进”或“双龙出海”等18种套式的队列变化，激烈威猛。英歌队中一般设有头槌和二槌

---

① 广东省委宣传部文艺处，广东省文化厅社会文化处．广东省群众文化工作常识．广州：岭南美术出版社，2006．111；《中国民族民间舞蹈集成》编辑部．中国民族民间舞蹈集成·广东卷．北京：中国ISBN中心，1996．447～448；化州跳花棚．广东文化网，http：//www．gdwh．com．cn/whyc/2011/1013/article_ 2755．html．

角色，头槌多为红面红须（或黑须），装扮成人物秦明或关圣；二槌为黑面黑须，装扮成梁山人物黑旋风李逵。有些地方的英歌还有三槌鲁智深和四槌武松，棍声、鼓声、呐喊声震天，场面壮观。

潮阳英歌集戏剧、舞蹈、武术于一体，极具阳刚之气。它在实践中形成了一些不同的流派风格，按舞蹈节奏的板式划分，大致可分为慢板英歌、中板英歌和快板英歌三种。英歌的锣鼓伴奏速度也分为慢板、中板、快板三种基本类型，在快板、中板中，情绪热烈时一般还伴有呼喊声和螺号声。

陆丰甲子英歌表演者脚穿佩铃草鞋，每次抬腿、迈步都会发出有节奏的铃响，十分整齐动听。表演者还打上五彩缤纷的绑腿，穿上红裤；上身则穿上白襟环花束袖黑衫，而“文畔”则以天蓝色衫，头戴雉尾双龙武生冠；腰带插上小巧玲珑的与《水浒传》书中描写的一样兵器，每人腰间还系上水泊英雄姓名小牌，行动起来十分雄壮。表演者洪亮整齐的吆喝声铿锵有力，震耳欲聋，尽显队伍浩浩荡荡、气势恢宏以及水泊英雄粗犷、雄壮、团结战斗的特有气概。

英歌表演者大部分都绘脸谱。脸谱多以黑、白、红为主色，配以青、蓝、黄等色，色彩鲜艳，对比鲜明。英歌后面往往有戏曲、武术表演。有传统戏如《桃花过渡》、《双摇橹》、《仙公仙母》、《瞎子算卜》，民间舞蹈《打鸟记》，还有一些滑稽小出，如《傻婿上厅》、《偷抱猪仔》、《公背婆》等，表演有趣，惹人发笑。

英歌盛行地区的群众，不仅将英歌作为一项传统的艺术活动来热爱，并对之怀有很深的敬仰之情。普宁民间有句俗语：“锣鼓响，心蓬浅（心里头激动）”，说的就是英歌锣鼓一响，人们就跃跃欲试或急想观看的心情。农村中的青年男子以不会跳英歌为耻，以会跳英歌为荣。普宁涂坑村的群众说：“不会唱英歌就不是涂坑人！”姑娘们则常常从英歌队中挑选自己的意中人，如果是英歌队的舞头槌者被选中，连彩礼也可以免了。习俗还认为英歌能驱邪保平安。只要听到英歌的锣鼓声，人们就在家门口做好准备。英歌队一到就鸣炮相迎，请他们进入屋里各个厅房舞一番，这样就能在新的一年里全家平安大吉。有的老妇人为了给孩子保平安，还请英歌队的舞头槌者摸摸孩子的头，她们相信这样做能辟邪，护佑孩子健康成长。①

① 《中国民族民间舞蹈集成》编辑部．中国民族民间舞蹈集成·广东卷．北京：中国 ISBN 中心，1996．35~39；英雄的舞蹈——民间艺术奇葩“英歌舞”．汕头旅游网，http：//www．swlyj．com/sw/article．asp？id=471；英歌舞．广东文化网，http：//www．gdwh．com．cn/mjzt/2010/1128/article_ 1268．html．

五、连南瑶族长鼓舞

连南瑶族自治县位于粤北山区西北部，瑶族长鼓舞就流传于其境内的排瑶村寨中。瑶族长鼓舞是排瑶祖先在隋唐时期迁徙到连南时一同传入的，随着耍歌堂的兴盛而兴盛。长鼓舞属广场性的喜庆舞蹈，有36套表演程式，可分单人舞、双人舞、群舞等，人数愈多，气氛愈热烈。每逢春节、三月三、六月六、十月十六等传统节日和耍歌堂，排瑶村寨的人们就聚集到村前的旷地或收割后的田野，吹牛角、敲铜锣、跳长鼓舞，欢庆节日。

长鼓舞起源于瑶族的图腾崇拜和祖先信仰。相传瑶族始祖是五色龙犬，他力助平王平息了高王的叛乱入侵，因功被封盘王，并娶三公主为妻。盘王准备在四十九天内作法变回英雄俊男相貌，并嘱公主此前不要看。到第四十八天时，三公主思夫心切，于是悄悄偷看，这时龙犬已变人身，唯有头还不能变回人头。婚后他们生了六男六女，传说这就是后来的瑶族十二姓人。一日，盘王进山打猎，不幸被山羊顶下悬崖身亡。三公主与儿女们万分悲痛，四下寻找盘王的尸体。最终在悬崖下的一棵泡桐树下发现了盘王的尸体。为解心头之恨，盘王的儿女们射杀了山羊，剥下羊皮，砍倒泡桐树，制成小长鼓，并把树头刻成木狮。他们舞起木狮，打起长鼓，祭奠死去的父王。以后逢还盘王愿、祭祖时都用这种仪式。

又有传说，很久以前，盘古的女儿房沙十三妹爱上一个瑶族好青年唐冬比，两人结为夫妻。唐冬比的哥哥是个贪婪狠毒的坏蛋，非常妒忌唐冬比，想方设法要害唐冬比，但均被聪明的十三妹一一化解。十三妹私奔人间的事被盘古皇知道后，便把十三妹召回天上。十三妹和唐冬比怎么也舍不得分离，可又不能违抗盘古皇的意旨。临别时，十三妹向唐冬比传授了上天相会的办法。唐冬比按照十三妹的嘱咐，不畏艰难险阻，跋山涉水，战胜了途中的毒蛇猛兽，来到南山，寻得琴树，做成长鼓，等到十月十六日盘古皇婆诞辰这一天，他打起长鼓，跳了三十六个旋圈，终于使自己像山鹰一样向天上飞去，得与十三妹团圆。从此，人们为了纪念十三妹和唐冬比的忠贞爱情，就把长鼓舞世世代代传了下来。[①]

长鼓是长鼓舞的唯一舞具。排瑶长鼓长约1.3米，用梓木（泡桐木）制成，中空两头大。一端似碗形，直径约18厘米；另一端形似长喇叭口，直径约21厘米。两端蒙兽皮，以绳索把两端鼓面的鼓皮拉紧，并且把每相邻的两条绳用小竹

---

① 唐剑明．粗犷优美的排瑶长鼓舞．清远市政协文史委员会等．清远文史资料（第9辑·连南瑶族文史专辑），1995．225；打长鼓的传说．《中国民间故事集成》编辑委员会．中国民间故事集成·广东卷．北京：中国ISBN中心，2006．697～699．

筒套上（共有7个），移动小竹筒调节两端鼓面的松紧。鼓身涂红，绘有朴素的民族图案与花纹，并且系有彩带。使用时涂上黄泥浆，音响效果更好，因此有的地方称为黄泥鼓。长鼓表演常以2人斗鼓，也可4人、6人或12人同舞。舞者身着彩衣，背挂银牌，头缠红布，插鸟羽，裹脚绑，把长鼓横挂在腰间。打鼓时，双手交替拍击鼓的两端，使其发出对比鲜明、雄浑粗犷的鼓音。

本地瑶、过山瑶的长鼓，是一种手执式表演的长鼓。这类长鼓也用泡桐木制成，长约80厘米，鼓身细长，呈两个喇叭倒接形状。鼓身上绘有彩色龙凤或花纹图案，两端系丝绳装饰，或系上铜钱，或在鼓筒里放入少许铁沙，稍一举动，便发出“沙沙”的响声和铜钱的金属声。此类长鼓使用时左手握鼓中间，翻腕转动，右手指掌拍击鼓的两端，两人相向而舞。

每到盘王节，在宽阔平坦的歌堂坪里，人们除了祭祀祖先、尽情欢歌外，便是围观长鼓舞表演。携鼓盛装的青年们头缠红巾，上插雉羽，在铓锣、牛角、口呐及歌曲的配合下随乐起舞。歌声悠扬，器乐齐奏，“砰蓬”、“砰蓬”的长鼓之音震动山冈，波及邻乡，气氛异常热烈。表演长鼓舞时，通常由一位大家公认跳得最好的鼓手统领，众人随着他的鼓点、动作的变化而变化。长鼓舞是男性舞蹈，现在个别地方也有女性表演，动作与男性相同。表演时人数不限，两人以上成双数即可。两人为一组，相距约三至四步，左肩相对。两组舞者时而穿插换位，时而绕成小圆圈，时而绕成大圆圈。整体队形或为横排，或为斜排，有分有合；较常见的队形还有小方格、大方格，在村游时则以队列形式行进表演。

长鼓舞的舞蹈语言较为丰富，从各个方面反映了排瑶的生产活动、生活习俗和宗教信仰，精美的服饰，独特的舞蹈，具有很高的历史研究和艺术价值。连南瑶族《长鼓舞·优嗨歌》曾以500多人的阵容参加2006年广东国际旅游文化节开幕式的演出。①

第二节　动物舞

广东民间舞蹈里的动物舞非常多。经普查统计，这类舞蹈占全省民间舞蹈节目总数的51.7%。动物舞蹈的兴盛，源于广东良好的气候和自然环境。因为动物生长活跃，许多动物与人的生活息息相关，遂逐渐发展成为图腾崇拜，进一步发展起祭神舞蹈。同时广东的手工艺在全国都属于上乘，舞蹈服装、道具制作十分

---

① 叶春生，施爱东．广东民俗大典．广州：广东高等教育出版社，2005．422～423；陈卫业，纪兰蔚，马薇．中国少数民族民间舞蹈选介．北京：人民音乐出版社，1987．205～206．

精巧，动物舞的观赏效果好，群众十分喜爱。①

一、人龙舞

人龙舞堪称雷州半岛民间舞蹈之魂，其节奏鲜明，鼓点强劲，气势雄伟，催人奋进。雷州半岛现有东海岛人龙舞、沈塘人龙舞、旦场人龙舞。

人龙舞是我国传统龙舞的一种，它的特点是全部由人组成，龙首、龙身、龙尾都用人体接架组合。龙头由一个身高力大的青年身负三个小孩，分别代表龙舌、龙眼、龙角；龙身由大人支撑着仰卧的孩童，一节一节地连接起来；龙尾也是大人肩扛着一个小孩，双脚叉开，以示龙尾。“人龙”一般长十来米，由五六十人组成；也有长数十米，由百余人甚至数百人组成的。耍舞时轻便灵活，动作粗犷而又威武逼真，犹如生龙活现，时而左盘右旋，时而腾舞戏珠，时而摆尾摇头，操作自如。

广东省东海岛东山镇东山圩村的人龙舞素有“东方一绝”的美称，重大喜庆节日，东山圩村必连舞几个晚上“人龙”，东西两街户户张灯结彩，家家倾巢而出，街上人流如潮，热闹非凡。“人龙”表演时，几十至数百名少年和青壮年均穿短裤，以人体相接，结成一条“长龙”。在锣鼓震天、号角齐鸣中，“长龙”龙头高昂，龙身翻腾，龙尾劲摆，如蛟龙出海，势不可挡，显现出独特的海岛色彩和浓厚的乡土气息。

据艺人传说，人龙舞大约始于明末，福王朱由嵩的余部撤退到雷州半岛和东海岛，其时适逢中秋，地方百姓为鼓舞明军士气，编排了这个舞蹈。此后人龙舞便在这里流传开来，至清乾嘉时达到鼎盛。人龙舞是东海岛特殊社会历史因素与地域自然条件的产物，它将古海岛群众娱龙、敬龙、祭海、尊祖、奉神等多种风俗融入其中，形成了自创一体、独具一格的龙舞表演形式和“人龙”精神。湛江人龙舞有起龙、龙点头、龙穿云、龙卷浪等独具特色的表演程式，表演者练就了快速托人上肩的稳健动作和步法，队形流畅多变，动作一气呵成，远望动感十足，近观粗犷雄壮。

除雷州半岛以外，顺德杏坛镇光华村也有人龙舞。光华村是岭南水乡，河涌交错，民间舞龙、赛龙船、唱龙舟歌的活动十分普遍，同时它又是著名的南派武术之乡。清代中叶，光华村就已兴起人龙舞。道光十年（1871），光华村人梁耀枢高中状元，村里的武林高手们自动发起人龙舞迎接状元荣归故里，当时由 180

---

① 《中国民族民间舞蹈集成》编辑部．中国民族民间舞蹈集成·广东卷．北京：中国 ISBN 中心，1996．10－11．

人表演的人龙舞轰动全村。自此，光华村在大小喜庆节日都表演人龙舞，并世代流传。

光华人龙舞是在南派武术的基础上吸收民间舞蹈元素发展而成的。它不但讲究“形似”，更强调吸纳龙的精神，融入人的灵气，突出表现中国巨龙气吞山河的民族精神。光华人龙舞构图宏大、场面壮观、灵活多变、含蓄而优美，极富南国水乡龙文化的艺术魅力。人龙分为龙趸（龙的底部）和龙身（龙面）两部分。饰龙趸者，以肩部和腰部承托“龙身”；饰龙身的演员骑坐后仰躺在饰龙趸者身上，双手挥动红色绸带作“龙爪”。其中龙头由三人组成，一人双手各持一只“龙角”骑坐在龙趸者肩上，另一人双脚紧挟龙趸者腰部，上身悬空向前担当“龙舌”。龙尾由三人组成，一人双手持“龙尾”道具骑坐后仰躺在两龙趸者之间，最后的“龙趸”用头顶其背部。

光华“人龙”由数十人至一百多人组成，龙长数十米。人龙舞分为整队待发、猛龙出世、人龙起舞、跃出龙门、翻江逐浪、人龙翻飞、双龙出海、盘龙昂首、叩门入洞、胜龙归海等十个部分。人龙表演者服饰整齐统一，锣鼓伴奏，表演气势恢弘。①

二、醉龙

醉龙是古代中山民间特有的舞蹈，起于宋代，盛于明清，发源于西区长洲村，因起舞时“醉态朦胧”而得名。道光年的《香山县志》记载：“四月八日，浮屠浴佛，诸神庙雕饰木龙，细民金鼓旗帜，醉舞中衢，以逐疫，曰转龙。”最早的表演者在拜祀过程中随意舞龙头、龙尾，称为转龙。后来不断发展出各种舞蹈姿态，成为民间舞蹈。醉龙巡游在每年的农历四月初八浴佛节祭祀后举行，内容包括拜祀、插金花、请龙、三拜九叩、喝酒、席间舞龙、灌酒、巡游。

醉龙的特点，一是龙分作两截，有龙头龙尾却无龙身，由两人各持一节；二是舞者边舞边喝酒，大醉而舞。如略有清醒，持酒埕者则又强灌之，务必要把舞龙者灌醉。据说，旧时香山境内瘟疫横流，乡民求助佛祖，抬着佛像路过河边时，河中突然跃出一条大蟒蛇，乡民们大惊。而一路过的醉和尚奋力挥刀，将其砍为三段，继而高擎死蟒挥舞并将其丢入河中，蟒血染红了河水。惊奇的是，乡民喝了河水后竟然除病祛瘟，百病全消。于是乡民便认为大蛇是神龙降凡，因此

① 唐汉基. 东方一绝——东海岛“人龙舞”. 政协广东省湛江市郊区委员会文史资料. 湛江郊区文史（第3辑·建国后史料专辑之一），1992；广东省委宣传部文艺处，广东省文化厅社会文化处. 广东省群众文化工作常识. 广州：岭南美术出版社，2006. 64；佛山市文化广电新闻出版局政务网，http：//www. fswenhua. gov. cn/whyc/FWZWHYCBH/201010/t20101019_ 1907333. htm.

便年年致祭、模仿当时的情形舞醉龙以谢神恩。于是这条龙也就只剩下头和尾了。

又有传说，早年，长洲开村始祖敬斋公定居长洲岛后，在岛上建了一间侯王庙。庙中除供奉南宋末代宰相“杨侯王”的神像外，还供奉木雕龙头、龙身、龙尾，以祈求神灵保佑。侯王庙建成后，每年农历四月初八的前一天晚上，全村的父老乡亲都来祭祀，由德高望重的长者或武功师父率众主持“开光点睛”仪式。长者口念“左点天地动，右点日月明，中间一点升华盖，乾坤日月鬼神惊”等咒语为木龙开光。祭祀一般在庙前放一张长香案，上面陈设香烛和烧猪等供品以及彩雕的神龙。随后，德高望重的长者或武术师父手持长木柄铁三叉，率舞龙者入庙祭龙和转龙。据说，在明万历年间的农历四月初八“浴佛节”这天，村民聚集到侯王庙祭祀，并在庙前广设筵席。全村乡亲父老相聚一起，大碗喝酒大块吃肉。酒酣饭饱之际，习武者贪杯畅饮后，将供奉的“木龙”高举起舞，且边舞边唱，自成一格，村民把这碎步舞龙称为“醉龙舞”。从此，四月初八舞醉龙的习俗就在长洲延续下来。①

中山的醉龙，融汇了南拳、醉拳、杂耍等技艺，要求表演者有一定的武术功底，须马步如山、腰法灵醒，运用醉拳的套路，突出酒醉后舞木龙的形态。为达到“形醉意不醉、步醉心不醉”的境界，舞者时而伏地翻滚，时而金鸡独立，千姿百态，妙趣横生。

舞醉龙常与舞醒狮相结合，它们一是山中霸，一为海上王，一山一海，一醉一醒，配合默契。龙腾狮跃，锣鼓助威，威猛非常。

三、荷塘纱龙

荷塘镇位于江门市东北部西江主航道下游的江心岛。荷塘纱龙就是起源于该镇篁湾村的古老的民间艺术。相传，明代时由篁湾举人李唐佐在本地草扎“游龙”的基础上，融合四川“彩龙”扎成纱龙灯，后屡经改进、创新，发展成为众口称道的荷塘纱龙。

荷塘纱龙以竹篾、木板等材料作龙身骨架，头、身、尾用四条粗绳连接，以纱布作龙衣，彩色布贴作龙鳞。舞龙时，在龙体内安装特制的防风防滴蜡烛。荷塘纱龙形神兼备，造型优美逼真，工艺精巧细微，材质优良独特。龙身原来是裹布的，20世纪20年代，篁湾乡民、日本留学生李玉颖提议让龙身改披精薄轻纱，并贴金绘彩，用红、黄绸作鳞，红、绿绸作裙，从而使龙色彩瑰丽、玲珑剔透，

① 孙幸．四月八浮屠浴佛舞醉龙．中山商报，2011－05－03．

同时又轻巧灵活，便于舞动。

荷塘纱龙全长一般为 50 米，龙头、龙尾、龙身分为 24 节，由 26 人来舞，另有 1 人舞龙珠，2 人舞鲤鱼，4 人敲打击乐，其他人接应蜡烛。舞纱龙的运动量很大，在快速表演的过程中要频频换人，而换人时表演又不能暂停，因而一场完整的纱龙表演，共需 108 名精壮机灵的大汉轮番上场。荷塘纱龙的龙舞套路分平面和立体两式：平面式为行进路线的姿势，立体式为技巧性龙舞造型。整套龙舞 1 小时左右，花式纷呈，技巧性强，即使高难度动作频出，也能使龙体内蜡烛不灭。舞龙人每轮 26 人，接力交替时，不歇舞，不乱阵，称之为“绝技”。各种龙舞花式在进行过程中频频变换，高潮迭起，动作栩栩如生，惟妙惟肖，把龙的性格、灵气、气魄表现得淋漓尽致，大有“翻身欲腾三尺浪，昂首直上九重天”之气概，令人目不暇接。

荷塘纱龙饮誉本省及港澳地区，名扬海内外。荷塘镇以其纱龙的特色，于 1996 年被广东省文化厅授予“广东民间艺术之乡”的称号；2000 年又被中国文化部命名为“中国民间艺术之乡”；2005 年在广东国际旅游节民间艺术汇演中，荷塘纱龙表演荣获金奖。[①]

四、火龙

揭阳乔林乡的神龙迎春活动历史悠久。据地方志记载，乔林乡的游龙、舞龙、烧龙民俗已有六百余年历史。关于烧龙的由来，揭阳民间相传，明末清初，盗贼四起。有一年，强盗刘国华带领数百人进犯乔林乡。乡民奋力抵抗，但敌众我寡，形势危急。这时，在寨门有一孩子冲着他大嚷：“大胆刘国华，还不快快退走，若不退走，你性命难保!”刘国华见对方是一小孩，便不以为然地说：“小小年纪，不知死活，等会儿我冲进寨去，把你五马分尸！”小孩气急了，张弓搭上火箭，大声说：“看我烧掉你的黄龙战旗!”这小孩便是寨中林三爷之子林小龙，虽才十多岁，却是远近闻名的神箭手。刘国华有些骇然，立刻让手下将黄龙旗左右摇摆，以使林小龙无法射中黄龙旗。然而只听“呼”的一声，林小龙的火箭竟射在旗杆上。刘国华大惊失色，慌忙退兵。[②]“林小龙一箭退贼兵”的故事传开后，乡人认为，当天林小龙一箭烧去贼寇的黄龙旗，使贼寇大败而逃，乔林寨获得平安，这是个好兆头，遂一致公议用“烧龙”的方式来庆祝地方升平、国泰民安，祈求来年风调雨顺，五谷丰登。于是“烧龙”这一民俗活

① 江门市蓬江区政务网，http：//www. jmpj. gov. cn/ShowNews. aspx？guid＝20050811111793518 6.
② 周伟涵. 岭南民俗：林小龙一箭退贼兵. 羊城晚报，2007－02－26.

动就一直流传下来，作为胜利的象征，寓意勤劳勇敢、兴旺发达。

乔林火龙包括游龙、舞龙、烧龙等活动。每年农历十二月，表演队就开始制作龙灯，用竹篾作龙的躯体，丝绵纸糊成龙灯，再以色彩饰龙灯，绘鳞甲、云朵、八宝、太极等，制作成气势雄伟、栩栩如生的威武蛟龙。正月初五至初九，制作者给龙灯安装好各式各样的烟花火药。全龙分九节，连龙珠在内需十多位“孝生仔”（青壮男子）擎举舞动。按传统习俗，擎龙的“孝生仔”当晚须用“圣水”（仙草水）斋戒沐浴，以示崇敬。他们上身赤膊，只穿短裤，头戴无叶小竹笠，他们的短裤和小竹笠已经长时间浸透了水，这样才不易引燃烟火。同时身上还涂了植物油，以便火星掉在身上时易滑落，避免受伤。龙头还配一名既强壮又有经验者，手执三股钢叉托住龙颈，于烧龙时助龙头活动。

夜幕降临，烧龙埕（烧龙广场）四周人山人海。场边鞭炮齐鸣，三声巨炮响后，彩龙腾跃飞舞而出，口吐火球，眼射青光，身喷焰火，尾垂绿烟。龙珠导舞，健儿们高擎神龙，绕场旋转奔跑，边跑边模拟游龙腾跃的动作。人越跑越快，烟火越烧越旺。但见彩龙口吐五光十色的金珠，龙身四周星火喷射，只见它冲烟突火，腾跃盘旋，犹如真龙奋身云海，搏爪夺珠，蔚为壮观。

埔寨火龙是广东省丰顺县埔寨镇村民闹元宵的独特传统节目。相传古时客家居民集中居住的南粤莲花山赤岭一带（即今丰顺埔寨所在）旱灾连年，颗粒无收，人民生活困苦不堪。一年元宵节，半空飞来一条金黄色的火龙，口吐祥云。云层越来越厚，霎时间大雨滂沱，久旱的大地欣喜地畅饮甘霖，各种作物迅速成长。人们欣喜若狂，载歌载舞地度过了旱灾后第一个欢乐的元宵节。从此以后，当地风调雨顺、年年丰收。人们相信这是火龙带来的福祉，于是每年元宵节时便自发组织模仿火龙下凡、巡游村寨的活动，这就是烧火龙民俗的起源。据《丰顺县志》记载，早在乾隆六年（1741），埔寨镇就有表演火龙的习俗。每逢元宵节，埔寨镇村民便会出钱、出力，制作火龙，并于元宵之夜在埔寨的龙身举行表演火龙活动，祈求风调雨顺，岁岁平安。到了元宵夜，方圆数十里的客家民众便从四面八方涌入埔寨，观看烧火龙。“万民同乐城不夜，银花溢彩景长春”的盛况，世代相传。

埔寨火龙的表演形式一般有燃放“禹门”、“烟架”、“火龙”三个部分。“火龙”具有张嘴、吐珠、躬身、摇尾、喷火等功能，在舞动时能自动点燃发射各类烟花火药。“禹门”高6米、宽10米，内装各式烟花，用导火线连接起来。“烟架”是用木料搭架若干层，高达十余米，每层叠结成不同的景观，也用导火线连接。“火龙”表演须于夜晚在广场表演，有火缆队、喜炮队、龙灯队和鼓乐队共100多人配合表演。几十个年轻人赤膊挥舞竹篾缆火炬登场绕三周，此为金龙出洞仪式。然后，长者从观礼台点燃一只“老鼠”的导火线，“老鼠”即奔梁点燃“禹门”，叫“老鼠游梁”。接着，绚丽多姿的“鲤鱼跳龙门”胜景便相继出现。再接着，“烟架”烟花被引燃，顷刻间，“蜈蚣吐珠”、“菊花盛会”、“金鲤产子”、“舰保海疆”、“喜联庆佳节”、“珠灯放光辉”、“大闹天宫”、“雪花盖顶”等奇景不断出现。然后火龙上场，20 多名壮汉手擎火龙，在绣球的引逗下绕场舞动表演，“龙眼”闪闪发光，“龙身”两边“火缆”挥舞，“金鲤”、“龙虾”、“鳌鱼”竞相争游，一派热闹场面。表演者高擎龙头，舞动龙身，摆弄龙尾，鱼虾穿梭，边舞边发出各类烟花、火箭，一时间，啸声大作，万箭齐发，流星漫天。火龙绕场三周后，由村里德高望重的长者点燃火龙。霎时，“龙口”吐出串串金珠，“龙身”发出五彩的火花，赤膊的擎龙汉勇往直前，他们的舞蹈动作古朴典雅、粗犷雄浑，边舞金龙边发射出各类烟花、火箭。一时间，啸声大作，万箭齐发，流星漫天，火龙表演达到了高潮，极具震撼力。①

五、麒麟舞

麒麟是民间传说中的神兽，据说长得像鹿，独角，全身披着鳞甲，尾像牛。早在周代，麒麟就与龙、凤、龟并称“四灵”，且列“四灵”之首。最迟在春秋时期，人们已经把麒麟与吉祥、美德、权贵等含义联系在了一起。民间常有“麒麟献瑞”、“麒麟送子”等说法。② 人们认为，麒麟舞能够兴旺门第，添丁旺财，带来风调雨顺，五谷丰登。

广东各地麒麟舞分布广泛。客家人视麒麟为吉祥物，麒麟舞已有 500 多年的历史，比较著名的有坂田永胜堂麒麟舞、大船坑麒麟舞、樟木头麒麟舞、东江麒麟舞、黄阁麒麟舞等。东莞道滘，中山小榄、黄圃、南朗，茂名电白等地，麒麟舞也比较活跃。人们在贺寿、添丁、婚嫁、开张及庆典等日子里，时常跳起麒麟舞，以增添气氛，预祝生意兴隆、大吉大利，场面非常欢乐祥和。春节期间，人们舞着麒麟挨家挨户恭贺新年。随着华人走向海外的脚步，麒麟舞亦随之传播到香港、澳门、台湾、马来西亚、新加坡、泰国等地。

相传很久以前的一年，天逢大旱，瘟疫流行，民不聊生。土地神看在眼里，急在心头，就去找笑面佛商量解决的办法，以辟邪消灾、拯救生灵。笑面佛也很无奈，他只知道有一种叫麒麟的神兽有这般法力，却不知到哪里去找。他们就去

---

① 海洋. 埔寨火龙. 梅州艺苑，2008（2）；李玉娇. 埔寨火龙：飞烟吐火闹元宵. 梅州日报，2010－08－08.

② 叶春生，罗学光. 中国麒麟文化. 广州：广东旅游出版社，2004. 3，8.

找孙猴子。孙猴子果然神通广大，一个筋斗跃上云霄，四方一望，就看到了。土地神带着麒麟来到人间，麒麟即施法，喷火献瑞。顿时人畜安康，五谷丰登。此后人们便把麒麟奉为吉祥物，并把麒麟出山镇灾辟邪的故事编成舞蹈，谓之《三星会友·麒麟出洞》，每逢年节便进行表演。

麒麟舞中麒麟的骨架用竹篾扎成，皮用各色彩布做成。分成头、尾两截，中间穿孔，舞者二人站在穿孔处将麒麟系在身上，一个舞动麒麟头，一个舞动麒麟尾，随着打击乐奏出轻、重、缓、急的各种节奏，表现麒麟活动过程以及喜怒哀乐等情绪。舞狮一般硬桥大马、四平八稳、凌空飞跃，舞麒麟则神采威武、轻巧伶俐。麒麟舞集歌、舞、乐于一体，是融合诗句对联、声乐鼓点、美术和武术的民间传统艺术。例如下面这首《麒麟会狮》歌唱道：

问：狮子旺龙又旺龙，问你带有几条龙？
答：狮子旺龙又旺龙，我今带有九条龙。
问：狮子什盘来舞卷，谁人带你下山来？
答：狮子什盘来舞卷，嵋仙带我下山来。

麒麟舞开始时，随着鼓手的一声高喝，鼓声、唢呐声四起，十多头麒麟围成一圈，左右摆动着头。大头娃奔走其间，手持红布或青枝，或站立、或蹲伏、或前瞻，挑逗着麒麟。麒麟神态各异，有的乐、有的怒，有的凌空腾起、有的匍匐在地。麒麟舞将武功融入充满生活气息的完整套路中，又可即兴发挥，十分有趣。特别是大头崽戏麒麟的表演，融入生活幽默细节，观众无不捧腹。①

六、广东醒狮

广东醒狮是融武术、舞蹈、音乐等于一体的体育竞技活动，在广东、广西及东南亚各国华侨中间十分流行。醒狮被认为是驱邪避害的吉祥瑞物，每逢节庆、开张、庆典等重大活动，必有醒狮助兴。醒狮源于唐代宫廷的狮子舞，五代之后，随着中原百姓的南迁传入岭南地区。明代，在佛山出现具有广东特色的醒狮。

佛山地处交通要冲，历来是兵家必争之地，因此，民间素有习武强身自卫的传统，武风很盛。清代以后更发展成为岭南武术重地，包括蔡李佛拳、咏春拳、洪拳、少林拳、梅花桩、龙形拳、白眉拳、木兰拳、太极拳等多个门派云集佛山，仅

① 叶春生，罗学光. 黄阁麒麟文化. 广州：广东高等教育出版社，2003；叶春生，罗学光. 东江麒麟舞新姿. 北京：大众文艺出版社，2009；中国市县招商网，http：//www. zgsxzs. com/a/zaixianshangcheng/zhonghuayinxiang/200076. html.

现在的禅城区当时就有武馆100多家。良好的武术氛围，为舞狮提供了坚实的群众基础。清末民初，黄飞鸿以武术、狮艺闻名于世，其“飞砣采青”、“竹梯青”、“蟹青”等技艺，开创了南狮技艺的先河。他一生行侠仗义、锄强扶弱、济世为怀，其传奇故事家喻户晓。现在佛山黄飞鸿纪念馆每天都有醒狮表演。

佛山土地肥沃、河网密布，是富庶的鱼米之乡，手工艺十分兴盛。如陶瓷工艺宋时已经享誉大江南北，被称为“石湾瓦，甲天下”。各种缫丝织造、五金竹木、纸扎工艺十分兴旺。明清时期，南海县佛山镇与湖北汉阳镇、江西景德镇、河南朱仙镇并称“中国四大名镇”。《佛山忠义乡志》载：“五斗司光绪三十三年呈报工商部实业品汇册载，‘狮头行’制品精良，省垣及外洋均来订购，多在石路铺。”这说明，当时的狮头制作技艺已经达到很高的水平。

醒狮狮头造型生动传神。制作时，先用竹篾扎成狮头框架，表面糊多层绵纸，彩绘勾画出狮头脸谱，然后用五彩绒球、金属亮片、白兔毛、马鬃毛等材料沾在狮头的前额、眉毛、鼻子、嘴巴、腮、独角和背部等部位。另外还要做出眼珠子、上眼皮等，并安装在相应部位，狮头即告制成。佛山狮头脖直，额高而窄，眼大能眨，口阔带笑，宽背，杏鼻，面颌饱满，牙齿能隐能露，额上还有个独角，舞起来威风凛凛、勇猛狂傲。

醒狮的表演高潮起伏。锣鼓擂响，舞狮人先打一阵南拳，这叫“开桩”。然后二人扮演一头狮子耍舞，另一人头戴笑面“大头佛”，手执大葵扇引狮登场。舞狮人动作多以南拳马步为主，狮子动作有“睁眼”、“洗须”、“舔身”、“抖毛”等，主要套路有“采青”、“高台饮水”、“狮子吐球”、“踩梅花桩”。狮舞法主要有佛引狮、狮子采灵芝、狮子出洞等。采青是醒狮的高潮，所谓“青”，是指一小捆生菜，扎上“利是”、香烟等，其舞法极其丰富多彩，有地青、水青、蟹青等。采青的过程有起、承、转、合，极具戏剧性和故事性，借助道具的设计来演绎狮子出洞、下山、过桥、饮水、采青、醉睡、醉醒、上山、玩球、大头佛戏狮等丰富套路，包括寻青、见青、

彩扎狮头（制作：佛山市民间艺术文化发展有限公司）

惊青等形态。此外，还有“狮子花灯”、“狮子吐球”、“大头佛引狮”和近代发展起来的高台、高竿、桩狮。桩狮的难度也在不断增大，充分体现了“新、高、难、险”的特色，被誉为“中华一绝”。醒狮技艺精湛，精彩纷呈，近年又创出“断桥飞狮”与“狮子连环上桩”等绝技。

醒狮表演分文狮、舞狮和少狮三大类。通过在地面或桩阵上腾、挪、闪、扑、回旋、飞跃等高难度动作演绎狮子喜、怒、哀、乐、动、静、惊、疑八态，表现狮子的威猛与刚劲。凡学舞醒狮者，必须先学南拳，以打基础。据老艺人讲，舞狮的步法完全采用南拳武功之四平马、子午马、麒麟步、跳步、座盘步（即老树盘根）、翻身、翻滚等。这些动作硬桥硬马，刚劲有力，步法稳固，虎虎生风。①

七、揭阳青狮

青狮是潮汕地区独有的深具地方特色的传统狮，寄托着人们驱魔避邪、纳福迎祥的美好愿望。潮汕地区的狮子一般分为青、红、黑三种颜色，分别代表刘备、关羽、张飞三位历史人物的戏曲脸谱。据说，其中又以青狮为最大。青狮表演融舞蹈、杂技、武术于一体，配以气势磅礴的潮州大锣鼓，狮子昂首腾跃、威风凛凛，动作刚劲有力，气势磅礴。表演者善于用各种表情和动作来表现狮子喜、怒、醉、睡、醒、动、静、怕、寻、探、望、滚、卧、闪、腾、扑、跃、跳等神态和动作，展示狮子勇猛彪悍、顽皮好动、翻山越岭的雄姿。青狮造型前额突出，鼻孔高大，眼似铜铃，长须、卷发，刚劲威猛，特别是一抹洁白的眉毛格外引人注目，俗称“青狮白目眉”、“开口狮”。

青狮是佛教里的神兽，据说，文殊菩萨手持慧剑，骑乘青狮，以智慧利剑斩断烦恼，以狮吼威风震慑魔怨。清雍正《揭阳县志》记载，揭阳舞狮纳福迎祥的风俗，至少在明朝即很流行。卷七《风俗》说，春节至元宵期间，揭阳张灯结彩，放烟花、舞狮、扮揭阳八景、赏灯谜、行头桥等，十分热闹。直到今天，潮汕民间只要是国家庆典、神诞祭典、春节、开业、进宅奠基、迎神赛会等各种活动，都有舞青狮的习俗，以祈求风调雨顺、国泰民安、生意兴隆、万事如意。

揭阳青狮之肇造及传承者，首为揭阳渔湖京冈村孙氏。其中南枝拳一代名师孙振高在原有的基础上将其发扬光大。他开馆授徒，在榕城授艺 40 多年，影响

---

① 周和平．第一批国家级非物质文化遗产名录图典（上册）．北京：文化艺术出版社，2006．218～219；罗斌，朱梅．舞龙舞狮．北京：中国文联出版社，2009．151～152；广东醒狮．广府文化大观．http：//lib．gzhu．edu．cn/gfwh/index．php？m = content&c = index&a = show&catid = 13&id = 60.

甚广。其子孙淑强接过其衣钵，继承青狮的保护和发掘工作。他和弟子制作了世界上最大的青狮头，高3.28米，宽3.38米，连狮被共长22.8米，创造了世界纪录。①

八、鳌鱼舞

鳌鱼舞是广州番禺沙涌一带群众喜闻乐见的民间舞蹈。鳌鱼舞最早出自浙江省奉化县金鳌村。明洪武初年，廖永忠、朱亮祖由海路进兵番禺讨元，把鳌鱼舞带到沙涌。

传说，古时，金色鲤鱼吞下海中龙珠，变成鳌鱼。一日，有一个书生上京赴考，途经女儿国，遭到一群妖女戏弄，并被妖女抓破了脸。书生逃至海边，见波浪中有雌雄两尾鳌鱼正在嬉游，便向它们大声呼救。鳌鱼见状，便背负书生渡海而去。后来书生考中状元，回程途中再到海边，感谢鳌鱼的救命之恩。一群鳌鱼游来祝贺。书生站在鳌鱼头上，意气风发。从此“独占鳌头”被传为佳话。后来书生羽化成仙，成为魁星（文曲星）后重临大海，为鳌鱼簪花挂红，点化成仙。鳌鱼舞的动作就是通过这个神话故事改编的。人们把鳌鱼的出洞、吸噬、交尾、散卵、戏水、打滚、跳龙门等系列程序编入舞蹈，再加上书生逃难、跳海、获救及他为鳌鱼簪花挂红、跳龙门及独占鳌头的情节，音乐上锣鼓为主，配以粤剧排子《雁儿塔》和广东音乐《得胜令》。

鳌鱼舞由三名男子表演，一人舞雌鳌鱼，一人舞雄鳌鱼，另一人先扮书生，再改扮状元。表演时，舞者身体套入鳌鱼道具中，用双肩承托鱼身，双手托把手；鱼身下边围系一圈绸裙以遮掩舞者的双脚。舞者通过鱼口可以看到外面，他们用肩、背、肘、手操纵鱼口开合及鱼身高扬、低俯、左摆、右摇，再配以热烈明快的锣鼓伴奏，可舞出多种生动绚丽的舞姿。其间扮演书生和状元的舞者，根据情节发展的需要，须拂袖挥舞和穿插于两鳌鱼之间。根据表演场地大小的不同，鳌鱼的数量也会随之变化，有二尾、四尾、六尾、八尾等几种形式。其中，鱼身银色的为雌性，尾巴呈“芙蓉”状；鱼身红色的为雄性，尾巴呈葵扇状。整个舞蹈以走阵为主，动作可根据套路需要交替运用。表演生动活泼，意趣盎然。②

鳌鱼舞是民间祈愿吉祥有余的一种古老的仪式，已有数百年历史，过去一般

---

① 黄晓旋．孙淑强：把青狮舞到世界．翁兴耀．狮舞（青狮）．揭阳新闻网，2010－12－06，2011－07－14.

② 何薇．广东旅游文化风情录．广州：广东经济出版社，2006．51；叶平生，余莎米．“鳌鱼舞”瘦身申请“非遗”．广州日报，2008－10－30.

每九年举办一届鳌鱼出会。近年鳌鱼舞在沙涌一带复兴，每到年节、盛典等喜庆的日子，乡民们都以舞蹈欢庆。为了传承传统艺术，现当地从娃娃抓起，幼儿班里就开设鳌鱼舞课。村里花巨资建造漂亮的专用表演舞台，并组织庞大的百人表演队，多次外出表演并获奖。

第五章 戏曲曲艺

广东戏曲源远流长，它们既是中原文化的传承和分支，同时也是明清以后地方文化整合、构建和兴起的表现。广东传统戏曲包括地方戏曲——粤、潮、琼、汉四大剧种和正字戏、西秦戏、白字戏三个古老的稀有剧种，以及粤北采茶戏、乐昌花鼓戏、紫金花朝戏、粤西白戏、湛江雷州雷剧、梅州客家山歌剧这六个民间小戏剧种；同时，在肇庆一些农村，农闲时偶尔有民间艺人演出贵儿戏和竹马戏。此外，还有木偶戏和皮影戏等。广东曲艺有广义与狭义之分，广义的广东曲艺是指广东省内各个曲艺品种，如粤曲、木鱼歌、龙舟歌、南音、潮州歌、客家竹板歌、咸水歌等，实际指的是广州和岭南地区的说唱文学；狭义的广东曲艺则单指粤曲演唱。

第一节　戏曲

一、粤剧

粤剧又称大戏或者广东大戏，流行于广东、广西和香港、澳门等粤语地区及海内外粤籍人士、华人华侨聚居的地方，遍及五大洲，剧目种类亦为最多，达一万多个。

粤剧的名称，虽在清光绪年间才出现，但其源流却可以追溯到四百多年前的明代中叶。明成化年间，广州、佛山地区的戏曲活动已颇为频繁，并有本地艺人参加演唱的记载。明代弋阳腔、昆腔，清初高腔、京腔相继传入，同时吸收珠江三角洲的民间音乐，不断发展。乾隆年间，外省戏班来粤者日众，并在广州创建粤省外江梨园会馆。清雍正五年（1727），北京名伶张五，人称摊手五，因躲避清廷的追捕，化装易服逃亡来粤，寄居于佛山镇大基尾，与佛山的粤剧艺人结交，并将京戏昆曲传授给他们。本地艺人吸收了各种艺术养分，技艺渐臻成熟，并逐渐形成自己的特色。至嘉庆、道光年间，本地戏班技艺已与外江班“判然迥殊”。清顺治十五年（1658）在佛山灵应祠（祖庙）前建华封戏台，即后来的万福台。本地戏班亦建有同业组织琼花会馆。本地戏班以红船运载，巡回各地演出，亦称红船子弟。20世纪二三十年代由戏棚官话改唱广州方言（白话），更易为观众接受。梆、黄新板式、新句式的创造，特别是板腔、曲牌、说唱能串连成段，使粤剧唱腔节奏鲜明、旋律优美、变化灵活。粤剧演员中出现了不少名家，在生、旦、丑行形成了多种唱腔流派。伴奏乐队（俗称“棚面”）吸收了小提琴、色士风（萨克管）等西乐以及中乐的中低音乐器，丰富了艺术表现力。粤剧的脚色行当原为末、生、旦、净、丑、外、小、夫、贴、杂10大行，“省港大班”时期精简为“六柱制”，即文武生、小生、正印花旦、二帮花旦、丑生、武生。粤剧的表演艺术保持了早期“过山班”粗犷、质朴的特点。不少著名演员都有单脚、筋斗、滑索、踩跷、运眼、甩发、髯口等方面的绝招。武打以南派武功为基础，包括刚劲有力的把子功、手桥、少林拳以及高难度的椅子功和高台功。

粤剧剧目非常丰富。如传统的《一捧雪》等“江湖十八本”，从古典小说来的《柳毅传书》、三国戏、封神榜戏、水浒戏，本地题材的《梁天来》，外国题材的《贼王子》以及从其他剧种改编的《审死官》、《醉打金枝》、《秦香莲》等，都深受人们喜爱，许多著名粤剧还被拍摄成电影、电视剧、话剧甚至音乐剧。例如唐涤生名剧《帝女花》、《紫钗记》、《牡丹亭惊梦》，由徐子郎编剧的《凤阁恩仇未了情》和《无情宝剑有情天》，等等。

粤剧历史上有许多值得称道的人物。清咸丰四年（1854），粤剧艺人李文茂率红船子弟和天地会陈开率部响应太平天国起义反清，成就了“戏子称王”的佳话。鹤山人李文茂长于演二花面，如《芦花荡张飞》、《王彦章撑渡》，为班中打武家领袖。咸丰四年（1854），广东天地会全面起义，李文茂编班中健儿的小武、武生等为文虎军，二花面、六分等为飞虎军，并大量吸收地方群众参加起义，围攻广州达大半年之久，后来和陈开沿西江入广西，在桂平建立大成国，李文茂在柳州称平靖王。后起义失败，李文茂牺牲于怀远山中。首任粤剧“八和会馆”会首的邝新华，不但是“同治中兴”的代表，也是著名的文武老生，演过《苏武牧羊》、《太白和番》、《李密陈情》等名剧。清末民初之交，许多艺人参加同盟会，有的还参加了武装起义，在革命党人的影响下成立了多个“志士班”宣传反清，带动了改良粤剧的新风气。此际群星闪耀，名伶辈出，如千里驹、肖丽湘、小生聪、周玲利、李雪芳等，皆驰名于海内外。千里驹有“花旦王”之称，李雪芳则被康有为誉为“南雪北梅”，与梅兰芳并提。20世纪30年代在粤剧史上被称为“薛马争雄”的时代，薛觉先表演技巧全面，生、旦、净、丑无所不能，有“万能老倌”的绰号，尤以扮演小生最为出色，代表剧目有《胡不归》等四大悲剧。马师曾独创“乞儿喉”，半唱半白，顿挫分明，有时还糅入方言俗语，活泼滑稽，成为脍炙人口的马腔，其《余侠魂诉情》至今仍被广泛传唱。①

粤剧戏宝《帝女花》的最早版本由梁金棠原创编写，于1934年首演，迄今只余残篇。另一版本为唐涤生根据清代传奇改编，后来由著名粤剧家任剑辉及白雪仙组成的仙凤鸣剧团于1957年在香港首演，并由白雪仙在2006年、2007年进行改编。此剧讲明崇祯帝女儿长平公主与驸马周世显的故事，以《香夭》一出为高潮，剧情大意为：清帝为了收抚人心，让长平公主与驸马完婚。在洞房花烛之夜，长平公主和周世显在当初选婿及定情时的含樟树下完婚，其后二人服毒，双双自杀殉国。

帝女花·香夭

长平：（诗白）倚殿阴森奇树双，
世显：（诗白）明珠万颗映花黄。
长平：（诗白）如此断肠花烛夜，
世显：（诗白）不须侍女伴身旁。下去。
众侍女：（白）知道。
长平：（唱小曲“妆台秋思”）
落花满天蔽月光，借一杯附荐凤台上。
帝女花带泪上香，愿丧生回谢爹娘。
偷偷看，偷偷望，佢带泪带泪暗悲伤。
我半带惊惶，怕驸马惜鸾凤配，
不甘殉爱伴我临泉壤。
世显：寸心盼望能同合葬，鸳鸯侣相偎傍，
泉台上再设新房，地府阴司里再觅那平阳巷。
长平：惜花者甘殉葬，花烛夜难为驸马饮砒霜。
世显：江山悲灾劫，感先帝恩千丈，与妻双双叩问帝安。
长平：唉，盼得花烛共偕白发，谁个愿看花烛翻血浪。
我误君累你同埋孽网，好应尽礼揖花烛深深拜。
再合卺交杯墓穴作新房，待千秋歌赞注驸马在灵牌上。
世显：将柳荫当作芙蓉帐，明朝驸马看新娘，
夜半挑灯有心作窥妆。

① 《中国戏曲志》编辑委员会．中国戏曲志·广东卷．北京：中国ISBN中心，2000；徐续．岭南古今录．广州：广东人民出版社，1992．393～395．

长平：地老天荒，情凤永配痴凰，愿与夫婿共拜相交杯举案。

世显：递过金杯慢咽轻尝，将砒霜带泪放落葡萄上。

长平：合欢与君醉梦乡。

世显：碰杯共到夜台上。

长平：百花冠替代殓妆。

世显：驸马枷坟墓收藏。

长平：相拥抱。

世显：相偎傍。

合唱：双枝有树透露帝女香。

世显：帝女花，

长平：长伴有心郎。

合唱：夫妻死去与树也同模样。

二、广东汉剧

广东汉剧旧称“乱弹”、“外江戏”、“兴梅汉戏”，是来自外省的皮黄（南北路）剧种，主要声腔是西皮和二黄，道白以中州话为主，主要流行于粤东、粤北和闽西、闽南、赣南等地区，台湾、香港以及东南亚华侨聚居地也有它的足迹。1933年曾改称汉剧，因其艺术风格有别于湖北汉剧，故1956年又定名为广东汉剧。

明末清初进入广东的弋阳腔、青阳腔、乱弹等声腔戏班吸收了当地人入班，在梅县一带又吸收了客家“中军班”艺人参加。在此过程中，融合粤东民间音乐、庙堂音乐以及中军班音乐（兴宁、梅县地区民间婚丧喜庆活动的吹奏乐曲），逐步形成了具有本地特色的戏曲风格。它的舞台表演艺术丰富，武打戏还把南派武功融于其中。脸谱有一百多种，以黑、红、白三色为主，黑色象征刚勇，红色象征忠贤，白色和青色象征阴险、奸诈。头弦、大苏锣及号头是广东汉剧特有的伴奏乐器。声腔在西皮、二黄以外，还有大板（即四平调）、安春调（即安庆调，或称吹腔）以及少量昆曲、小调和佛曲等，风格淳厚高亢。戏剧家田汉认为“广东汉剧保持了很多古腔古调，又带有广东的地方色彩”。加上其原中州音韵与客家话语系相同，又保留有许多中原的民俗文化特色，因而成为客家人喜闻乐见的地方剧种，被誉为“南国牡丹”。

广东汉剧保存了很多古老的曲牌，风格朴实淳厚，高昂悲壮。角色行当分为生、旦、丑、公、婆、乌净、红净七行，各行当唱腔均有较明显的区别。传统剧目有剧本的共328个，有目无本的有872个。代表性剧目有《百里奚会妻》、《齐王求将》、《红书宝剑》、《打洞结拜》、《三打王英》、《林昭德》、《游武庙》等；根据地方掌故编写的有《广东案》、《揭阳案》、《花灯案》、《武平案》等。①

汉剧唱段《南国牡丹赋》，作词刘海燕，以唱念做舞的形式展现广东汉剧的行当表演特色。其唱腔以广东汉剧传统唱腔为主，以现代流行音乐创作手法为辅，以咏叹式述说来赞颂广东汉剧这朵南国牡丹、艺术奇葩。

南国牡丹赋

（白）在世界客都我们梅州，有一个古老的剧种。

（唱）我是梨园一牡丹，争奇斗艳三百载，走过多少风雨与沧桑，辗转扎根在客乡，扎根在客乡。

五彩脸谱亮闪闪，勾画出，人间百态兴与亡。

生旦丑公婆净，唱做念打表衷肠。

喜今朝，艺海奇葩绽异彩，古调新韵传四方。

师徒相承促新萌，五代同堂谱华章。

客风汉韵两相承，牡丹梅花同飘香。

三、潮剧

潮剧又名潮州戏、潮音戏、潮调，主要分布于粤东、闽南、台湾、香港和东南亚等地区。潮剧是中国十大剧种之一，有“南国奇葩”的美誉，以优美动听的唱腔音乐及独特的表演形式享誉海内外。潮剧是宋元南戏的一个分支，吸收了弋阳、昆曲、皮黄、梆子戏的特长，结合本地民间艺术，如潮州音乐等，最终形成自己独特的艺术形式和风格，至今仍活跃于各种民俗活动中。

潮剧以潮州方言演唱。明人戴璟《广东通志初稿》说：“潮俗多以乡音搬演戏文。”屈大均《广东新语》载：“潮人以土音唱南北曲曰潮州戏。”1958 年揭阳明墓出土用潮州方言演唱的抄本《蔡伯皆》和 1975 年潮州出土明宣德抄本《刘希必金钗记》，是明代潮人以乡音搬演戏文的文物佐证。

潮剧有自己的体系和独特的风格。音乐唱腔是曲牌联缀为主的联曲体和板腔体综合体制，至今保留一唱众和、两三人以上同唱一曲和合唱曲尾的帮腔形式，即登台演员唱至最精彩片段时后台众声“齐唱”相和，这是潮剧的特点之一，也是宋元南戏表演形态的遗存。

潮剧伴奏乐器随着时代的发展和文化的交流而不断发展丰富。20 世纪 20 年

① 《中国戏曲志》编辑委员会. 中国戏曲志 · 广东卷. 北京：中国 ISBN 中心，2000；广东艺术网，http：//www. gdart. com/amhg10/200911180002. htm.

代以前，乐器只有竹弦、唢呐、椰胡和月琴，以竹弦为领奏乐器。到了二三十年代，竹弦被二弦取代，月琴为扬琴取代，伴奏乐器还增加了大笛和小笛。从40年代开始，又增加二胡、琵琶和大胡等乐器。潮剧曲牌很多，板式多变，常用二板、二板慢、三板慢等板式。

潮剧传统剧目可分为两大类，一是来自宋元南戏与元明清传奇杂剧，如《琵琶记》、《白兔记》、《破窑记》、《玉簪记》等，此类剧目文辞典雅，乐曲古朴，做工细致；二是取材于地方民间传说或地方实事编撰的剧目，如《荔枝记》、《苏六娘》、《金花女》、《龙井渡头》等，这类剧目故事生动，戏文雅俗共赏，富于地方色彩。

潮剧的脚色行当中以生、旦、丑最具地方特色。生旦戏《扫窗会》被誉为中国戏曲以歌舞演故事的典型代表。潮剧丑角分为十类，其中项衫丑的扇子功蜚声南北，为世所称；老丑戏《柴房会》中丑角的溜梯功为潮剧所独有，在戏曲界享有盛誉。①

潮剧《红鬃烈马》的剧情大意为：晚唐国势颓弱，权奸当道。宰相王允图谋帝位，勾结西凉国将军巴登云，以献红鬃烈马为由，挑起兵祸。王允之女王宝钏邂逅落难壮士石平贵，赠金为之解困。后石平贵降马有功，王允因其不肯依附而害之。王宝钏毅然搭救并许以终身。王允恼怒，与王宝钏击掌断义。王宝钏乃自嫁石平贵于寒窑。老将军朱武将石平贵荐于唐帝，平贵领旨往征西军中任先锋。时王允已借出兵之机，令魏虎为元帅。王宝钏勉励石平贵出征，两人寒窑作别。西凉国王久病，其女玳瓒公主难以掌权，由巴登云统领西凉兵与魏虎的唐兵对阵，两奸合谋将石平贵和玳瓒公主同困拾孤峰。石平贵助玳瓒公主入西凉国平叛除奸。玳瓒公主心仪石平贵。石平贵眷念王宝钏的恩义，未肯接纳亲事，只助其治国。王宝钏传出飞书，石平贵飞马回窑。玳瓒闻知，也押解巴登云入唐都。时王允自度势大，正诬陷老将军朱武，欲铲异己，一举篡位。恰好石平贵闯殿面君，除奸救国。唐帝认石平贵为子，并册封玳瓒为石之妃，忠义之士，共庆团圆。

《红鬃烈马》选段“辗转愁思难难入睡”

男：夜凉如水，辗转愁思难难入睡。叹平贵，留异邦越数载，家园故国久睽违。恨只恨，只恨唐朝权奸当道，我空有一腔忠烈，一腔忠烈难难施为。原指望，原指望擒住罪魁巴登云，审出罪证回朝除奸宄。谁

① 李汉飞．中国戏曲剧种手册．北京：中国戏剧出版社，1987；《中国戏曲志》编辑委员会．中国戏曲志·广东卷．北京：中国 ISBN 中心，2000.

料巴贼其顽如铁、取证艰难、我愿未遂。岁月迁延心焦迫，仰天长叹，只见月下雁阵飞。鸿雁啊，何时我也振双翼，飞渡关山赋南归。

女：寒窑独守春复秋，武家坡前苦凝眸。红鬃烈马今何在，望断关山泪长流。郎啊郎啊，红鬃烈马今何在，望断关山泪长流。

男：这血泪渗透一字字，这情思凝结万缕千丝。心坎里声声呼唤宝钏，宝钏，宝钏，我的贤娇妻，可怜你受尽了苦，可怜你挨尽寒和饥。你望穿了秋水盼断了，盼断了杳杳归期。只恨我戎马倥偬日继夜，只恨我身遭变故难把持。忘了情意，负了你恩义，对不起红颜知己，石平贵罪责难辞。罢罢罢，管什么山遥水远，管什么险阻岖崎，策动红鬃马，日夜急奔驰，速回寒窑会娇妻。

四、廉江石角傩戏

傩戏是宗教与艺术、娱人与娱神相结合的传统文化形式。石角傩戏源远流长，是廉江民间最古老、岭南地区独具特色的传统戏剧，至今已有400多年历史，45代传人。从昔日的“傩堂戏”、“地戏”、“阳戏”，到清朝的同治、光绪年间逐步登上戏坛，期间又吸取了粤剧、雷剧等地方剧种的长处，由一些简单的剧目发展成较为复杂的戏曲，题材从单纯的驱邪逐疫、祛灾禳病的日常生活习俗发展为祈求风调雨顺、五谷丰登等民生内容。

石角傩戏的最大特点是人、鬼、神同台共舞，宗教色彩浓厚。廉江石角傩戏具备戏剧的基本要素，有台本、唱词、面具、道具；同时有完整的故事情节，鲜明的人物特征，丰富的人物形象；以“文坛”、“武坛”、“文武坛”相结合的表演形式，人、鬼、神同台表演。傩戏面具造型夸张、鲜明、和谐、朴实，或金刚怒目，或慈眉善眼，色彩斑驳，光怪陆离，弥漫着庄严、诙谐、滑稽、古老而神秘的气息。表演者一般有4~6人，多时达10余人，表演主要以摇头、拧身、蹲颤、绕腕、踏步、蹿跳为基本动作，配以大鼓、扣十锣、小锣、大钹、唢呐、牛角号、木鱼等乐器演奏。表演气氛或高亢雄壮，或沉闷神秘，动作粗犷简洁。

昔日石角傩戏的剧本有200多种，现存100多种。据石角傩戏传人叶义潮介绍，家中有老人，儿孙辈希望老人添福长寿，就要演《保福》这台文坛戏；假如家中老人身体欠佳或者久病缠身，主人就要请傩戏团演一出《解怨》的武坛戏来驱邪斩煞。一般来说，武坛戏一般请的是道教神，剧本有《消灾》、《解厄》、《驱邪》、《隔煞》等，大部分是以驱邪逐疫、祛除厄运、治病救人为目的；文坛戏一般请佛教神，剧目则有《修斋》、《祈福》、《保福》、《胜会》等，以祈求幸福平安等喜庆为主要目的。①

五、西秦戏

西秦戏是由外地流入粤东后在海陆丰安家落户的古老剧种，至今仍用舞台官话演出，语言本色，通俗易懂，属板式变化体声腔系统。主要唱腔有正线、西皮二黄等。正线是其主要声腔，是正宗曲调，上下句曲式与皮黄系统的剧本基本相同。

西秦戏流入粤东的确切年代已无可考，仅留一些史料可窥其一二。如清道光年间海丰举人黄宗道有“梨园最好是西秦”的竹枝词，咸丰年间潮州重修田元帅庙时有西秦戏参加的勒石碑记。潮州城乡清末有西秦曲馆。民国时期西秦戏仍在潮汕广为演出，但只有海丰有西秦戏专业剧团，潮汕地区已不见。②

西秦戏传统剧目有《龚克己》、《三官堂》、《宝珠串》、《贩马记》等“四大弓马戏”，有《打李凤》、《棋盘会》等“三十六本头”，还有《斩郑恩》等“七十二提纲”。20世纪50年代后海丰西秦戏剧团曾整理70多出上演，包括《回窑》、《斩郑恩》及讲述潮州地方故事的《剪月容》、《审冯旭》等剧，颇受群众欢迎。

西秦戏在近几十年来的发展过程中，分为西秦竹马戏班和西秦科戏班两派。在做派上，西秦竹马戏班表演粗犷、豪迈，器宇轩昂，线条分明；西秦戏科班艺人表演则细致，腔调委婉，刻画入微，唱做兼优，二者各有不同的艺术特色。在武戏方面，则均习南派武功。特别是短打，真刀真枪，近于粤剧的“打真军”。在演出上善于表演激昂、慷慨一类的剧目，净行做工粗犷，武生英姿飒爽，正生、正旦表演细腻，各有所长。特别是武生戏和生旦戏，做工很有特色。文武生罗振标，在《斩郑恩》中饰高怀德，独脚扎架、拔剑抖旗达数分钟之久；须生曾月初，唱做俱工，在《回窑》中饰薛仁贵，一扎架一扬鞭，一句倒板，常博得台下热烈的掌声和喝彩声；《重台别》一剧，生旦表演极其细腻，在分别时，仅做不唱，表演达数十分钟之久，把人物惜别的心情刻画得淋漓尽致。③

西秦戏原来的舞台装置、服装道具都较简单，舞台正中，挂一白布，绘有妙庄王神像，两边挂一顾绣门帘。台前仅一桌二椅，服装也比较简单。但它的脸谱却与正字戏一样丰富多彩，其构图又与正字戏有别，特别是红净的脸谱，色彩鲜

① 许晶盈，李伟，陈希宇．看看廉江石角的傩戏，现濒临失传．湛江日报，2012-01-10.

② 叶春生．岭南民俗事典．广州：南方日报出版社，2001．131.

③ 陈韩星．近现代潮汕戏剧．北京：中国戏剧出版社，2005．466~475.

明，勾画线条柔顺，别具风味。

六、粤北采茶戏

粤北采茶戏又称唱花灯、唱花鼓、采茶、大茶戏、采茶戏，是在粤北山歌和民间山调的基础上，吸收赣南和湖南益州民间艺术精华创造而成的地方戏曲，流行于粤北地区和粤东地区。原有南雄灯子、韶南大茶和连阳调子三个派别，都用粤北客家方言演唱，1950年后三派逐渐交融，到1959年统称为粤北采茶戏。

明清时期，广东北部的韶州府、南雄州和连州各地，盛行节庆唱灯的习俗。韶州府所撰各县志中，有大量诸如“元宵设灯彩”，“正月饰儿童为彩女，……歌十二月采茶”、“上元喜簇花灯，作龙狮各种戏舞，唱采茶歌”等记载。这些古老的龙舞、狮舞、装故事、踏歌、采茶等歌舞演戏，孕育了早期的粤北采茶戏。

早年花灯、纸马、唱调子等演出时，先是吹打闹场和群舞形式的踩场，接着由一丑角念一段快板，引出二旦，二旦一丑表演歌舞，男的称花鼓公或茶公，女的叫花鼓婆或茶婆。表演时丑角舞扇花，挽腰带，走矮步；小旦左手捻腰带或持花篮，右手耍彩巾或舞扇花，边舞边歌，唱的都是民间小调，俗称“唱花灯”、“唱花鼓”。艺人运用花灯歌舞的曲调去演唱劳动生产、爱情婚姻故事，经过长期演变，逐渐接近戏曲样态。人们把这种演出称为灯子戏、调子戏、采茶戏。

粤北采茶戏以客家人的生活习俗为背景，剧目多取材于客家民间劳动生产、爱情婚姻和地方传说故事，具有载歌载舞、乡土气息浓郁的艺术特点，贴近民众，贴近生活。音乐风格活泼明快，以锣鼓管弦伴奏，演唱民间说唱和山歌小调等，分为采茶调、灯调、小调等三大类，其结构起初是曲牌联缀体，后来又逐渐发展为有各种板式变化的板腔体。表演艺术吸收了民间歌舞和武术，表演动作有“吊马”、“矮步”、“横跳步”等，刚劲而风趣。

粤北采茶戏传统剧目有《补皮鞋》、《装画眉》、《阿三戏公爷》等150多个，改造、新编的古装戏和现代戏有300多个，其中的《牛郎织女》、《刘三姐》、《玛瑙山》、《血榜根》、《晒茶》、《女儿上大学》、《称心花》等广受好评。①

七、雷剧

雷剧是在流行于雷州半岛的民歌（雷州歌）的基础上发展形成的剧种，用属闽南方言语系的雷州话演唱，流行于海康、徐闻、遂溪、廉江、电白等县和广

① 中国人民政治协商会议广东省韶关市委员会文史和学习委员会．韶关文史资料（第27辑）．乐昌：乐昌市红星印刷厂，2001．13~23；赖伯疆．广东戏曲简史．广州：广东人民出版社，2001．77~78．

西、海南岛的部分地区。从雷州歌演变成为雷剧，经历了姑娘歌班、劝世歌、雷州歌班和雷剧四个阶段。

雷州歌源远流长。明末清初，每逢神诞年节或喜庆吉日，乡人便搭台邀请歌手对唱雷州歌庆贺。清朝雍正年间，海康县境内出现了固定的麻扶雷州歌台，形成每年端午节由歌台台主同雷州歌手对歌竞唱的习俗，并形成了歌班。歌班以女歌手为主，俗称“姑娘歌班”。歌手于对歌之后，往往增加一段以劝人改恶从善为内容的歌唱，时人称之为“劝世歌”。清中叶雷剧开始形成，第一个剧本《断机教子》和第一个民间剧团“尧天乐雷州歌班”均于清嘉庆年间诞生。

清朝末年，歌班仔借鉴来当地演出的广府大戏戏班的锣鼓、唢呐及曲牌，增加做功、念白和武打，并且逐渐形成生、旦、净、丑、杂五个表演行当。这时的歌班名为雷州歌班，又叫锣鼓班或高台班，同时还产生了自己创作的剧目。民国元年（1912）至民国十四年间，有粤剧和粤西木偶班的艺人加入雷州歌班，课徒授艺。1953 年，海康县成立和平雷州歌剧团。1960 年以后，湛江专区艺术学校雷州歌剧班和各县雷州歌剧团也比较系统地进行了唱腔改革，使演戏时使用的雷州歌基本具备戏曲唱腔应有的戏剧性音乐成分。于是人们把这种用雷州歌演唱的戏剧更名为雷剧。

经过近 300 年的舞台实践和不断吸纳兄弟剧种的艺术养分，雷剧如今成为当地人民群众喜闻乐见的地方戏曲剧种，深受雷州人喜爱，在雷州半岛城乡每天都有雷剧演出。光一个 400 多万人口的雷州半岛就有 180 多家雷剧团，每年有 15 000场演出。很多孩子从小就学习雷剧，这使这门地方戏曲艺术得以更加繁荣兴旺。雷剧同时也是演神戏，演戏的时候家家都要敬神，这天也是亲人团聚的日子，当地的习俗是演神戏的时候在外面的亲人一定要赶回来和家人团聚，一块祭祖、看戏。雷州半岛因此被称为“戏曲的绿洲”。①

八、正字戏

流行于以海丰、陆丰为中心的粤东和闽南地区的正字戏，用中州话演唱，因为当地称中州话为“正字”或“正音”，故名正字戏或正音戏。正字戏植根海丰、陆丰两县，曾在潮州、闽南地区流行，还到过香港和东南亚一带演出。正字戏的唱腔音乐包含正音曲（又称大板曲，有弋阳、青阳、四平诸腔成分）、昆曲

---

① 《中国戏曲志》编辑委员会. 中国戏曲志·广东卷. 北京：中国 ISBN 中心，2000. 94～95；叶春生，施爱东. 广东民俗大典. 广州：广东高等教育出版社，2005；神奇的雷州·感受雷剧. 环球旅游，http：//www. tvtour. com. cn/dv/video_ 10496. html.

以及乱弹、杂调。在170多出文戏之中，正音曲剧目占60%多，昆曲、正音曲与昆曲兼唱的剧目占30%左右，其余为乱弹和杂调的剧目。正字戏还有2 000多出武戏（提纲戏），大多没有详细的文字剧本，只用吹打牌子伴奏。

正字戏是最先流入粤东地区的外来剧种。它是南戏的遗响，也是当时一些外来声腔的合班，至今仍然保持明清南戏的古老质朴的演出风貌以及粗细两兼、雅俗并存的艺术特色。它的武戏慷慨激昂，气氛热烈，以擅长袍甲戏见称。当他们表演情绪激昂的场面时，善于运用头盔上的缨子、翎子的甩动，肩上的佩旗、身上的袍甲的抖动功夫，面部肌肉、眉眼的活动以及须髯的技巧来表现人物的外貌形态和内心活动，从而突出人物的典型性格。短打主要是南派武功、拳宗少林，打起来逼真、紧张、惊险。其文戏唱做并茂，以做见长。音乐丰富多彩，既能抒情，又善豪壮。在古典袍甲戏中，两军对垒，人嘶马叫，善于用音乐描摹出悲凉凄厉的古战场气氛。脸谱独特多样，朴素而有古风。正字戏的角色行当分红面、乌面、白面、老生、武生、正旦、花旦、白扇、公末、帅主、婆、丑12行。

正字戏与早期潮剧、海陆丰白字戏的形成有密切关系。潮州民间和潮剧老艺人说："正字母生白字仔。"这就是说，潮剧是从正字戏来的。以前潮州和海陆丰地方俗例迎神赛会，如有几班戏同在一起演出，正字戏居正棚，白字戏居偏棚。还有一种"半夜反"，即上半夜演正字，下半夜演白字。白字戏的开台戏《净棚》、《八仙拜寿》、《仙姬送子》、《跳加官》等，仍以正音演出。①

传统剧目分文戏和武戏两类。著名的文戏有四大苦戏：《琵琶记》、《白兔记》、《荆钗记》、《葵花记》；四大喜戏：《三元记》、《月华记》、《五桂记》、《满床笏》；四大弓马戏：《马陵道》、《千里驹》、《忠义烈》、《铁弓缘》。武戏大都为连台本戏，如《三国》、《隋唐》等，经过整理后较有影响的剧目为《槐荫别》、《百花赠剑》、《张飞归家》、《金叶菊》、《换乌纱》等，武戏还被改编演出了《琼花》等现代戏。②

九、白字戏

白字戏俗称白字仔、南下白字，因唱腔衬字多用"哎咿嗳"，本地人又称它为"哎咿嗳"。用海丰福佬话演唱，流行于海丰、陆丰、潮州和闽南的漳州、泉州一带。

---

① 广东省戏剧研究室．广东省戏曲和曲艺．广州：广东省戏剧研究室，1980．29，100．

② 蔡锦和，林平．白字戏．广东省戏剧研究室．广东省戏曲和曲艺．广州：广东省戏剧研究室，1980．77～87；《中国戏曲志》编辑委员会．中国戏曲志·广东卷．北京：中国ISBN中心，2000.86～88．

海陆丰位于珠江三角洲和韩江三角洲之间的沿海地带，宋代以来文化较为发达，民间祭神祭鬼必用戏剧，这一习俗历代相承，形成了当地注重戏剧的风俗习惯。明清以来多个剧种先后传入和流行于海陆丰，加上本地民间艺术十分丰富，如渔歌、舞灯、跑旱船、英歌、担花篮、游鳌山等，由南戏改用方言而歌的潮调，吸收了上述多剧种的养分并进一步和海陆丰地方方言、民情风俗、民间艺术结合，最终形成了白字戏。

海陆丰的白字戏起源于南戏的泉调、潮调。现在保留下来的最古老的泉调、潮调剧本，有明嘉靖重刊本《荔镜记》以及稍后的《摘锦潮调金花女》、《苏六娘》等。白字戏同流行于漳州、潮州的竹马戏有一定的血缘关系，又受到闽南佛曲和正字戏的影响，以及海陆丰的方言渔歌、庙堂音乐、弦诗小调、潮调音乐等民间艺术的熏陶，逐步形成了鲜明的地方色彩，有联曲、滚唱、民歌、一唱众和等形式。

白字戏和潮剧原都称白字戏。白字戏称“海陆丰白字”，又称“南下白字”；潮剧称“潮州白字”，又称“顶头白字”。海陆丰和潮汕，同属于闽南方言语系的两个方言区，两个剧种的剧目体系、音乐声腔体系、表演体系、舞台美术体系也都基本相同。但是白字戏有一套自己独特的拉腔调式“哎咿暖”，就是在拉腔和尾腔的地方，不唱字而只唱一种有声无字的“哎咿暖”的腔调。这种腔调和海陆丰宗教音乐——“司公歌”以及渔歌、疍歌有密切的关系。它又从海陆丰地方音乐吸收营养，特别是海陆丰语言给音乐带来的变化，使其有别于潮剧。①

十、木偶戏

木偶戏，又叫傀儡戏，是用木偶来表演故事的戏剧。表演时，演员在幕后一边操纵木偶一边演唱，并配以音乐。木偶戏在我国源远流长，《列子·汤问》里说一个名叫偃师的人给周穆王表演木偶戏，“千变万化，唯意所适”。汉唐时木偶戏已经很盛行，北齐后主高纬也十分喜爱木偶戏。此时，木偶戏经高丽传向海外。到了宋代，木偶艺术更加发达，《东京梦华录》中已载有“杖头傀儡、悬丝傀儡、药发傀儡”等名目。《梦粱录》说：“凡傀儡，敷演烟粉、灵怪、铁骑、公案、史书历代君臣将相故事话本，或讲史，或作杂剧，或如崖词。”又夸赞当时的木偶表演“如真无二”、“功艺如神”。

---

① 蔡锦和，林平．白字戏．广东省戏剧研究室．广东省戏曲和曲艺．广州：广东省戏剧研究室，1980．99～109；周和平．第一批国家级非物质文化遗产名录图典（上）．北京：文化艺术出版社，2007．

广东的木偶戏种类繁多，形式各样，保存了许多传统木偶戏的特点，深受群众喜爱。

1．五华提线木偶

五华提线木偶戏源远流长，明朝初年由福建传入，流行至今已有600多年的悠久历史。明清时期，五华提线木偶戏已经十分兴盛。至20世纪初，五华全县拥有20多个木偶戏班，演出十分活跃，并且技巧高超。1951年成立了五华县木偶剧团。

五华提线木偶造型精细，形体高大，高度约为90厘米，操纵木偶的线多达14～20条。演唱以汉调为主，间唱客家山歌、民歌、采茶小调，对白用客家话。它的表演艺术独特，达到“拟形入神”的效果。传统剧目共43个，内容非常丰富且贴近生活，深受群众喜爱。由于其队伍小、舞台小、道具少，加上其表演的剧目是传本戏和杂耍戏，便于深入山区，有着广阔的市场空间。①

2．高州木偶戏

高州木偶戏俗称“鬼仔戏”，始于明朝万历年间，是在福建布袋木偶戏的基础上发展起来的。据清代《高州地方志》载，“尺布蒙头号女巫，摇铃挝鼓唱偶于”、“元宵节期，觐光者于门外沙洲搭棚弄傀，以润饰太平”。“唱偶”指的是木偶腔，“弄傀”即演木偶戏。至今，高州每年农历一、二月“年例”，各地都要上演木偶戏，村落间锣鼓声不绝于耳，十分热闹。

高州木偶戏以杖头木偶为主，附加布袋木偶。木偶造型十分精巧，底材是坚韧的木料，精雕细刻，施以彩绘、装饰，使之形神兼备，栩栩如生。高州木偶表演技艺精湛，艺人不仅能使木偶的各个关节自如活动，还可令其眼、口随剧情张合，生动逼真。表演时，木偶可以表演开合扇子、穿衣、戴帽、斟酒、拿书、写字、开弓射箭等动作，准确自然，还能眨眼、喷烟吐火，让人叹为观止。高州木偶戏春季演出最盛，特别是元宵、年例和喜庆节日。木偶戏发展最旺的时候，高州有大大小小的木偶戏班超过500个。

木偶戏班一般分单台戏、小班、中班、大班。单台戏即敲锣、打鼓、操控木偶、唱戏文等都由一个人完成。木偶表演的全部道具，用一担木偶箱则可全部装下。逢年过节或农闲时，木偶艺人便肩挑着木偶箱，走村串巷，利用村中屋旁的空地或在屋厅中央，摆放一张方桌，即可架设成为木偶表演舞台。而且木偶的操

① 广东省委宣传部文艺处，广东省文化厅社会文化处．广东省群众文化工作常识．广州：岭南美术出版社，2006．83．

作、唱腔对白、锣鼓敲打等全套表演艺术，均由一个艺人完成。艺人操作娴熟，唱腔明快，锣鼓激昂，令人赞叹。小班一般有 4 人，其中 1 个人敲锣打鼓，3 个人唱戏、操控木偶；中班有 6 ~ 8 人；10 个人以上的称为大班，如现在的高州市木偶粤剧团。

高州木偶戏以高州白话演出，唱词为七字诗体句式，唱腔称木偶腔，以高州山歌调为基础，以叙事方式进行。木偶戏内容多取自历史演义、公案小说、民间传奇、神话故事，其传统剧目不下数百种。所演人物忠奸、善恶分明，深受群众喜爱。

经过 100 多年的发展，高州木偶戏已经发展成有特色的民间文化艺术，并成立了高州木偶戏协会。目前每年春班（每年农历正月到三月）在高州城乡表演的木偶戏班有 100 多个，上演的场次达到 6 000 多场。在 1996 年高州市文化局举办的“木偶戏一条街”活动中，共有 136 个木偶戏班同场演出。高州木偶戏声名远扬，高州木偶戏团体曾被邀请到江门、广州、顺德、肇庆以及全国的一些城市参加当地艺术节。德国木偶戏协会主席曾先后两次来高州考察，认为高州的木偶戏故事纯朴感人，表演方式传统古老，并邀请其前往德国演出。2000 年 5 月，高州金山开发区陈垌村的三个农民带上“家当”来到德国。20 天里，他们在 10 座城市表演了 10 场，每一场都座无虚席，演出结束时，台下掌声雷动，德国观众久久不愿离去。2001 年，在香港举办的中国民间传奇艺术节上，高州木偶戏团大胆创新，推出“人偶同台”的表演形式，受到了香港观众的欢迎。①

3. 潮州铁枝木偶戏

铁枝木偶戏又称纸影戏，是我国传统戏曲中具有代表性的古老剧种之一，传入粤东距今已有 700 年左右，晚清至民国时期十分普及，是潮汕地区戏剧艺术的奇葩。

铁枝木偶在木偶戏表演中可谓别具一格。铁枝木偶高度约三四十厘米，由一根铁枝固定木偶躯干背部、两支铁枝支撑活动的两臂，因此称为“铁枝木偶”，又称“纸影”。纸影棚不大，表演时舞台中间垂一布幔，台面布置小桌椅，两边戏门可容两至三人用手把铁枝木偶带到台前去表演各种戏曲人物动作，俗称“抽纸影”。其乐曲、乐器、声腔都采用潮剧形式，优美动听。

晚清以前，纸影戏见于影现，叫“竹窗纸影”。做法是以牛皮雕成各种人物

① 广东省委宣传部文艺处，广东省文化厅社会文化处．广东省群众文化工作常识．广州：岭南美术出版社，2006．83；郭瑞翔，谢凤清，何康源．高州：中国民间艺术木偶之乡．茂名日报，2003 - 03 - 20；梁盛，叶裕辉．岭南写真：高州木偶戏名扬海内外．广东新闻网，http：//www. gd. chinanews. com/2006/2006 - 06 - 11/8/37022. shtml，2006 - 06 - 11.

形状，用彩色装饰，表演时台内置一油灯，台面装一竹框，以透明白纸糊之，以为投影，所以叫“竹窗纸影”。清代以后，纸影戏改影现为形现，“捆草为身、扎纸为手、削木为足、塑泥为头”，造出木偶，当时称为“圆身纸影”。表演时台前改挂绣幕，台上再摆上小桌子、小道具用于表演，曲调改唱潮剧曲目。这一改动就使纸影戏不再是影戏，而是木偶戏，但群众习惯了原来的叫法，仍称其为“纸影戏”、“皮猴戏”或称“圆身戏”。

潮州铁枝木偶（来源：揭阳新闻网）

铁枝木偶的偶头用红泥塑成。晒干后烘烤定型，再涂上防水的颜料，按照不同的角色身份画成各种人物的脸谱，穿戴上不同的装束，就成为一个个活灵活现的戏曲人物。戏班演出时要先搭建舞台。台上铺着草席，操纵木偶的人盘膝而坐，操纵木偶。木偶戏班大多由家庭组成，大班多时有十几个人，小班只有五六个人。传统的铁枝木偶戏班由9人组成，操纵、演唱、伴奏各3人，剧种角色多的时候，操纵和伴奏的人也要兼演唱。铁枝木偶操纵技法有推、拉、提、拨、抖等，根据人物行当和剧情，可以表演飞天、入地、点火、射箭、骑马、张扇、划船、武打等高难度动作，还有攀梯、筋斗、飞天、骑马、转盘、顶缸、吃火吐纸龙等动作，非常独特。①

第二节　曲艺

一、粤语讲古

古，即古仔，意为故事。“讲古”就是说书、讲故事。粤语讲古是艺人用粤语方言对小说或民间故事进行再创作和讲演的一种语言艺术形式。讲古的内容不仅包括传统的长篇章回小说，还包括现代生活题材和本地民间掌故。讲古艺人大量运用本地的民间成语、谚语、谶语、俗语和大众化的生活语言，对书目进行加

① 黄鹂.“微型潮剧”铁枝木偶戏. 揭阳新闻网，2011－01－05；广东省委宣传部文艺处，广东省文化厅社会文化处. 广东省群众文化工作常识. 广州：岭南美术出版社，2006. 83～84.

工润饰，使之成为粤方言语言艺术的集大成者。

一般认为，广东说书是由江苏泰州说书艺人柳敬亭随明末抗清将领左良玉军南下而带入广东地区从而衍生出来的一种艺术形式。它早年多在寺庙门口进行，往往讲“二十四孝”等劝世文。粤语讲古传承人颜志图说，民国初年，有些艺人在街头卖艺，称为“开街档”。他们在人多的地方拍几下手掌，吆喝两声：“讲古啰！有嘢听！讲呢个《洪熙官大闹峨眉山》！”广州市西关、东较场、宝岗等地也出现了一些“讲古寮”。讲古寮中设一方桌，桌上放一把扇、一块醒木，有的还有茶壶、茶杯、小香炉各一个。说书人上台，双目炯炯有神，往台下横扫一遍，纸扇“叭”地一开，醒木一拍，就开始讲了。

扇子是说书人的重要道具。合着，可当笔，当刀剑枪棒，可代表酒壶斟酒，也可当锣锤、竹竿、镬铲；打开，可以做书信、圣旨来看；横举，可以做桥梁；竖立，可比喻高塔；平托，代表托盘上放着茶杯酒菜。扇子还可以分清角色。讲到诸葛亮，扇子半开，扇的力度轻柔，表现出诸葛亮的镇定自如、胸有成竹；说到武将，扇子舞得如猛虎下山。口诀说：“文胸、武肚、僧领、道袖、媒肩、姑捂嘴。”“雅士玩扇显风流，丑扇脸颊带浮，美人用扇半遮羞，徐扇时常停留。”还有一说是：“武者扇前胸，文者扇掌心，商贾扇肚腹，走卒扇头项。”总之，一把扇子能够被说书人舞得出神入化。

说书人的醒木，用处是提醒听众，加强气氛。醒木的重量有规定，为十三两五钱四分。十三比喻以前的神州有十三省；五钱四分，比喻五湖四海之天下。有首诗这样形容醒木：“十三两五钱四分，一条醒木起风云；又是刀来又是棍，一拍玄妙势千钧。”

关于醒木，也有一个故事。

传说，明太祖朱元璋小时候有五个要好的朋友，大家一起放牛，一起打斗游玩，还结拜为兄弟，朱元璋是大哥。分手时，朱元璋拿了一根扁木头，锯成六截，每人一截。他说，这是同一根木锯出来的，就作为结拜兄弟的凭证吧。后来，朱元璋当了明朝开国皇帝，而他结拜的五个兄弟则分别做了武将、知府、医生、教书先生和说书艺人。听说朱元璋做了皇帝，他们聚在一起，上京找大哥去。

朱元璋看见少年时期的结拜兄弟来了，非常高兴，设宴款待。席间，大家拿出当年结拜的物证——那截木头，要大哥封官。朱元璋为难了，封得太小嘛，兄弟的情面又过不去；封大些嘛，那些跟自己打江山的开国功臣怎会服？朱元璋心生一计，便说：“别急，还是先封木头吧。”他先封自己的那块叫“龙胆”，将军的那块叫“虎威”，知府的那块叫“惊堂”，医生的那块叫“压方”，说书艺人用的那块叫“醒木”，教书先生的那块，因为锯到最后稍长些，就叫“戒尺”。于是，说书艺人就有了和皇帝从同一块木头上截下来的一段“醒木”，好不威风！①

以下为两段“古”：

话说新春“人日”（作者：颜志图）

农历正月初七是“人日”。据古书《荆楚岁时记》所载，正月初一至初十分别对应着十种动植物，传说盘古初开天地时，先后生化出这十种动植物，初七刚好对应着“人”，故正月初七称为“人日”。

大家都说，这天是众人的生日，但亦有很多人不明白：人人的生日各有不同，很少遇有相同的，为什么说正月初七是众人的生日呢？说起来是有段“古”的。

在很久以前的年初一，有一条村，村民们正喜气洋洋地过节。忽然有个道士进村来，只见他身穿道袍、手执渔鼓，边敲边唱：“空空空，伯劳飞燕各西东，大限临头还在乐，都在黄梁一梦中。金也空，银也空，死后何曾在手中……”村民在这新春之际，样样都讲吉利，一听此晦气歌，都皱起眉头喝叫他别唱，但道士还说：“无量天尊，到年初七那天，贵村有场大灾难，你们要及早离村避之则吉！”众人不信，还骂道士：“呸，大吉利事！新年流流，竟说此鬼话。快滚、滚！”道士摇头叹道：“唉！分明指点平川路，却把忠言当恶言。你们要好自为之！”说完，他就无可奈何地离去了。

到了初七早上，此村突然发生地震，山摇地动，房屋纷纷倒塌，村民大惊失色，呼兄觅弟、哭爹叫娘，仓皇逃窜，当他们跑到村前岗顶回首张望时，只见全村已变成一片废墟，都无限感慨地说：“我们侥幸逃出生天，是二世为人了！”“是啊，死里逃生，等于出过世一样！”他们肚子饿了，但无家可归，幸亏那时是过年，有些人口袋中有些糖果、小甜饼之类的食物，有的在逃跑时顺手抓一两袋年宵品，有煎堆、油角、炒米饼等，有的什么也没有，但大家不分彼此，有食物的尽数拿出来凑在一起，坐地而食，互相安慰、互相鼓励，十分融洽。有人建议：以后逢年初七为众人生日，大家庆贺一番！众人齐声说好。

地面平静后，他们回到村中，齐心合力重建家园，不久便建成了比以前更美的村庄。从此之后，他们在过年时互送年宵品，互相拜候。到年初七那天，他们不论贫富都备齐酒肴，拜祭祖先，同饮生日酒，互祝

① 颜志图. 榕荫古趣——广州说书. 广州：广东教育出版社，2009.

生日快乐，一派欢乐气氛。其他地方的人亦纷纷仿效，并将这一习惯一代一代传下去，最终成为广大百姓的一个节日。

古人将每年的正月初七与人辰联系起来，大概是要后人时刻谨记人即使能力再高，也不能忘记万事万物运行的规律，用一句话来概括，就是“世界潮流浩浩荡荡，顺之则昌逆之则亡”。

广州人过去过人日，都是以结伴郊游居多，有的人说这天是“天穿日”，蒸些糯米软糍去奉神，谓之“补天穿”。其实都是祭自己的“五脏神”而已。①

海幢寺的十六罗汉

看官，但凡寺庙的大雄宝殿，两边按例是供奉十八罗汉的，但从前广州海幢寺大雄宝殿内，只有十六罗汉，何解呢？

相传从前海幢寺有个住持，恃着读熟几本经书，便以得道高僧自诩，高傲非常，看不起任何人。活佛济公知道后一心要点醒他，于是摇身一变，变作一个脏兮兮的乞儿和尚。他头戴破僧帽、身穿烂僧衣，挑着两个补丁布袋，手摇烂葵扇，傻笑着唱起歌，来到海幢寺挂单。海幢寺的僧人很讨厌他，但按佛门规矩，人家有度牒（即出家证书），不能拒绝。便问他要住多少天，济公说3天，对方回答道：“好，我们来客很多，3天内你一定要走！”济公对答说：“当然啦，本和尚说到做到！”

济公疯疯癫癫地闹了3天，海幢寺僧人巴不得他快些走，却见济公挑着两个烂布袋，走进大雄宝殿倒头便睡。僧人喝问：“你为什么不走呀？”济公道：“我现在要去韶关南华寺，没人替我挑行李，要你们的住持替我挑行李我就走！”“放肆！我们的住持何等高贵呀，要替你个乞儿和尚挑垃圾？真是狂妄至极！”济公讥道：“嗤，他有什么了不起呀？不替我挑我就不走！”说完又躺在地上。众僧人怒道：“这分明是耍无赖！”“用扫把撵他吧！”

正闹得不可开交时，忽一人进来问：“你们吵什么呀？”众僧回头一看，正是住持，便道：“这个乞儿和尚要你替他挑行李才肯走！”住持望了望济公，不屑地说：“你有什么道行呀？居然要本师替你挑行李？”济公说：“嘻嘻，我的道行当然比你高得多啦！我只不过要你挑

① 颜志图．话说新春“人日”．广州日报，2008-10-30；初七“人日”有深意．南方都市报，2011-02-09．

行李，又不是要你死，何必动怒呢?”这回气得住持怒目睁眉：“你这个癫佬，若有道行，不如叫罗汉替你挑啦!”济公回道：“好好，我就叫!”说完，他便向两个罗汉拜了拜道：“两位尊者请呀!”说也奇怪，两个泥塑木雕的罗汉真的现出真身跳了下来，垂手问道：“大师有何吩咐?”济公说：“替我挑行李到南华寺，立即启程!”罗汉回答道“遵命!”说完挑起布袋，与济公腾云驾雾而去，住持吓得连忙跪下拜道：“弟子有眼不识泰山，请多多恕罪!”济公在云头上用烂扇指着他说：“大和尚，你不要自命清高，要放下架子，才能修成正果，吾去也!”

住持吓得伏在地上不敢抬头，良久，才摇头叹息，满面惭愧地离去，从此他虽痛改前非，但威信大减。

再讲那两个罗汉随济公去了韶关南华寺，见那里山清水秀，风景优美，便在那里落脚，再未返海幢寺了。故南华寺有二十罗汉，而海幢寺只得十六罗汉。①

二、木鱼歌

木鱼歌，又称摸鱼歌，流行于广东地区，用广州方言演唱。佛教传入岭南后，俗讲变文和佛教宝卷传唱与岭南民歌融合，于明代后期形成木鱼歌，清代极为兴盛。木鱼歌曲调分“正腔”和“苦喉”两种。前者爽朗明快，欢乐喜悦；后者沉郁悲恻，哀怨缠绵。早期木鱼歌都是随编随唱，后来才记录曲词，辗转传抄或刻印传唱。这种抄本或刻本，名为木鱼书。木鱼书目前可以查到的约有500部，共4 000～5 000卷。内容有从佛经故事和佛教宝卷改编的《目连救母》、《观音出世》，又有来自小说传奇的《仁贵征东》、《白蛇雷峰塔》等；也有反映现实社会题材的，如《金山客自叹》、《华工诉恨》、《国事诉根源》等。木鱼歌传统曲目以《花笺记》、《二荷花史》最为著称。

广东木鱼歌中最具代表性的是东莞木鱼歌，又称“盲佬歌”，因昔日唱此歌的多是盲艺人而得名。旧日，农闲之时，榕树下，厅堂中，妇人围坐而歌。清初学者朱彝尊《菩萨蛮·东莞书所见》更言“一唱摸鱼声，都来月下听”。几百年来，袅袅莞音的木鱼歌在东莞城乡广为流传。但如今木鱼歌几成绝唱，只在东莞城乡的一些老年人中流传。

木鱼歌《花笺记》全称《第八才子书花笺记》，产生于明末清初，共59回。郑振铎在《中国俗文学史》一书中说它写“少年男女的恋爱心理、反复相思、

① 颜志图. 海幢寺的十六罗汉. 广州日报，2007－02－10.

牵肠挂肚，极为深刻、细腻。文笔也清秀可喜”①。文字以文言为主却又不矜于古奥，结构紧凑，恳挚动情，杂用广东方言，遣词造句尤为活泼。该书19世纪传入欧洲，1824年译成英文，1836年译为德文，之后又先后被译为俄、荷兰、丹麦、法、日、越南等多种文字在世界各地出版，广为流传。目前东京大学、伦敦大学、牛津大学、英国博物馆、巴黎国家图书馆、莱顿大学汉学研究所、莫斯科国立外交图书馆、慕尼黑巴伐利亚国立图书馆、西柏林普鲁士文化图书馆等都有收藏。德国诗人歌德把它誉为一部“伟大的诗篇”。

卷一　花笺大意

起凭危栏纳晚凉，秋风吹送白莲香。只见一钩新月光如水，人话天孙今夜会牛郎。细想天上佳期还有会，人生何苦挨凄凉，得快乐时须快乐，何妨窃玉共偷香？但能两下全终始，私情密约也何妨。自古有情定遂心头愿，只要坚心宁耐等成双。山水无情能聚会，多情唔信肯相忘，但愿世间情重者，勿要半途而废就抛荒。曾闻一段奇风月，钟情好似海天长。埋没风流谁晓得，故此替他传与后人看。

苏州府内吴江县，有一才人身姓梁，父号印波为学士，母亲姚氏极贤良。雁行孤独无兄弟，名讳芳洲字亦沧。貌比春红添月色，才如鲜锦灿云光，风流好似骑鲸客，雅致犹如跨凤郎。年登十八叨儒列，只待飞腾上帝邦。

对月自叹

一声长叹归书馆，难阻腮边两泪淋，哽咽将将身气死，捶胸大哭苦伤心。无缘枉费花荫誓，亏了瑶仙姐玉人！“姐呀！早知共你难偕老，当初何敢误娘身？今日无缘割断情和义，叫天无应地无闻，今生不得同衾枕，唔望阳间重做人，条命必然因姐丧。姐呀！知人肠断定唔曾？”顿穿鞋底弹崩趾，哭倒床中十数匀。可惜花容无我份，一场风月落波心。就把文章丢落水，诗词歌赋尽烧焚，共姐无缘寻死罢，三元连中也闲文。茶饭一些难入口，纵有羔羊美酒共谁斟？无情极怕花间月，就将明月叹离群。

观朗月，叫婵娟，可怜人世不团圆。记得当初同眷恋，几多情义在花园。今日往事前情爹滚乱，无望风流结凤鸾。对月肝肠都想断，唔知点样算，料想今生难遂愿，时时流泪骨头酸。

---

① 郑振铎. 中国俗文学史. 北京：东方出版社，1996.

观朗月，独徘徊，旧泪唔干新泪催。共娘未得成双对，衾寒枕冷俏谁偎？海誓山盟今反悔，罗帏唔望得埋堆。可怜要会无由会，瑶仙姐罢妹，拆散鸳鸯难匹配，丹心谁料化成灰。

观朗月，泪交流，百般离恨在心头。花下自同娇别后，归来惹下一场愁。天长盼望空翘首，多情都付水东流。此生若不成佳偶，心想透，点敢贪新忘却旧，坚心除系死方休。

观朗月，泪飘红，风流往事总成空。纵有相思无路送，分明今日似飘蓬。哭哭啼啼心想痛，举头无主怨天公，亏我与娇情万种，东风拆散鸾和凤，舍条残命报娇容。

观朗月，忆情人，泪珠如雨落纷纷，十指偷弹嗟命运，咁好姻缘又拆群，暗地思量心不忿，肯话私情就化尘？满肚凄凉多少恨，想一阵，几番喉哽咽，生不相逢死亦寻，料想玉人居绣阁，几时知我另生亲。

亏他望我寻媒问，谁想一场风月属他人。想起此情和此恨，点能丢得嗰条心？月底夜间风渐猛，只话归房睡下免伤神。唔想解衣睇见花笺纸，誓词依旧纸中新，手执誓词流血泪，一篇情事化虚文。花笺曾写坚心事，纵有坚心无计阻双亲。我料此情辜负了，除非来世得成亲；我亦不敢亏娘重配合，只有一条死路系终身。①

三、潮州歌册

潮州歌册产生于明代中叶，受到传统说唱艺术的影响，属于南方系统的弹词。但它以朗唱为形式，不用乐器伴奏。潮州歌由于手抄本流传多有错漏，民间艺人因此着手整理，而书商见整理本销路甚佳，也就大量刻印发行，这些刻本称为“歌册”。经过长期不断地丰富和发展，这些歌册成为潮汕地区民间文学中一种独立的文学式样，在民间流传甚广，往往一二妇女，或纳凉，或互访，或绣花、舂米、纺纱之时就曼声哼唱起来。潮州歌册主要分布在潮州、汕头、揭阳和汕尾的陆丰、海丰，梅州的丰顺、大埔以及福建的东山、诏安、云霄等地区，随着潮人移居海外，传播到泰国、马来西亚、新加坡、柬埔寨、越南以及中国香港和澳门等地。

潮州歌册用潮州方言编写诵唱，有曲有白，故事曲折生动，文字通俗易懂。一般曲文多为七字句，也有二、三、四等变型句。四句一韵，换节时可连韵，也可换韵，以押平声韵为主。朗唱时每节末句拉长声音，略作间歇而增强节奏感。

① 薛汕校订. 花笺记. 北京：文化艺术出版社，1985. 1，33～35.

部分歌文中夹有少量说白，简要说明事因，交代事项，转述过程。潮州歌册的体裁包括传奇故事体和歌行体，内容多为历史故事及民间传说，以移植改编为多，包括对各种历史演义、各种说唱文学、木鱼书、弹词、宝卷以及各种杂剧、传奇等戏曲和话本小说进行移植改编。也有一些反映地方题材、现当代题材的作品。潮州歌册中比较流行的有《苏六娘》、《英台仔》、《张古董》、《吴忠恕》、《过番歌》、《隋唐演义》、《包公出世》及《正德君游江南》等，现存传统本子有数百部。

潮州歌册的演唱非常简单，调子也比较平直，一般不必经过专门训练就能掌握。演唱潮州歌册并不是一种表演，而是一种自娱活动，适合文化水平不高的妇女。她们可以边做手工活边听、边唱。“识字读全个，半识读半个，不识就势来！”她们用猜押的办法，识得了许多文字。这些旧的歌册多宣扬孔孟之道，妇女们通过歌册，颇受封建礼教的熏陶，对“妇道”特别注重，形成潮汕很有特色的一种社区文化现象。歌册里的悲欢离合、人情物态深深吸引着她们，感动着她们，给她们慰藉和乐趣。同寅姐妹，绣花屋内；邻居婶姆，舂米场中，歌韵琅琅。福建诏安、东山诸县妇女也同样流行唱潮州歌册，甚至形成了有些地方以一箱新歌册为嫁妆，“嫁女先添新唱册，让与新娘唱厅堂”的风俗。[①]

四、粤曲

粤曲源自粤剧清唱。约于清道光年间，有以清唱粤剧为业的八音班，他们用粤剧的剧本、曲调及“戏棚官话”分角色演唱。以后又出现了穿街过巷卖唱的盲女艺人，被人们称作“瞽姬”、“师娘”。她们每人都要掌握不同角色的唱腔，一人演唱多个角色，较之“八音班”在歌唱技艺方面有了新的发展。这种演唱形式盛行了60多年，在粤曲史上称为“师娘时期”。民国以后，茶楼歌台上逐渐出现了明目女子演唱粤曲，人们称她们为“女伶”。她们改“戏棚官话”为广州方言，改假嗓为真嗓，并分为大喉、平喉（此为男角专用腔）、子喉（为女角专用腔）三种唱法，令粤曲兴盛一时，史称“女伶时期”。1958年成立的广东音乐曲艺团在继承传统的基础上大力改革创新，使粤曲从基本单一的站唱发展为弹唱、说唱、表演唱、小组唱等多种形式，培养出大批新生力量，在创作出大量新曲目的同时还整理了不少传统曲目。

粤曲脱胎于粤剧，它和粤剧在唱腔音乐方面长期存在着互相吸收、互相融合、互相促进、共同发展的极为密切的关系，粤曲传统曲目有八大名曲：《百里

---

① 马风．潮汕文化丛谈．新加坡：新加坡潮州八邑会馆，1990.

奚会妻》、《辨才释妖》、《黛玉葬花》、《六郎罪子》、《弃楚归汉》、《鲁智深出家》、《附荐何文秀》、《雪中贤》。《分飞燕》、《禅院钟声》也是流行很广的两支广东粤曲。《分飞燕》是描述情人间别离的对唱小曲，极受粤语地区民众欢迎，广为流传。寄调粤乐十大名曲之一的《杨翠喜》，填词为苏翁。

分飞燕

分飞万里隔千山，离泪似珠强忍欲坠凝在眼。我欲诉别离情无限，匆匆怎诉情无限。又怕情心一朝淡，有浪爱海翻，空嗟往事成梦幻。只愿誓盟永存在脑间，音讯休疏懒。只怨欢情何太暂，转眼分离缘有限，我不会负情害你心灰冷，知你送君忍泪难，唉吔难难难，难舍分飞冷落怨恨有几番。心声托负鸿与雁，嘱咐话儿莫厌烦，莫教人为你怨孤单。只怨欢情何太暂，转眼分离缘有限。我不会负情害你心灰冷，知你送君忍泪难。唉吔难难难，难舍分飞冷落怨恨有几番。心声托负鸿与雁，嘱咐话儿莫厌烦，莫教人为你怨孤单。

粤曲《禅院钟声》由粤乐音乐家崔蔚林创作于抗日战争末期，讲一个书生爱上了一个女子，他去外地苦读并考取功名后，回到家乡却发现自己的心上人已与他人结婚，于是出家。剃度的当夜想起前尘往事，难以自抑，在寺庙的钟声、风声、木鱼声中，诉说自己的痛苦。全曲分两部分，第一部分是深沉的慢板，旋律哀怨迟疑。第二部分渐转快速，表达了激越悲痛的心情。

禅院钟声

云寒雨冷，寂寥夜半景色凄清。荒山悄静，依稀隐约传来了夜半钟。钟声惊破梦更难成，是谁令我愁难罄。唉悲莫罄，情如泡影，鸳鸯梦 三生约，何堪追认。旧爱一朝断，伤心哀我负爱抱恨决心逃情，禅院萧萧叹孤影，仿似杜宇哀声泣血夜半鸣，隐居涧绝岭，菩提伴我苦敲经，唉尘凡世俗那堪复听。情似烟轻，我禅心修佛性，梦幻已今朝醒，情根爱根恨根怨根，春花怕赋咏，情丝怨丝愁丝爱丝，秋月怕留形。情心早化灰，禅心经洁净。

为爱为情恨似病，对花对月怀前程。徒追忆花月证，情人负我，变心负约太不应，相思当初枉心倾，怨句妹妹太薄幸，禅院钟声，深宵冷静，夜半啊有恨我人已泪盈盈。

五、龙舟说唱

龙舟说唱是一种民间说唱艺术。叶春生在《岭南俗文学简史》中认为其产生于明代末年或更早，是粤方言区流传最广、影响最大的歌谣之一。龙舟说唱的来源有多种说法，一说是由顺德龙江一破落子弟通过改变木鱼歌腔调始创而来，另一说是由人们在端午节赛龙舟时向龙王爷唱消灾纳福、驱邪保境的颂词演变而来，也有人说是清康熙年间，“天地会”等组织为开展宣传而编创。一般认为龙舟说唱以顺德腔为正宗，故顺德有“龙舟之乡”之称。

民间艺人演出时手执木雕小龙舟，又称“吉利龙舟”，舟上人物可用线牵动。胸前挂着小锣小鼓，边敲边唱，再配合龙舟的摇动使船桨发出声音，作为打拍子之用。龙舟说唱内容以神话故事和劝善祝颂为主，基本上是吟诵式，腔调朴素粗犷，富有乡土气息。这种锣鼓点配衬、合韵律的民歌，后来演变成曲艺和粤剧的一种曲牌，成为易编、易唱、易懂的一种群众喜闻乐见的文艺演唱形式。

龙舟唱词以七言韵文为基本句式，句法结构与木鱼歌比较接近，一般四句为一组，上句辙韵自由，下句必须押韵，有起式和煞尾。曲调生动通俗，形式灵活，格律自由，腔调简朴流畅，富有乡土气息，抒情叙事均宜。走街串巷、沿门卖唱的艺人多唱吉利颂词式的短篇，固定设点卖唱的艺人则多唱有完整故事情节的中长篇。辛亥革命前后，曾有所谓“社会龙舟”（或称“政治龙舟”）出现。这些作品评述时局，抒发政见，对宣传革命曾起过积极的促进作用。比如宋四郎撰《社会龙舟庚戌年广东大事记》，评论时局，宣传革命。流传于世的龙舟专集有《龙舟歌》，收入《风流佳话》、《三戏宣王》、《烧衣何文秀》等龙舟唱词40多首。

下面是一些龙舟歌。《卖榄歌》是顺德龙舟艺人尤镇发自编自唱的。抗日战争胜利后，他从中山回到家乡，生活无着落便自制凉喉甘草榄沿街叫卖。《孝顺歌》选自李锐祖演唱的盒带《古腔粤曲》，详述一个孩子从出生到成家各个阶段父母如何为之操劳的艰辛历程。

卖榄歌

细路叫阿镇，（白）我改做阿镇呀！（唱）又系耕种佬出身，满脚牛屎共泥尘。今日我卖榄，非是将人捃，有个贵客又话帮衬买五分。小弟就将味道捻，等我落齐八味又捞匀。甘草生津为药引，丁香止痛真系活络舒筋。祛风不离嗰味辣椒粉，清花桂末正可宁神。淮盐坚火兼补肾，罗汉果除痰润肺心。橙粉清香为妙品，化痰下气就知道落砂仁。好多就见我追住问，你哋食榄不可连核吞。哎呀核都有味嗒多阵，名贵品，越食越有瘾，食过呢种八味凉榄重精神。

孝顺歌

人生在世，系孝字为高，喂，双亲恩义问你地知冇，佢怀儿十月就要将胎补，临盘分娩好似死过翻生，得儿落地娘脱苦咯，眠干睡湿做尽嘅功夫，过了三朝七日正略略消烦恼呀，忘餐费枕咯毕旦嘅勤劳。出痘出麻要多关顾，凉凉热热要稳汤水煲，好乜口悭留返仔个肚呀，教行教话咯左右嘅拖扶，昔日孟母三迁都系为把儿教导，免你同啲顽童打斗搞到乱糟糟，又到择年进馆要拣先生好啦，恐防不慎咯你把学嚟逃，读得三五七年要同你寻条好路，农工商学等你玉贵薪高，又到许亲择配去寻贤妇啦，得你夫妻愿娶咯佢两老正得安乐既慈老，唉！不料娶妻之后又到你地公婆好咯，又话个啲老嘢不合潮流我哋自己煲，唯有逆母从仔甘就分火灶呀，仲话分明拆屋啦避个只无爪嘅禽劳，父母有病在身距尤作小顾，老婆微病姐嘿惨过五臓藏刀，勉强就医循世道，佢外边忧愁内里风骚，煎药也无将火顾呀，任从个嘅老鼠咯走入去风炉，一旦双亲死后佢就好似身离虎，灵前痛哭把陈铺，喂，酒席焉能入得鬼个肚呀，你在生唔敬咯死后都何劳，我奉劝世人就要循下孝道，晨昏定醒正系做仔女嘅工夫，呢段醒世嘅良言我当龙舟来奉告嚟奉告啦，希望个啲为人不肖咯就要前非痛改喇，报答下父母嘅功劳。

第六章 民间风俗

民间风俗，指的是广大民众世代传承的民俗生活、人生礼仪、节日庆典、岁时活动以及与人们日常生产生活相关的其他习俗。一个地区、民族、社会广泛流传的各种风尚习俗总称为风俗文化，钟敬文先生在《民俗文化学发凡》一书中云："大体上包括存在于民间的物质文化、社会组织、意识形态和口头语言等各种社会习惯、风尚事物。"民俗文化可谓是一个民族和地区的标志之一。

广东民俗保存着许多传统的习俗和礼仪，其中有中原汉人的古风遗韵，也有百越古族的禀赋。由于地处南疆，有漫长的海岸线，广东最先接受海外民俗的冲击，并闪现出新民俗的火花。因此，广东民俗文化表现为日常生活、饮食、衣饰、人际交往等方面的兼容性和各种不同风习的共存。三大文化体系（广府文化、潮汕文化、客家文化）之间，既有共同性，又有差异性。总之，广东民俗丰富多彩，活泼明快，自由浪漫，传统节日的气氛尤其浓烈。

第一节 民间信仰

广东多信仰原始宗教、地方神祇，崇拜鬼神。近代以来，基督教和天主教在广东部分地区也有传播。然而，在广东的非物质文化遗产中，祖先崇拜与万物有灵的自然崇拜仍占主要地位，各种民间信仰如雷神、妈祖、黄大仙、伯公、安济圣王、石古大王等非常丰富，相关民俗活动也很多，各种宗教信仰和谐共存。

一、妈祖

妈祖，又称天妃、天后、天上圣母、娘妈等，是历代船工、海员、旅客、商人和渔民共同信奉的神祇。广东广府、客家、潮汕地区的妈祖崇拜都很盛行。

妈祖的真名为林默，诞生于宋建隆元年（960）农历三月二十三。林默幼年聪颖，八岁便能过目成诵。成人后决心终生行善济人，矢志不嫁。她通晓天文气象，熟习水性，能够预测天气变化，事前告知船户可否出航，人们都称她为"神女”、“龙女”。宋太宗雍熙四年（987）农历九月初九，林默为了救人不幸溺水身亡。人们为了纪念她，同时祈求航海平安顺利，于是在湄洲岛上兴建妈祖庙。这就是最早的妈祖庙，称为妈祖祖庙。从宋代到清代，先后对妈祖进行过36次褒封，封号从“夫人”、“天妃”、“天后”到“天上圣母”，并将祭妈祖列入国家祀典。

经过1 000多年的传播，奉祀妈祖的宫庙遍布沿海省份、台湾、港澳和东南亚。凡有海外华人足迹所到之处，就有妈祖文化的信奉。据不完全统计，全世界的妈祖庙已超过5 000座，仅台湾地区就超过1 000座，妈祖成为人们普遍信仰的海神。

“辞沙”祭妈祖大典是深圳市南山赤湾天后宫特有的一项传统民间习俗。“辞沙”即辞别沙滩，投入茫茫大海去开辟生产或国事的新领域。深圳赤湾天后宫始建于宋代，是历史上广东省最大的天后庙。它位于深圳赤湾港中从珠江口东岸向西南伸展的南山半岛上，北倚大南山，南面伶仃洋，历来是由珠江口出发向外洋航行的起航地，门前是一个可停泊千余艘渔船的天然良港，与香港、澳门隔海相望。东莞、广州、番禺等珠三角地区的渔民祖祖辈辈以捕鱼为生，出海前，赤湾天后宫是他们的必经之地。海上作业风险极大，于是，他们每次出海前都要到这里来祭拜妈祖娘娘，祈求平安。久而久之，赤湾天后宫的影响力便越来越大，一直延续到今日。

从明代开始，凡在赤湾过往的渔民和出使各国的朝廷官员都要停船靠岸，到天后宫进香，以大礼祈神保佑，祈祷出海平安顺利。明天顺八年（1464）翰林院学士判广州府事黄谏所撰《新建赤湾天妃庙后殿记》中载：“凡使外国者，具太牢祭于海岸沙上，故谓‘辞沙’。永乐初，中贵张公源使暹罗国，先祀天妃，得吉兆，然后‘辞沙’。”后来，“辞沙”成为经赤湾出海者起航前的一种隆重仪式。再后来，因填海原因，祭祀活动由沙滩移至宫庙，除不再将猪、牛、羊沉入海底以外，其他习俗一直保持至今，一般在农历三月二十三（天后诞辰）和秋天举行。

“辞沙”祭习俗已传承了500多年，其中明代时最盛，赴祭者多达20万人，是我国保存完好的祭祀妈祖活动之一，具有珍贵的历史和文化价值。①

---

① 龙辉．赤湾妈祖文化概览．上海：上海古籍出版社，2007；金璐．14人荣膺市级“非遗”传承人．羊城晚报，2009－06－12．

二、雷神

雷神是古代神话中司雷之神。道教称之为“九天应元雷神普化天尊”，视为行云行雨之神。雷州肇源于雷祖，其位于广东南陲雷州半岛，北控高凉，南系琼岛，古有“天南重地”之称。此地的原住民黎人自古就崇拜雷神。传说，雷神与为害人间的螃蟹精奋战七天七夜，最后杀掉了螃蟹精，让人类安居乐业。又说，大洪水过后，雷神让仅有的存活下来的兄妹俩结婚，然后把他们的孩子从一个变成八个，成为各个民族的祖先，让他们繁衍生息。雷州人很早就立祠供奉雷神，相信他能够庇佑地方，惩恶扬善，打抱不平人间之事。① 雷神本来亦称雷公，宋元时封为王爵，遂称雷王。又传说雷王名陈文玉，生于南朝陈宣帝时期。这是雷神的人格化。

古时雷州每年举行三次敬雷活动，二月“开雷”，六月二十四日“酬雷”，八月“封雷”。著名的“雷州换鼓”与“钱塘江潮”、“广德埋藏”、“登州海市”并称“天下四绝”，以唐代为最盛。祭雷仪式非常隆重。屈大均《广东新语》卷六云：“六月二十四日，雷州人必供雷鼓以酬雷。祷而得雷公之墨，光莹如漆，则以治邪魅惊痫。”“雷公墨”即陨石，古代雷州人称为“雷公石”或“霹雳碪”，把其当作一种驱邪避灾之物。

传说中的雷祖为唐代雷州首任刺史陈文玉。《英山雷庙记》和《广东新语》记载说，雷州人陈铁无子，以捕猎为生。一日出猎，得一巨卵。回家后，雷雨暴作，卵开，跳出一个男孩，两掌中有字，左手是“雷”，右手是“州”，还有神人入室中乳哺之。长大后，陈文玉果然做了雷州刺史。他在任职期间，精察吏治，巡访境内，消民疾苦，政教并行，使人民安居乐业，德政昭彰。待其殁后，神化大显。郡民于州城西南五里英榜山立祠以祀，即今之雷祖祠。陈昌齐《雷祖祠序》中曰：“吾郡神之最炬赫者莫如雷祖。诞育之奇，灵异之迹，登之地志，入乎人心。”山门门联为“霹雳开天南一祖，声名为海北同尊”，这是对雷祖降世的美丽传说及“受职父母邦，德政彰明”的赞誉。

雷祖民俗文化，包括迎神、游神、送神活动，开雷、酬雷、封雷、冬至、上表、换鼓、游神等祭祀活动，五色旗、六国旗、八宝、八音锣鼓、仿饰、傩舞、舞狮、舞龙等艺术活动，以及打签问卜、换鼓求雨等。此外，还有由发现巨卵的九耳灵犬而来的“九耳呈祥”传说及“石狗崇拜”传说，它们与祭祀雷祖的祠庙及神像、石刻、木刻、碑刻、木匾、门额、楹联、祭具、仪仗、典籍等文物，

① 刘佐泉. “雷州雷王”考释. 雷州师专学报，1990（1）.

共同构成一种地方特色鲜明、乡土气息浓厚的文化形态。①

三、南海神庙及波罗诞

南海神庙位于古代的珠江口，现在的广州黄埔区南岗镇庙头村，古代一直是祭海的场所。南海神庙的修造始于隋。《隋书·礼仪志二》中记载："开皇十四年闰十月，诏……东海于会稽县界，南海于南海镇南，并近海立祠。"以后历朝南海神祭祀礼制愈加严谨，甚至遣专使祭祀。

南海神庙庙会一方面是庄严的南海神祭祀，另一方面也发展成为欢乐的民间盛会。南海神庙的庙会在每年农历二月十一至十三举行，其中十三为正诞，也叫波罗诞，即南海神诞，是广州乃至珠三角地区独具特色的民间传统节庆活动，同时也是珠三角地区最具影响力的民间庙会。宋代诗人刘克庄的《即事》诗描述了当时波罗诞的盛况："香火万家市，烟花二月时。居人空巷出，去赛海神庙。"每年一度的波罗诞期间，南海神庙周边地区乡民延续着古老的拜祭南海神的民间传统和习俗，祈求国泰民安，海不扬波，出入平安。珠江三角洲一带村民和善男信女也从四面八方赶来，或祈福，或观光，或购物，参观游览人数达数十万。船上彩旗飘扬、罗伞缤纷，陆上各种游艺杂耍、摊档买卖，人山人海。广州民间俗语有云："第一游波罗，第二娶老婆"，可见庙会影响之大。

波罗诞期间还有"四乡会景"活动。会景当天，四乡百姓以神庙为中心，乡民们敲锣打鼓，燃放鞭炮，手持香火，抬着神像四处巡游。每年波罗诞期间，15 个乡的乡民家家蒸糕裹粽祀神和赠送亲友。

关于"波罗"得名的由来众说纷纭。一说以波罗树名，又说以波罗江名，还有人说"波罗"是梵文"波罗密多"的音译，意为"到彼岸"，并有"办事成功"之意。古代外国商船经历惊涛骇浪来到广州，船员遥望神庙时很是兴奋，欢呼"波罗密多"，所以将此庙称为"波罗庙"。

波罗庙原来主要供奉南海神，后配以六侯，第一名便是"助利侯达奚司空"。庙里至今有一尊泥塑的外国人像，其着中国衣冠，举手遮额，眺望远方。这就是俗称的"番鬼望波罗"。宋代许得巳《南海庙达奚司空记》中说，达奚司空是达摩的三弟，随同达摩来广州，还说他有很多神迹。明人汤显祖亦有《达奚司空立南海王庙门外》一诗。民间传说，唐朝时，这位天竺（今印度）属国波罗使者来华，迷恋庙中美景，流连忘返，误了返程的船，便时时举手远望来时

① 牧野．雷祖文化雏论．岭南文史，2007（4）；罗康宁．雷祖传说及其民俗文化．黄伟宗，司徒尚纪．中国珠江文化史（上）．广州：广东教育出版社，2010．756～763．

路，希望船能回来载他，于是他就立化在海边。他后来被封为“达奚司空”。因其来自波罗国，带来了波罗树果，又在南海神庙种植了波罗树，神庙在民间又被称为“波罗庙”，南海神诞也就被称作“波罗诞”。

波罗诞上卖得最火的是“波罗鸡”。据说，当时人们听见有鸡叫，循声才找到已经立化的达奚司空。那只鸡因此被认为是“神鸡”，后来的波罗诞就开始有人用硬纸糊上泥做成鸡的形状，粘上色彩缤纷的鸡毛，做成“波罗鸡”出售。传说一万只波罗鸡中有一只会在清晨啼鸣，给主人家带来好运。因此，来逛波罗诞的人，往往要买上几只波罗鸡带回去。

又有传说，东汉伏波将军马援征交趾时所用的铜鼓，隋朝时从海上漂流到现在的庙头，就在庙头建立南海神庙安放此鼓。后来张姓村民发现鼓上有鸡脚印，认为是祥瑞之兆，于是就仿照鸡形做出纸鸡并名为“波罗鸡”。

民间还有另外一个“波罗鸡”的故事，说庙头村有位张姑婆最早开始做波罗鸡。张姑婆把这手艺教给村中的姐妹，做波罗鸡成为村里妇女的一条生计，波罗鸡也成为人们游逛波罗诞必买的吉祥物。“波罗鸡”在过去只限本村张姓人家制作，而且绝大多数是妇女。她们沿袭祖先传下来的做法，因此百多年来，波罗鸡的形状大小都没有改变。她们认为改变了就不是“波罗鸡”了。①

波罗鸡的制作有32道工序，其中做鸡身模坯的泥土取自波罗庙背后一千米外铜鼓山侧的一块田里，只有这里的泥土不含沙石，黏性大，幼滑细嫩，做成土坯后即使干了也不会龟裂，可以连续使用几十次，传说这块田是五龙汇庙的铜龙赐给波罗庙周围15个乡乡民的礼物。波罗鸡越传越神，越卖越远。不但南海神庙有波罗鸡出售，德庆龙母庙、佛山祖庙、荔湾仁威庙、三元宫、东莞黄旗庙等庙诞都有波罗鸡出售。②

四、盘王诞

盘王（盘瓠）是瑶族、苗族和畲族人民共同的始祖，但其文化传说和背景侧重各地稍有不同。

《后汉书·南蛮传》记载，远古帝喾高辛氏时，皇后耳痛三年，后来从耳朵里取出一条虫子，外形似蚕的模样，将其置于盘中养育，竟然变成了一条龙犬，其毛五彩，高辛皇赐名“龙期”，号称“盘瓠”。后因犬戎氏族作乱，高辛氏答

---

① 陈少奕．波罗鸡的源起和制作．广州市黄埔区政协文史资料研究委员会．黄埔文史（第3辑），1987．44．

② 《南海神庙民间故事》编委会．南海神庙民间故事．广州：广州出版社，2007．33～36．

应谁能斩下犬戎将军之首级，就能封邑赏金并把公主嫁给他。盘瓠咬下犬戎将军首级而归。“帝不得已，乃以女配盘瓠”。盘瓠死后，其后滋蔓，发展成为瑶、苗、畲等民族。他们都将盘瓠尊奉为盘王。

关于瑶族盘王还有一个美丽的传说：在远古时代，瑶山平王和高王作战。平王悬赏招贤，谁能斩下高王首级来献，愿将最美丽的三公主嫁与他。这话被龙犬盘瓠听到了，它摘下金榜，渡海来到高王身边。盘瓠假装殷勤，得到高王的宠信。一天，盘瓠趁高王醉酒，咬下高王的头献给平王，立下了汗马功劳，平王信守诺言，将心爱的三公主许配给盘瓠。后来，盘瓠想变成人，便叫公主把它放到蒸笼里蒸七天七夜，公主照办。已蒸了六天六夜，公主担心蒸死了丈夫，偷偷揭开盖子看，盘瓠果真变成了人，只因不足七天七夜，故头上和小腿上还有许多毛未脱落，后来就用布带把头和小腿裹起来。盘瓠变成人后，平王派他到会稽山为王，号称“盘王”。盘王和三公主婚后生下六男六女，平王各赐一姓，成为瑶族最早的十二姓。盘瓠虽已为王，但仍过着俭朴的生活，教子女劳动狩猎，艰苦营生。

盘王节是瑶族祭祀祖先盘瓠的重大节日。每年的农历十月十六，瑶族男女老少都要穿上节日盛装，聚集在一起唱《盘王歌》，跳长鼓舞，欢度盘王节。湘南江华瑶族地区流传的民间传说《十月十六调盘王》说，在古老的年代，瑶胞乘船漂洋过海，遇上狂风大浪，船在海中漂了七七四十九天不能靠岸，眼看就要船毁人亡。这时，有人在船头祈求始祖盘王保佑子孙平安，许下大愿。许过愿后，竟然真的风平浪静，船于是很快就靠了岸，瑶人也得救了。这天是农历十月十六，恰好又是盘王的生日。于是，上了岸的瑶民就砍树挖成木碓，把糯米蒸熟舂成糍粑。尔后，大家唱歌跳舞，庆祝瑶人的新生和盘王的生日。从这以后，瑶民就把这一天定为盘王节。另据流传在宁远县瑶族地区的传说故事《长鼓舞的来历》中说，盘王死后，官家欺压瑶胞，瑶胞上告，禀帖（状纸）却总到不了金銮殿。后来大家想了个办法，把禀帖藏在长鼓里面，闯州过府去打长鼓，一路表演到了金銮殿，打开长鼓，取出禀帖，才把状告准。此后过盘王节时，瑶胞就跳长鼓舞，唱《盘王歌》，并且一代一代地传了下来。

盘王节又叫“耍歌堂”，是连南排瑶祭祀祖先、庆祝丰收的大型娱乐日子。耍歌堂期间，各村寨的人们抬着祖先的画像，带着新收获的包谷、红薯和糍粑、米酒、山果等物品，成群结队，翻山越岭，汇集于事先选好的耍歌堂（地势平坦的村寨）。耍歌堂开始以炮响为号，吹响牛角曲。耍歌堂队伍聚集到歌堂庙后，依次进行“师爷舞”、“出歌堂”、“过州舞”、“长鼓舞”、“瑶歌对唱和演唱”、“法真表演”和“追打黑面人”等活动。之后，人们喝米酒、吃糍粑、唱瑶歌、

人们成群结队前往耍歌堂（来源：中国非物质文化遗产数字博物馆）

耍歌堂盛况（来源：中国非物质文化遗产数字博物馆）

会亲交友挂红布，共度佳节。耍歌堂也是未婚男女互诉衷肠、选择佳偶的良机。蓄发盘髻、头包红布、插着美丽羽毛的英俊小伙与身着绣有绚丽花朵、纷飞彩蝶衣裳的美丽姑娘通过对歌交流感情，选择意中人。情投意合者相伴离开，在山坡上、树荫下，通过对歌互诉爱慕之情。其他人或是开怀畅饮、高谈阔论，或是高唱瑶歌、极目远眺，场面十分热闹。①

粤东凤凰山区的畲族有2 000余人，村落依山傍水，房屋鳞次栉比。畲族传

① 黄健，翁志实. 节日大观. 福州：福建科学技术出版社，2004.

说，盘瓠是东海苍龙出世，一称“龙麒”，一称“龙犬”，是该民族的祖先。因此，他们不分姓氏，不分地域，家里都珍藏着绘制好的盘瓠祖公图像或绘成连环画式的历史画卷，统称祖图，或大公像。即使他们辗转迁移亦随身携带，世代珍藏。祭祖公图是畲族人民最隆重的节日。村中兰、雷各姓设有公祠，或称祖祠。这种祖祠的特点是祠内不仅供奉本姓的祖先，而且还供奉畲族全民族笃信的盘瓠祖先，称为“大公”。公祠平时四壁空空，不设祖先牌位，无神龛，厅中正墙根置香案和供桌，祭祀时上摆三五只香炉、几个瓷碗清水，有的碗中放着陶制乌龟，中间最大的香炉为供奉大公之位。春节、端阳、中秋要祭祖公图，其中春节尤为隆重。从大年三十除夕之日起至正月二十，在公祠或公厅正中央高挂大公盘瓠画像或长达七八米的历史画卷，两侧挂着历代去世的祖先画像。各户备三牲、红色米饭、香烛前往拜祭。祭仪由一位取得法名的男性长者主持，男女老少喜气洋洋参与拜祭。跪拜礼毕，由长者讲述大公神话般的身世经历。年年如此，世代传承。祭日过后，祖公图像由长者收藏。①

《高皇歌》又称《盘古歌》、《龙皇歌》、《盘瓠王歌》，是一首追述和歌颂畲族祖先业绩的叙事长诗。它以口头文学的形式流传下来，描述了畲族始祖盘瓠立下奇功及其不畏艰难繁衍出盘、蓝、雷、钟四姓子孙的经历，反映了畲族的原始宗教信仰和图腾崇拜意识。

五、三山神

三山国王是粤东民众虔诚奉祀的神祇，据说其“肇迹于隋，灵显于唐，受封于宋”，是岭东最早的古庙之一，“潮之三邑，梅、惠二州，在在有祠”（刘希孟《明贶庙记》），“城市乡村，莫不祀之”（郑昌时《韩江闻见录》）。

关于三山神的来历，有人说“三山国王，潮福神地”，是潮州人的福神。也有人说，1 000 多年前，宋太宗征太原时得揭西县河婆镇附近的巾山、明山、独山三山神相助获胜，于是敕封三神为“三山国王”。也有传说三位神人原是南朝宋人，异姓兄弟，老大连杰，老二赵轩，老三乔俊，他们三人协助隋文帝杨坚完成帝业，受封为开国驾前三大将军。然而，三人不恋荣华富贵，挂印退隐，最终修成正果。他们被百姓尊为神后，又显灵助唐扶宋，庇护黎庶。因他们的英灵保境安民、解灾救难、有求必应，故受到历代奉祀。

揭西河婆三山国王祖庙是海内外 6 000 多座三山国王庙的鼻祖，又名“三山国王庙”、“大庙”，位于揭西县城河婆西侧的玉峰山下，濒临榕江，面对明山，

---

① 惠西成，石子．中国民俗大观（上）．广州：广东旅游出版社，1997．347 ~ 348．

东望巾山，北倚独山，层峦叠翠，景致清幽，三山鼎峙，气象天成。奉祀的神祇初为三山神，受封后称为“三山国王”，其“护国庇民、国泰民安”的精神被历代民众所尊崇，因而庙祀千年不衰、香火鼎盛。每年前来拜谒祈福的各地分庙理事组织、周边村落代表和民众不计其数，历经千百年，形成了一套古老而又独特的祭典仪式。

每年的正月，从初一开始，霖田都西隅六约（即狮头约、马路约、南山约、龙潭约、员埔约、象门约）各家各户自备香、纸、烛、糖果等，全家一起前往三山国王祖庙进香朝拜，祈求在新的一年里合家平安、风调雨顺、六畜兴旺。整个大庙人头攒动，香烟缭绕，热闹非凡。

祭祀三山神的最高典礼，是民间自发组织的或由各分庙理事组织的进香团进香祭典，俗称“猪羊祭”，在古代称“少牢之奠”。参加人员可达数百人，有一套完整的祭典仪规，庄重严肃。2007 年，三山国王祖庙管委会参照历史资料和民俗祭仪，制定了《三山国王祖庙祭典》，使三山国王祖庙祭典仪式更规范。

三山神英灵保境安民，是当地人民的保护神。长期以来，当地人民为生存求发展而不断迁移，他们带着三山国王的香火在定居地设坛建庙。因此，三山国王庙已波及我国广西、福建、台湾以及马来西亚、印度尼西亚、泰国、新加坡等地。据悉，全台湾有 200 多座三山国王庙宇，还成立了“三山国王庙宇联谊会”。①

六、黄氏宗亲祭典

下沙位于广东省深圳市福田区西南部。现有常住人口 500 余户，1 500 多人，基本为黄氏一族。原籍下沙现居海外的黄氏后裔约 4 000 人。

南宋时期，江夏黄氏后裔黄峭山的第十四代孙黄默堂来到下沙开基立村，成为下沙黄氏一世祖。黄氏宗亲祭祖习俗也始于此时。最初的祭祖活动只是每天早晚在祖宗牌位前上香、叩首。南宋淳佑八年（1248），黄默堂去世并葬于莲花山，之后其子孙开始每年春秋两季到墓地祭祖。到九世祖黄思铭时期，下沙黄氏家族进入重要的发展阶段。黄思铭去世后，后人于明朝末年在村内建“黄思铭公世祠”纪念他，每年春秋两季祭拜他，墓祭、祠祭的祭典仪式也有了完整、严密的固定程序并代代延续至今。

改革开放后，旅居海外的黄氏后裔每年派代表回国参加祭祖。2004 年秋祭，黄氏后裔回国祭祖人数达到 1 500 多人，来自美国、英国等 13 个国家和我国港、

① 林佳燕. 三山神祭典. 揭阳新闻网，2010－12－07.

澳、台地区。祭祖要举行大盆菜宴，2002年春祭举办的大盆菜宴共5 319席，参加人数达60 000人，来宾遍及海内外，国内外很多媒体对此作了报道，产生了较大影响。

黄氏宗亲祭典以“敦新睦族，弘扬祖德”为宗旨，传承了800年，仪式规范，保存完好，具有开拓创业的文化特征，保存了一些濒临失传的传统礼仪，具有重要的历史价值和学术价值。①

第二节 人生礼俗

一个人从出生到死亡，需经历多种社会礼俗的熏染。人生礼俗包括生育、寿辰、成长、婚姻、丧葬及祭祀、人际交往等礼俗。作为社会民俗文化，广东人生礼俗形成了极具特色的礼俗惯例，千百年来，潜移默化地影响着当地人民的行为和思想。

一、出花园

出花园是潮汕地区一种特有的成人礼俗。潮汕地区有孩子的家庭，无论男女，15虚岁那年都要举办一次出花园仪式。一般是在农历三月至七月间择日举行。孩子的父母首先把孩子的生辰八字写在红纸上，之后求神问卜，选定一个与孩子的生辰八字没有冲撞的日子举办出花园仪式。出花园一般多选在农历七月初七乞巧节，也有在七月十五中元节或其他日子，为孩子备办三牲果品拜别公婆神，表示孩子已经长大，可以走出花园，不再是终日在花园里玩闹的孩童了。其仪式是将三牲果品合凑成四件或八件或十二件陈置在“胶掠”（晾晒用的竹箕）上，请出公婆神的神炉，由出花园的孩子跪拜。拜毕，以后就不用再拜了。

据《潮州风俗志》记载，清代时，女子十二三岁时就要缠脚；至十四五岁时则要打头髻。又载：“又有所谓出花园者，仿佛冠笄蜕遗，因男子一出花园，即呼之为成丁”，即谓“冠笄之礼”，也叫“成人礼”，是为使孩子顺利成长的一种仪式，也含有一种“已长成”、“过关”成年之意思。

出花园要隆重拜祭公婆神，以谢其保佑之恩。公婆神又称“床脚婆”、“公婆母”、“注生公妈”、“花公花妈”，是孩子的保护神，从孩子出生满月起就一直保护他们健康长大。出花园拜公婆神，一方面是答谢公婆神庇佑孩子成人，另一

① 深圳市福田区文化遗产保护领导小组办公室. 深圳市福田区非物质文化遗产汇编. 深圳：海天出版社，2008. 98～104.

方面是祈求孩子成人后平安大吉。

孩子出花园前要理发洗头，父母要用12种不同花草浸在水里给孩子沐浴，孩子要穿上舅舅送来的新衣服、红木屐，干干净净地在公婆神前焚香点烛跪拜，最后献纸钱、元宝。有的地方在祭拜结束时，还要孩子站到摆祭品的箕里，由母亲喷上石榴花水后跳出，称为“跳出花园墙”。拜别公婆神后，一些乡村还要给孩子喝一碗由猪内脏煮成的汤，称为“换肠肚”，意味着出花园后的孩子已不是小孩肚量，而是成年人肚量。同时祈望小孩长大后有“肚内”，能知书识礼，忠孝节义。

出花园的年轻人这天不用干活，最后一次享受作为小孩被父母宠的待遇。出花园礼仪结束后，或全家团聚吃饭，或请亲友一起吃饭。出花园的孩子要坐“大位”；每款菜肴都需孩子先举筷子“剪彩”，还要吃一个公鸡鸡头，俗称“出花园，咬鸡头”，以求长大后能出人头地，兴旺发达。菜碗则六碗、十二碗不等，形式也不尽相同。其中必定要特别做一样猪肝炒葱的菜，以求聪明。吃时坐在一张坐北朝南的桌子前，做母亲的还要在他身旁念道：“阿奴是坐北朝南，阿奴已经成人。”

凡当年有孩子出花园的家庭，从年初起就要养一大群鸭，以备孩子“出花园”时宴客或回礼之用。对于前来送礼者，除了摆酒宴请外，照例还要送一只或半只熟鸭，以及部分粿品作为回礼。

据说，出花园穿红木屐和咬鸡头的习俗源于明嘉靖年间潮州状元林大钦的故事。相传林大钦小时候，因家境贫寒，买不起红鞋，就把木屐涂成红色，穿去上学。那天，林大钦走到半路，见一老头抱一只公鸡蹲在地上，旁边摆着一张纸，写着“雄鸡头顶髼”，要求路过者应对。对得上可得此公鸡，对不上的，要付给他一文钱。大钦站了一会儿，对曰：“牝羊颔垂须。”大家都夸他对得好，老头也爽快地将公鸡送给他。到家后，林父宰烹了公鸡，将鸡头奖给林大钦，希望他日后能独占鳌头。后来林大钦果然得中状元，名扬天下。大家因此认为穿红木屐、吃鸡头是好兆头，便让自己的孩子出花园时也穿红木屐和吃鸡头。①

出花园还要跳“胶掠”。在一个竹箕里盛放着粿品、糖果和花生米，让出花园的孩子从竹箕上跳过，往返多次。同时出花园者还要邀请邻里的小朋友，一边吃糖、吃花生米一边戏耍，好一派热闹的气氛。

出花园这一潮汕地区成人礼，几百年来成为孩子成长必经的习俗。它有深层

---

① 徐光华．“出花园穿红屐、咬鸡头”的由来．潮汕乡讯，1987－04－04．徐光华．榕城文史·徐光华文史集．揭阳：政协揭阳市榕城区文史编辑部，1994．8～9．

的文化内涵，包含着传统的“孝悌”、“感恩”等理念，也是孩子们的欢乐游戏和许多人一生难忘的经历。

关于公婆神的传说有以下两种说法：

其一：据说，公婆本是两位年过半百的苦命老人，他俩同住在一个院子里，一个是鳏夫，一个是寡妇。想要一个孩子是他俩共同的心愿。日子久了，眼睛和眼睛的对话把孤独化成了勇气。一天夜里，鳏夫突然来敲寡妇之门。寡妇半惊半定地问：“谁？要来做什么？”鳏夫理直气壮地回答：“是我，要来‘做人’（潮州话，意为‘制造’）！”门终于开了。此后不久，那寡妇怀孕了。凶恶似狼的族长闻知此事后暴跳如雷，召集全族的人，对他们施以最严酷的“族法”——“猪刑”，即把这一对所谓“奸夫淫妇”捆缚如同屠宰之猪后装进猪笼里，坠以大石，命人扛着抛进激流汹涌的大河码头。就这样，“二尸三命”之冤魂不服，怒冲龙王殿哭诉：“‘做人’何罪？‘做人’何罪？”龙王深感他们“做人”的赤诚之心，遂赐其为“驱‘腊’护婴公婆神”，镇土粤东，享食百姓香火。从此，公婆神这两位神祇，就和所谓“不孝有三，无后为大”的古老伦理道德同时并存了，公婆神的名号也越叫越响，过去到处都建有“公婆宫”，又把公婆神称赞为“花公花妈”。古代潮州的公婆宫大门前的对联这样写着：“公公十分公道 婆婆一片婆心”。[①]

其二：相传宋代时，潮汕有一妇女，她非常爱护四邻婴幼，又乐于为街坊看管小孩，并且在哺儿育女和调教孩子方面有着一套独特的本领，因此深受大家爱戴而美名远扬。当时，皇宫中有一皇子，出生不久便日夜啼哭，不喝不吃，小生命危在旦夕，众大臣及御医都束手无策，皇帝更是乱了套。无奈贴出皇榜，招募民间贤妇，进宫调教医治皇子。一时应者寥寥，皆不中用。消息很快传到这位潮汕妇女耳中，她决定上京试一试。她想：皇太子也是人，没有什么难调教之理，幼儿疾病也并非可怕。说来也巧，她进宫后，皇太子在她的悉心护理和调教下不但病好了，人也规矩了，不再吵闹啼哭了。皇帝一时龙颜大悦，想加封她，即时御驾亲临皇子宫殿。当时，她正在屋里照顾皇太子，听说皇帝驾到，一时慌了手脚，情急之中，便马上侧身躲进皇子眠床底下，顿时昏了过去。等到皇帝知晓时，她已气绝身亡了。皇上深为痛惜，遂嘉封她为少年儿童保护神，主管人间婴幼儿的生命和健康，并且尊敬地称呼她为“阿婆”。[②]

---

① 陈训先．公婆：古代粤东的“孩子保护神”．潮州日报，2009-10-21.

② 万建中．中国民俗通志·生养志．济南：山东教育出版社，2005．252~253；陈汉初．潮汕的成人礼．揭阳市委办公室，潮汕历史文化研究中心．第五届潮学国际研讨会论文集．香港：公元出版有限公司，2005．490~506.

二、东莞婚俗

自古以来，婚姻为大事。结婚，不仅仅是男女的结合，也关系着人类的繁衍、社会的构建。每个地区都有自己独特的婚礼习俗，而每一项习俗又包含着深厚的社会意义。广东各地婚俗各有不同，兹以东莞为例。

1. 三书六礼

“三书六礼”的规定，始自先秦。所谓“三书”，即奉行“六礼”应具备的文书（包括聘书、礼书和迎书），是古时保障婚姻有效的文字记录。所谓“六礼”，则是娶妻必须办妥的六项手续，每段婚姻均须完成这六个步骤，才能得到正式承认。

2. 请期

请期亦即“择日”，男家请算命先生择定良辰吉日举行婚礼，以求婚事顺利，两人和顺。当吉期择定后再通知女家为女儿出嫁做好准备，便是请期。

3. 上阁

举行婚礼前最重要的仪式、礼节是“上阁”及“上头”。“上阁”是准新娘出嫁前一段时间留在家中一角，通常是闺房或阁楼之内，由一班闺中姊妹陪伴，暂时摆脱平日的生活习惯，做好结婚的心理准备，以求日后能适应男家陌生的生活环境。新娘会直至出嫁当日才离开阁楼，因此，俗称姑娘出嫁为“出阁”。现代人亦有类似“上阁”的活动，一般为新娘于婚礼前一晚邀请姊妹在女家留宿整晚互诉心事，为次日踏上人生另一阶段做好准备。虽然偶尔也有姊妹们情绪激动落泪的情况，但整体气氛仍是充满欢欣的。

4. 过大礼

过大礼是订亲最隆重的仪式，在婚礼十五至二十天前进行。男方家择定良辰吉日后携带礼金和多种礼品送到女方家。时至今日，由于这种传统婚嫁礼仪烦琐需时，甚少会采用全套“三书六礼”仪式，多化繁为简，最广为重视的便是过大礼这一环：男方家过大礼，女方家回礼。

过大礼的物品包括：

（1）礼饼：龙凤礼饼两盒。礼饼可分四式、六式及八式，全取双数。

（2）椰子：父母健在用两对，否则宜用一对。

（3）茶叶、芝麻：皆因茶树不能移植，种植时须用种子，故赠予茶叶为礼物，即祝愿种植不移之子。亦有暗喻一经缔结婚约，女子便要信守不渝，绝无反悔，亦即所谓油麻茶礼。

（4）槟榔两对。

（5）三牲：鸡或鹅两对，两雌两雄（如父母不健在，则只需一对）。猪肉起双飞，即若干斤一片开二而底部相连。鱼一对，通常为大鱼。

（6）海味：通常为四式海味，高级的可选用鲍鱼、海参、鱼翅、鱼肚、瑶柱；较经济的可选用鱿鱼、虾米、冬菇、蚝豉。丰俭由人。

（7）帖盒：礼金盒内当然要有礼金，其余还要放入莲子、百合、红豆、绿豆、合桃、花生、桂圆干、荔枝干、八京果、扁柏、利是等。其中利是两对，上写："五代同堂，百子千孙"。

（8）其他：烟、酒、水果，悉随尊便。龙凤烛两对（不可遗漏），以及对联两副。对联最迟出嫁前一晚贴于大门前。

女方家收到男方家聘礼后也要将其中属于男方家福分的物品回礼。回礼包括：

（1）男方家聘礼的一半或若干，但必须成双。

（2）茶叶、芝麻、水果。

（3）莲藕、芋头、石榴各一对。其中莲藕选择有枝有芽为最好。

（4）贺帷巾（即双喜毛巾）。

（5）送给女婿的西装或衣料，皮带、银包（内置利是）、鞋一对及袜两对。

（6）槟榔一对。

（7）大茶礼：包括金钱、煎堆、龙利、大发松糕等。

聘礼中物品寓意吉祥，数量则必须成双，忌用单数。

女方家收到男方家聘礼不是全部收下，其中属于男方家福分的物品需要回礼。礼品中不可送手帕，因其有分手之意。一些物品可以用利是代替，写上"过大礼大利是"。如代替猪肉的"猪肉金"、代替衣料的"衣料金"等。但一些重要的礼品应尽量亲自携来，包括龙凤饼一对、唐饼数个（约八个）、龙凤烛一对、对联一副及生果等。

5. 派嫁女饼

根据中国传统，结婚派饼是不可轻率的一环，是能显示出对该婚礼的重视和隆重程度的一环。男方家过大礼时送的礼饼（嫁女饼），女方家会分派给亲朋好友隆重其事，这就是所谓的派"嫁女饼"，通过这一行为向亲朋好友宣布女儿将出嫁的喜讯。派礼饼可就亲疏长幼辈分而定派饼数目，亦可分四式、六式及八式，取其成双成对的意头。现时的中式礼饼有三四十款之多，最受欢迎的有五彩皮蛋酥、蛋黄莲蓉酥、红绫莲蓉酥、黄绫莹蓉酥、榄仁合桃酥、蛋黄莲蓉鸡蛋糕、鸡油蛋黄酥等。

6. 送嫁妆

收到大礼后，女方家最迟须于大婚前一天把嫁妆送到男方家。嫁妆是女方家身份与财势的象征。以往，广东人喜用樟木笼送嫁妆，取其坚固耐用之意。送嫁妆可分为“送妆”与“迎妆”。“送妆”是女方家将嫁妆往男方家送，除了抬妆的人外，女方家会请几位亲友跟随照料，人数愈多代表女方家底愈厚。嫁妆抬到男方家后，男方家会请亲朋好友出来迎接，这叫“迎妆”。在嫁妆中，除了名贵的珠宝金饰外，还有许多象征好兆头的东西。以痰盂作子孙桶，希望女儿开枝散叶，儿孙满堂；以红尺作子孙尺，有良田万顷之意；花瓶代表花开富贵；铜盘及鞋则寓意同偕到老；银包皮带有腰缠万贯之意；剪刀有蝴蝶双飞之意；龙凤被、床单及枕头一对，祝福新人恩爱缠绵；片糖则比喻甜蜜幸福；龙凤碗筷作衣食碗，有丰衣足食之意（碗内放置一封利是，可取代嫁妆的72套衣服）。

7. 安床

婚礼前数天选一吉日，由好命婆将新床在有利于新人的吉位安床，然后铺上龙凤被，并撒上红豆、绿豆、莲子、红枣、桂圆、核桃等喜果。安床后新人便不可睡新床，孕妇、戴孝者及有月事之女性更不可入内。此外，安床后，要让小孩跳床，并吃喜果，古称“压床”，有开枝散叶之意。

8. 上头

现代婚嫁礼俗中，在迎亲之前，男女方两家仍会分别进行上头仪式。上头仪式于大婚前一晚或正日举行，上头象征一对新人正式步入成人阶段，将要组织新家庭，肩负起开枝散叶的使命。上头须择好时辰，男方要比女方早半个小时。男女双方在上头前需先沐浴，并由“全福”之人（俗称“好命佬”或“好命婆”，为男女方家族中的长辈，须父母、子女健在，夫妻和睦者）以柚叶浇水洗身，据说可涤除污秽。之后换上全新的内衣裤及睡衣，靠一个可以看见月亮的窗口而坐，由“好命佬”或“好命婆”替其梳头。新娘的头发会梳成发髻，以示她嫁作人妇后踏入成人阶段。边梳头的同时，“好命佬”或“好命婆”要边说出押韵的吉祥语句，如“一梳梳到尾，二梳白发齐眉，三梳儿孙满地，四梳梳到四条银笋尽标齐。”寓意是祝颂新人能同偕白首，婚姻美满。最后，“好命佬”或“好命婆”须把扁柏及红头绳系在新郎或新娘头上，这样才算完成上头仪式。由于上头是父母为儿女祝福的一种仪式，所以较为重视。

9. 出门

婚礼当日抵达女方家后，第一关是入门，若要顺利抱得美人归，必须经过一连串智力及体能的测试，如发表爱的宣言等，但最重要的是给予众姐妹丰厚的开门利是，众姐妹满意后方才开门。入门后，新娘由大妗姐或伴娘带出来交给新娘的父亲，再由父亲把新娘交给新郎，正式行夫妻见面礼。跟着新人先拜天地，再拜祖先，再向双亲奉茶跪拜，接新娘仪式就此完成。

新娘需由伴娘或大妗姐搀扶并打红伞，寓意开枝散叶，其他姊妹也须边走边撒米及红豆、绿豆、金纸碎，俗称“喂金鸡”，据说可防止金鸡啄新娘。上花车前，新娘要向送行的亲友鞠躬，以表谢意。一定要注意的是，陪伴新娘过门到男方家的除大妗姐外，必须是未婚女性。

10．入门

到达男方家后，新娘在大妗姐搀扶下踏入男方家门。在大门坎外会预先放一个燃木炭的火盆（铜盆或铁盆均可），新娘需从火盆中跨过，这叫“过火盆”，取其兴旺、驱邪之意。接下来是拜堂仪式，分为三个步骤，第一是拜天地，第二是拜祖先，第三是参拜家翁、家姑。拜过天地及向祖先神位行跪拜礼后，一对新人便会向新郎父母叩拜，新娘并向家翁、家姑奉上香茶，之后再按家中各人辈分和长幼逐一向长辈敬茶，至于跪下与否，则视乎敬、受双方的喜好。跪拜父母后，新人会互相对拜，大妗姐不断说些吉祥话，在互相对拜后，拜堂才告礼成。

对于传统的中国人来说，敬茶是一个很重要的礼节。新人在拜过祖先后，要向父母敬茶，这样不单代表答谢父母养育之恩，同时亦代表双方家长接纳新郎或新娘成为家族中的新成员，是身份确认的象征。新人敬茶用的香茶内，通常都放上两枚红枣和莲子，寓意早生贵子。家翁、家姑及长辈喝了新娘这杯茶后，会送上金手镯、玉器等首饰作为新媳妇的见面礼，还会在盛托香茶的盘上（俗称“槟榔盒”）放上一封利是，作为大妗姐的赏钱。

11．回门

回门虽然并没列在“三书六礼”中，却是中国人一个极重要的传统嫁娶礼仪。从前，新娘出嫁后，会在第三天由丈夫陪同回娘家探望父母。新娘在回门时，要穿我国传统的新娘服（裙褂）和挽上全新的红色新娘包，裙褂代表新娘冰清玉洁的身份，只有黄花闺女才可以穿。同时男方家一定要送回金猪一只，以示新娘子的贞洁。女方家收到金猪后即分予亲戚朋友、街坊邻里享用，表示自家女儿不辱门楣。传统上，岳丈、岳母须留回门的新娘及女婿在家吃饭，但现在大多数新人为省时间，都选择即日回门，即新人在男方家拜过天地及奉茶给翁姑后，便即时进行回门仪式，之后再返男方家或直接到酒楼。新人亦可于第二天回门，但切不可超过第三天，如超过三天则代表男方家不满意新娘，不批准新娘回娘家。现在回门大部分礼品都由利是代替。

回门礼品（男方家送到女方家）：金猪一只、西饼两盒、酒两瓶、生鸡一对、猪肚及猪肉各两斤、水果两篮（代表生生猛猛）、有头生菜（风生水起）、葱（松松动动）、伊面两盒（代表恩爱缠绵）、有头尾甘蔗两根。

回门回礼（女方家送到男方家）：金猪头、尾、手脚各一只，猪舌半边、西饼一盒、有头甘蔗、有头生菜。①

三、八排瑶族婚俗

连南瑶族自治县八排瑶族的传统婚礼独特而有趣。相恋的一对青年男女决定了一辈子相依相守后，男方择日派媒人前往女方家试问，试探女方父母是否同意这门亲事。征得女方父母同意后，男方选好结婚日期，再择日派媒人和懂得规矩的人提着酒肉到女方家“报日子”，此时要带上一只雌鸡送给女方家养，娘家以后会将此鸡孵出的第一窝鸡仔送给男方家养，表示男女双方亲家有来有往的意思，且寓意女儿家六畜兴旺。之后，男女双方商量婚礼的有关事宜，说明双方各自的婚俗，包括定下婚期、聘礼等。按一般的婚俗规矩，聘礼是适量的聘金和60斤猪肉、60斤酒。

婚礼的前一天晚上，新郎在一媒人、一挑担人、两个抬嫁妆人（挑担人是要能说会道、懂规矩的外戚人，抬嫁妆人是儿女齐全、无二婚史的“好命”人）的陪同下将聘礼聘金送来女方家并留宿，准备第二天接新娘。除聘礼聘金外，按风俗还须送来两只大公鸡和猪头肉、猪脚、猪尾各取一部分串在一起的串肉，串肉是婚礼有头有尾、出嫁的是一个健康完整的好女儿的意思。媒人带来的带路鸡必须头向女家神台。所有的礼品须带红，贴上红纸或扎上红布。当晚，女方娘舅等至亲逐一查看聘礼是否按婚俗、规矩办齐，如果男方办来的聘礼与女方原说明的老规矩稍有出入，就会商定要男方补齐并要适量地罚，因考虑到男方家较远而不便于马上回去办齐回来，即商定新娘三朝回门时办齐带来。按照瑶族的风俗，不管聘礼是否齐全，合不合婚俗、规矩，都一定要罚的，所谓“罚”即是“发”，就是要恭喜这对新人发财，生活富足美满。

新娘在婚礼当天必须梳两次髻，意为好事成双。婚礼前夜，由儿女齐全、无二婚史的“好命”婶或嫂为新娘梳好一个用红色绒线扎的髻芯，此髻芯在第二天扎的新娘髻和已婚妇女髻时是不能解的。婚礼当天，新娘一早起来，由“好命”的婶或嫂为其梳妆打扮，在前一晚已扎好髻芯的基础上，从内到外绕一圈圈洁白的“红哈（音译）”（是一种杈木的白色树芯），再绕上红绒线，插上四支结为一排的银簪和洁白的鸡尾毛，梳成一个漂亮的新娘髻。之后，新娘穿上刺绣的婚服盛装，颈戴一个由十二支银线串成的银项圈等饰品。

---

① 东莞婚俗. 广东文化网，http：//www. gdwh. com. cn/lnwh/2010/0901/article_ 1652. html.

婚礼当天，男方来的媒人必须赶在天亮前将带路鸡调转方向，头向男方家来的方向。清晨，女方的亲友陆续前来祝福，新娘家里备好酒席待客。早餐后，新郎家来的抬嫁妆人将新娘的嫁妆，如电视、冰箱、衣柜、被褥、毛毯以及脸盆、桶等父母置办的日常生活用品都抬出门上车。新娘出门前，挑担人代表男方家送给新娘父母各一个红包利是，一般是代表一年 12 个月的 12 元或代表一年 360 天的 36 元，钱不论多少，但一定要是双数，以此感谢新娘的父母对新娘的养育之恩。新娘的父母也对新娘进行如何为人媳为人妻的教诲。此时，即将离开父母嫁到异地他乡的新娘一般都会被挑担人和父母的一席话惹得泪水涟涟。新娘择吉时出门，媒人手提着带路鸡在前引路，新娘手撑红伞，在婶婶或嫂子的搀扶下（从新娘出门、途中过桥直至进新郎家门都要扶着新娘），含泪告别父母，离开家门，挑担人挑着箩担子（内装被褥等日常生活用品）随后，跟随送嫁的队伍往往多达几十人。新娘出门时忌讳回头望，否则不吉利。

临近新郎家，新郎的亲友在临时新搭的迎亲棚里等候送嫁队伍，送嫁队伍一到，他们即搬来板凳让座，端来热茶、甜酒敬送嫁人，让送嫁队伍歇息一会儿才继续往前走。

送嫁队伍到达新郎家门前并不直接进去，而是必须在门前停留歇息。此时，新郎家的女眷们会端着脸盆、毛巾给送嫁人洗脸洗手，捧上一碗碗热茶、甜酒敬送嫁人喝。新娘则端坐于厅堂门外边，让新郎家“好命”的女眷为其梳髻，这回梳的是已婚妇女头髻，小姑子则站在一旁为新娘打伞。待梳好头髻后，搀扶新娘出门的婶婶将自己头髻上戴着的插满银牌、银钗的头冠取下，为新娘戴上，新娘从此便是成家的妇人了。此时穿戴整齐的新娘，更显珠光宝气、光彩照人。新娘也得洗脸洗手，在婶婶的搀扶下进厅堂门。在迈进门槛前，必须先脱去从娘家穿来的鞋子再跨进门槛，穿起家婆为其准备的新鞋子，意即从此开始新的生活，是新郎家的人了。

此时，新郎家里已准备了丰盛的宴席来招待送嫁人和亲友。送嫁人将新娘送进厅堂，再送入洞房后，在新郎家人的指引下陆续入席就餐。新娘则在新郎、家婆、小姑子的陪同下，在厅堂门内侧站着用膳，由新郎家的女眷为其夹菜。席间，新郎新娘双方亲友不时吆喝“家公家婆喝酒呵”，一齐助兴，相互敬酒，相互夹菜，一齐祝福新人。

宴后，送嫁人该回家了，新郎家的女眷们就站在门外和送嫁人一一道别并送给每个送嫁人一包熟肉，意为带回去给没能来送嫁的家人吃，同享新人的喜悦。新娘的几个送嫁来的好姐妹则留下来和新娘作伴，三朝回门时一起陪伴新娘回娘家。按连南八排瑶族婚俗，三朝回门前，新郎新娘不同房，新娘由留下来的姐妹伴睡，度过新婚之夜。

三朝回门那天，新郎新娘为图吉利必须在上午8点至9点钟回到娘家，除新娘的姐妹外，新郎家陪同回门的必须是“好命”的人，且是有男有女的双数，一般是4或6或8人。除了带来被罚的聘礼外，回门时鸡、肉、酒都是要有的，而猪肉必须是连皮的四块，到新娘家后放在神台上奉祀，回去时新娘家会切下两块让新郎新娘带回家奉祀。他们在这一天要在新娘家吃上两顿饭（即好事成双）：早餐和午餐。新娘家备好丰盛的菜肴招待回门的人，新郎新娘及陪同回门的人午餐后回去，至此，整个婚礼才算结束。①

四、斗门水上嫁俗

广东省珠海市斗门区位于珠江三角洲的西南端，河涌纵横，风光旖旎。水上婚嫁风俗源于疍家人对歌成亲的礼仪，它融汇了广府文化和客家文化的元素，在备婚宴、接新娘、拜高堂、会歌友等几个环节上，以船为交通工具，以歌来贯穿整个婚嫁活动的全过程。因水上婚嫁而带动起来的群众性民歌创作和演唱活动多姿多彩，咸水歌、高堂歌等沙田民歌风靡整个珠江三角洲。

斗门水乡人家嫁娶礼仪颇为讲究，主要内容有：

1.“夹年生”

男子长大成人，需成家立室，于是，家长请媒婆代为寻找合适的对象。有了合适姑娘后，由媒婆上门提亲，双方家长认可了，再用两人的生辰八字进行对照，看“八字”是否在五行中相克相冲，若五行相合，即可定下亲事，此称“夹年生”。

新中国成立后，自由恋爱风气逐渐形成，水乡青年男女在河岸埂基处以咸水歌对唱的形式进行择偶恋爱，当地水乡居民称为“偷豆”。每年农历三月初三和八月十五的农闲季节，男女青年在田头埂基、涌边小艇上进行咸水歌或高堂歌对唱，互通姓名、年龄、住址。此时情诗绵绵，赋歌谈情，求偶“偷豆”。

2.“拿茶叶”（即下订或订婚）

“夹年生”合适后，男方派代表（多为男方的阿婶或阿嫂）与媒人一起，带备茶叶、糖果、礼饼、芝麻、槟榔、绿豆、酒、肉等到女方家订下亲事，如女方家长同意，会开出礼单（双方商议礼金的多少和婚礼用的肉类、糖饼等的数量），男方需讨价还价，俗称“拿茶叶”。

---

① 唐晓雯．连南八排瑶族传统婚礼．清远日报，2005-08-20.

3.“择日”

一般由男方择两个日子作为娶新娘的日期，如果定了日子后的头三天没有发生不吉利的事，就用第一个日期，否则用第二个日期。

4.“使日”

女方家长同意所定的日子，称为“使日”。“使日”后，双方开始准备婚礼的一系列事宜。

5.“起厨”

在举行婚礼的前两天，为办婚事，男女双方家庭均各自在家门前或旁边空地搭一个竹棚，架起炉灶，用于酒菜的准备和婚嫁中有关仪式的进行，此称“起厨”。

6.“坐高堂”（又称“坐夜”）

婚礼的前一天晚上，男方家中有个坐高堂的仪式。这时，亲戚朋友都坐在客厅里，堂上排列着祖先神位，厅中摆张八仙台，地上铺几张草席，新郎在正中席地而坐，会友（伴郎）分坐在左右两边，草席两边各点上一支大红喜烛，两烛中间安放一个花枝米箩，米箩中插一株橘树，上面挂满橘子和利是封，还应摆一个针线篮和一碗酸姜，寓意吉祥如意。点烛当夜，新郎家在搭起的竹棚中央挂起“大字”（给新郎命名），表示新郎已经长大成人，可以成家立室。坐高堂要进行拜席、拜钱盒仪式。“拜席”是新郎的弟弟送一张新席给哥哥，新郎将它放在地上用来进行“坐高堂”仪式，仪式完毕后将席放在婚床上，寓意兄弟手足之情永不分。“拜钱盒”是请亲属中的长辈将兄弟姐妹们送来的礼金、礼物数量一一读出来，新郎收一半回一半，然后向亲戚敬茶敬酒。亲戚和会友们在新郎家围坐一堂，唱起古老的咸水歌：“新郎哥，才貌全，未曾择日去装船。装得十丈票头别五丈，四分落墨五分渡船。装得船头拂银篸，装得船肚赚钱舱。船尾装成出贵子，出得五男二女又齐全。兀字上头加一点，兄弟同科中状元。”以歌唱的形式来祝贺新郎。当晚烛光不灭，歌声不止，这种热闹的场面叫“坐高堂”。

7.“上头”

上头就是梳头。新郎拜完席和钱盒，就“脱合”，即在家中沐浴更衣，寓意洗去一切污垢，干干净净、清清爽爽做新郎。当两支红蜡烛在鸡啼时燃尽，男方家便请两位夫妻齐全、儿女众多的“好命”男性长辈当梳头公，在太公神位前点燃一双大红烛，为新郎梳头，梳头时新郎坐在席子上，梳头公一面手持梳子，从上至下顺势而梳，一面大声诵读吉利的祝词：“一梳梳到尾，二梳梳到白发齐眉，三梳梳到儿孙满地。”梳诵完毕，即端来三碗甜汤圆，两碗孝敬梳头公，另一碗由新郎自吃两三个后敬奉太公神位，寓意新郎婚后夫妻和睦、财丁兴旺、生活甜蜜。

8. 嫁仪

姑娘出嫁前一天，女方家邀请8～10名和女儿相长相知的姐妹做伴娘，陪伴女儿度过少女年华的最后时光，并帮助做酒设席宴请亲朋好友。晚饭后，有一个“叹家姐”的仪式，伴娘们聚集在女方家，点燃两枝红蜡烛开始唱晚（“叹家姐”是沙田民歌最原始的调子），她们从历代祖宗一直叹，从太公太婆到在世的父母都叹遍，唱情歌、唱别歌、唱送嫁歌，这晚是伴娘们与临嫁女最后相聚的夜晚，她们之间难分难舍、期盼万千。她们借着这宝贵的时光，把纯真的感情和千言万语的叮咛嘱咐、慰藉、忠告都化成别有意味的歌词（例如：妹……我东基望过西基，有棵黑叶荔枝叫姐唔好嫁住，你做多两年大姐，未算为迟。姐……有心攞虾趁水落，唔系水大返流算你恨迟），用咸水歌调引吭高歌尽倾尽诉，直至深夜。

第二天是出嫁吉日，新娘须很早起床，女方家请两位夫妻齐全、儿女众多的“好命”女性（舅妈或大婶）为女儿梳髻，髻梳得又长又高，象征长命富贵，穿起新娘的衣裳（新娘的着装中很重要的有两条行头裙，即围裙，上面绣着蝴蝶、龙、鸳鸯、并蒂莲、鱼等吉祥的图案，一条在新娘出嫁时围上，另一条要到男方家敬茶时围上，围裙寓意“裙大裙细”，好生好养（即今后对长辈的尊敬和对子女的呵护），戴上耳环、银链，跪拜父母，表达对父母多年的养育之恩的无尽感谢。然后新娘吃出嫁饭，只是象征性地吃几口，余下的留给父母，寓意娘家丰衣足食。做完这些之后，新娘便在家中等候男方迎亲船的到来。

到了出嫁吉时，男方家的迎亲船已到，船靠岸后，男方家放好一条跳板，女方家也放上一条跳板（男方家的跳板一定要比女方家的跳板稍长）。新娘围着一条七尺长的红布条，手捧一碗米走到家门口，一出家门就把米交给弟弟让其捧回家倒进米缸，寓意弟弟丰衣足食。然后新娘手持一面镜子和一把扇贴在胸口，由嫂子背起，大妗姐撑伞，在伴娘们的簇拥下，走三步退两步，一步三回头，依依不舍地向迎亲船走去。走到埗头，嫂子先踏一下女方家放上去的跳板，然后放下新娘，再由男方家来迎亲的阿嫂引领新娘从男方家带来的跳板上走入迎亲船，嫁妆也随即搬上船。从新娘走出门口开始，众多的金兰姐妹唱起一首又一首的送别歌，舍不得从小一起长大的知心姐妹嫁人。在船上，新娘要进行“松栊”（栊即嫁妆中的木箱），“松栊”就是新娘打开栊，从亲友送的布料中拿出一块交回给弟弟或妹妹，寓意有来有回。接着，新娘的嫂子给新娘奉上鸡蛋甜茶，第一杯敬太公，第二杯敬龙王，第三杯新娘自己喝。然后，新娘的嫂子又给新娘“松头”，即开船前再次为新娘梳妆打扮，寓意美丽娇艳。伴娘们则送到埗头止步，又齐聚在岸上，唱起咸水歌向新娘告别，歌词内容表达了依依不舍的姐妹情谊，祝愿新娘今后幸福美满。

9. 迎亲

迎亲时男方家备好一只船、两双桨、一条跳板、一对撑篙、一块席子，并载上四只椰子、一对公鸡、一对鸭子、两块猪肉、一斤几两谷和一把扎上红头绳柏的雨伞等礼物。新郎是不随船去迎亲的。迎亲者有：四个会友（即伴郎），一个司香婆（司理香灯的婆子），一个手抓一把葵扇的媒人婆和两个家嫂。船上挂起一对写上“×府迎亲”的红灯笼和一面红旗。会友带上两张一式两份的迎亲帖。迎亲船出发时，锣鼓炮竹齐鸣，直向新娘家驶去，中途不许停留。当船驶至新娘家门口时，不能直接泊岸，必须驶过新娘家门口以后再调转船头，待女方家敲锣打鼓时，方可泊岸。泊岸后，媒人走在前头，两个会友持着迎亲灯笼来到女方家，向新娘父亲呈上一式两份的迎亲帖、礼金、礼物，待清点交接，新娘父亲郑重地在迎亲帖上签上“领谢”二字和姓名。按俗例，一定要把这些迎亲手续办理完毕，新娘才可以放行出嫁。

10. 拜堂

迎亲船泊了岸，嫂子和媒婆引领新娘向新郎家走去，大妗姐边走边往地上撒米。新娘走到夫家门口，跨过火盆，在新郎的迎接下进了夫家，先把手持的镜子和扇子放在祖先神位上，然后换上一条新的围裙，穿上新鞋出来拜堂。

新郎家客厅里，正中供奉着历代祖先神位，神台上装着香火，放着一盏点着的煤油灯，两碗甜汤圆、两双筷子，还有苹果、肉饼、三个小酒杯和三个茶杯。神台旁边摆放一张八仙桌，桌上摆放两个小圆盆，盆里装上米，上面盖上红纸，每个盆上放两块红糖和一块生姜（寓意甜甜蜜蜜、早生贵子），并各插上一支红喜烛。

新娘换上新围裙和新鞋后，在男方家婶婶的引领下，向祖宗神位上香敬拜并奉上酒和鸡蛋甜茶。拜完祖宗后，新郎与新娘一起拿着香烛到房前屋后拜土地。然后是拜父母（新郎父母端坐椅子上，接受新郎新娘的跪拜，接过甜茶饮，饮后给封利是或首饰以示谢意）。接着向新郎的长辈敬“过堂茶”，长辈们有的故意不接新娘递过来的甜茶，要新娘唱歌，一唱就是十首八首，直到满意了才饮下这杯茶，这就是“扭歌仔”。喝过“过堂茶”的长辈，以“利是”或首饰回礼。

到了傍晚，在男方家的屋前竹棚和邻居门前的空地上，男方家摆上多桌喜酒，宴请亲朋好友。

11. “渡水饭”

新娘的金兰姐妹在新娘被迎亲船接走之后便步行到新郎家（现在，新娘的姐妹多是陪同新娘一起到男家），一般在宴席开始之前到达，到达新郎家村落附近便点燃鞭炮，男方的会友出门迎接众姐妹入新郎竹棚一同吃饭。众金兰姐妹主要是到男方家里陪伴新娘度过新婚的第一个陌生的夜晚，并在新娘斟“过堂茶”时帮新娘“扭歌仔”。更为重要的是与会友接触，寻找心上人。

12. 玩新娘，闹洞房

晚宴结束后，亲友按辈分坐在一起，由新娘逐一敬茶。受敬者一般提出条件让新娘唱歌，新娘能唱即唱，否则由金兰姐妹代唱。敬完亲戚茶，新娘的金兰姐妹与新郎的会友对唱，年轻人趁机寻找心仪的对象，回去后托媒说亲。

13. 回门

婚后第三天是新婚夫妇回娘家的日子。一对新人主要是带一些糖果点心孝敬岳父岳母，还要带上两棵新鲜的带绿叶的头尾完整的甘蔗。新人一般当天去当天回，不在娘家过夜（回娘家时要有阳光，归来时也要有阳光，也就是说“有日去，有日返”）。要回婆家时，娘家送给女儿一窝雏鸡，并带回两棵新鲜的带绿叶的头尾完整的甘蔗，俗意是祝愿女儿女婿今后家业兴旺发达，善始善终，白头到老，生活甜甜蜜蜜。

三朝回门后，婚礼过程全部完成，一对新人便可以开始享受幸福的婚姻生活了。①

第三节　节日庆典

节庆是指有特殊意义或活动的日子和庆典，具有全民性和周期性。因为地域差别与支系众多，各地形成了丰富多彩的节庆民俗。

一、新年习俗

1. 迎春花市

广州的除夕花市，又称“年宵花市”或“迎春花市”，是广府地区特有的传统民俗。广州人爱花、种花、买花，喜欢用花装点自己的生活。街头菜市，常常可见妇女一手一把姜花，一手拎着菜蔬。春末夏初，雨水湿润的街道，从夜眠里醒来的地铁口，总有一两老妪手提竹篮，兜售棉线串成串或放在塑料杯中的茉莉花、玉兰花。这些花儿所费不多，带来的却是一天的清香和好心情。喜庆春节，更加少不了预示好兆头的鲜花。

西晋嵇含的《南方草木状》引汉初陆贾《南越行纪》记述，当时南越治所

① 斗门水上婚嫁习俗（汉族传统婚俗）. 珠海市非物质文化遗产保护中心，http：//59. 188. 14. 202：88/CultureNewsInfo. aspx？typeid = 6&id = 75.

即今广州境内已经是百花生长之地，并有人将从西域带过来的具有特殊芳香气味的素馨花、茉莉花移植到这里。当时广州妇女已经懂得用“彩线穿花心，以为首饰”。芳村是世代的花乡。南汉时，花埭（花地）就以盛产素馨花、茉莉花而闻名于世。明清以后，广州的花卉品种日益增多，广州老城的七个城门下也已形成花农卖花的经营性“花墟”。一年一度的除夕花市，就是由此逐步形成的。当时的花市从农历十二月二十四日小年夜起至除夕结束，只分布在北京路附近，上街卖吊钟、桃花，下街卖水仙。花市出售的鲜花主要有金橘、桃花、水仙、吊钟、菊花、鸡冠花等。除夕逛花街的人最多，团年饭后，广州人大多全家出动行花街，凌晨后才尽兴归去。到了19世纪60年代初期，分散的花市基本上固定在春节前几天。

迎春花市不但呈现了古老的岭南春节习俗，更与广府人的生活密切相关。广府新年必备三种花：金桔、桃花和水仙。金桔，粤语中“桔”和“吉”同音，买一盆放在家里象征大吉大利；桃花，象征大展宏图（桃），年轻人则希望能行桃花运；水仙象征富贵吉祥。这种“讲意头”的传统，形成了广州花市独特的花卉语言和“花市民俗”。近年来，花市上除了传统金桔、水仙、桃花等花卉以外，又增添了荷兰郁金香、日本杜鹃、米砂莲等外国名花。

除了广州，珠三角许多地方也有类似的迎春活动。佛山顺德区陈村镇迎春花会也很热闹。陈村历史上是广东四大名镇之一，素有“岭南花卉第一镇”的美誉。早在汉代，陈村的花果已进贡入京，是著名的“鱼米之乡”和“花卉之乡”。陈村花会在春节前十天举行，整个花会绵延十多公里，入场人数平均有约30万人次，春节氛围浓郁，陈村春花会也是在珠三角、港澳甚至海外有着重要影响力的迎春花会。

迎春花市一般在春节前十天或一个星期举行。花街伸展，摆成几条长廊。一些大盆的花木被早早搬来此处。花市正式开张，张灯结彩，音乐悠扬，看花、买花的人川流不息。一盆盆年桔、年花被捧在手上、托在肩上、放在车上带回家。除桃花、金桔、水仙、菊花、芍药等传统品种外，大花蕙兰、百合、玫瑰、郁金香等也很受欢迎。花市还有当即写挥春者，有卖茶叶、瓷器等年货的，热闹非凡。童谣《行花街》，唱出了迎春花市的盛况：“年三十晚，行花街，迎春花开满街排。呢朵红花鲜，嗰朵黄花大，千朵万朵睇唔晒。亚爸笑，亚妈欢，人欢花靓乐开怀，呢朵兰花香，嗰朵桃花艳，千枝万枝楝唔晒。”①

---

① 陈村花卉习俗. 佛山市非物质文化遗产保护中心，http：//www. fsheritage. com/zh - cn/displayresource. php? newsID =6；广东文化网，http：//www. gdwh. com. cn/whyc/2010/0208/article_ 2245. html.

下面是对迎春花市的片段描写：

《三家巷》里的广州年俗：除夕卖懒

区桃、区细、区卓、陈文婕、陈文婷、何守义、何守礼、周炳这八个少年人一直在附近的横街窄巷里游逛卖懒，谈谈笑笑，越走越带劲儿。年纪最小的是区卓跟何守礼，一个十一岁，一个才八岁，他们一路走一路唱："卖懒，卖懒，卖到年三十晚。人懒我不懒！"家家户户都敞开大门，划拳喝酒。门外贴着崭新的对联，堂屋摆着拜神桌子，桌上供着鸡鸭鱼肉、香烛酒水。到处都充满香味、油味、酒味，在这些温暖迷人的气味中间，又流窜着一阵阵的烟雾，一阵阵的笑语和欢声。这八个少年人快活得浑身发热，心里发痒。

广州迎春花市

到了花市，那里灯光灿烂，人山人海。桃花、吊钟、水仙、蜡梅、菊花、剑兰、山茶、芍药等，十几条街道的两旁都摆满了花。人们只能一个挨着一个走，笑语喧声，非常热闹。周炳看见人多，怕挤坏了区桃，就想拿手搂住她的腰。没想到区桃十分乖巧，她用手把周炳的手背轻轻打了一下，嘴里像相思鸟低声唱着似地说道："你坏！"又扭回头对他用天生的、特殊的魅力露齿一笑，就往前跑，一眨眼就像一只野兔钻进稻田里去了似的，跑得无影无踪了。在这乱哄哄、人头汹涌的花市里，这大个子周炳显得十分笨拙，他自己也知道，要想钻进人缝当中去追赶区桃，可不是一桩轻便的事儿。他努力向前赶，挤出了满头大汗。撞了人，赔不是；掉了鞋，拔不起。——闹了多少笑话，可哪有半点区桃的影儿！①

2. 佛山花灯会

每年的正月初九，佛山乐安联星村，一千米长的马路两侧摆满摊位，各摊位上都挂满了各色的灯笼，花团锦簇，从早上五点多一直到晚上九十点，整条路一整天热热闹闹、熙熙攘攘，这就是闻名遐迩的佛山花灯会。

佛山花灯习俗始于明代。清代以后，花灯会更为兴旺，出现万人空巷看花灯的欢乐场面，乐安已成为远近60多个乡的商业集散地和农贸集散地。每逢春节期间，圩内各式各样的文娱活动，比如杂耍、卖手工艺品以及择式仔、择鲤鱼等博彩活动十分热闹。一些民间艺人还据此创作了舞蹈《逛灯市》、粤曲表演《姑

① 欧阳山. 欧阳山文集. 广州：花城出版社，1988. 1822～1825.

嫂行灯地》等节目。年年有元宵、年年有灯庆，这造就了许多造花灯的专业户和专业村以及“工艺之乡”的美誉。

许多人来逛佛山花灯会，还为了一个美好的传说。据说，有一麦姓男子，妻子一直未能生育。光绪乙亥年正月初九，该麦姓男子偕妻子一起来到乐安圩买了一盏“观音送子莲花灯”，之后坐在一块大石头上休息。意想不到的是，他的妻子来年便产下了一子。这对夫妇惊喜万分，以后，这对夫妇每年正月初九都到乐安圩一游，并买一只莲花灯还愿。故事传出去以后，一传十，十传百，结婚多年没有生育的妇女争相仿效，结果都较灵验，使乐安圩这个地方更加名气大升。精明的商家看到了商机，大量制作莲花灯在正月初九那天摆卖，渐渐地使乐安圩有了“灯地”之说。因此每逢正月初九，不少新婚妇女都去灯地坐一下这块奇石，顺便买一盏莲花灯，希望来年也生一个男丁。从此以后，来灯地的人就越来越多，乐安花灯也一年更比一年旺。

乐安花灯会的“生仔石”位于上边江村小组。上边江村有600多年的历史，该村开村时就立了一条古训：“俎豆幸千秋谏议当年称孝子，笔花开五色文通有后继书香。”此地的孝道传统代代相传。村里每年花灯会都举办敬老仪式，挂出村中珍藏100多年的锦幛，传扬乐安花灯会尊老敬老的孝德内涵，向老年人跪拜祝寿。此幅百年寿幛于光绪14年（1888年）在上边江村制成，高3.6米，宽2.88米，整幅丝织品用锡金线及各色绒丝线刺绣而成。当时为了祝贺村中72位年满60岁的老人，村民们决定将他们的名字写在一块红色的锦幛上，并举行隆重的敬老仪式。从此，这个尊老活动和寿幛一直在上边江村延续下来。后来江氏宗祠重修，村民们决定将寿幛存入农村信用合作社保险箱，一般是每年的正月初九才取出挂起。

每年，“生仔石”的优美传说和“百年锦幛”的传统行孝美德，吸引着无数人前来买灯，形成了人山人海的壮观场面。花灯中的莲花灯象征花开富贵、观音送子，如今也表示夫妻美满、佳偶天成。配以茨菇，表示得子；配以莲蓬，表示收获；配以“簪花”，表示高中状元；配以雉尾，表示大将风度。而桔灯象征如意吉祥、鲤鱼灯象征鱼跃龙门、八角灯象征八面逢源。多姿多彩的花灯，给新春佳节带来喜庆气息。①

---

① 梁兰．展示寿幛宣扬孝道．珠江时报，2006－11－23；佛山市南海区文体旅游局．乐安花灯会．http：//www. nanhai. gov. cn/cms/html/430/2009/20090726111111267883/20090726111111267883_ 1. html，2007－08－31；佛山市文化广电新闻出版局政务网，http：//www. fswenhua. gov. cn/whyc/FWZWHYCBH/201010/t20101019_ 1907333. html.

3. 行彩桥

每年正月初十日，揭阳榕城老城区的各座桥梁都被打扮起来，挂上各式各样的彩灯，并在彩桥周围悬挂成百上千幅写着“合境平安”、“竹苞松茂”、“富贵吉祥”、“国泰民安”、“物阜民安”等字样的标旗彩幅。桥的两侧扶手栏杆和桥头柱子上，扎满榕树枝和竹枝。

正月十一日傍晚，彩桥如虹，行人如潮，花灯似海，夜空若昼。人们三五成群，扶老携幼，兴致勃勃向彩桥涌来，开始行彩桥，或称“行头桥”。行彩桥时，人们都要采下桥头的榕枝竹叶，并各作四句：“摘榕叶，日日有钱揸（拿）”，还须将榕枝竹叶拿回家里插在门楣上，以祈带来好运。打铜街的石狮桥是每年这一天最热闹的地方，人们一边行桥一边摸着桥头的石狮子，默念祈句。在行彩桥时，不同年龄有不同的祈祷语。如带着小孩的人说：“行桥头（或摸狮头），阿奴事事贤”；未婚的小伙子说：“行桥肚（或摸狮肚），娶雅嬷（即漂亮妻子）”；姑娘们拿石块或竹枝掷溪中说：“掷（或行）桥中，嫁雅翁（即俊俏的丈夫）”；怀孕的妇女说：“摸桥（或狮）耳，生阿弟”，等等。正月十五、十六晚，还有“行二桥”、“行尾桥”。

古揭阳县榕城是座水城，榕江南北河夹城东流，城中河道交错，有“浮水莲花”的美誉。自古以来，榕城的石狮桥一直被当地人视为中心桥，这是因为古时榕城称玉窖村，南北窖河称玉窖河，石狮桥在玉窖河的中段，这种地缘的中心观念一代传一代，一直流传至今。现在，尽管城内搭的彩桥很多，“石狮桥”仍是人人必行的一条彩桥，从“行头桥”开始，这里便人山人海，人们即使被挤得汗流浃背，只要走过桥去便也心情舒畅，其乐无穷。①

“过桥”是中原传统文化习俗的一种，现在，河北永平地区还有男女交错过桥的风俗，叫做“度百厄”，以祈求消灾祛病。揭阳榕城元宵夜行彩桥的传统民俗也有这个意义。传说从前有人梦见一位仙姑告诉他，某日洪水要暴发。洪水到来之前，地上有一条五彩缤纷的桥将连接天空，只要往桥上走，便可逃过灾难。人们照仙姑的话去做，果然免遭厄运。从此以后，在这一天，人们便以行彩桥的形式度厄，祈求平安。特别是未婚女子，俗谚有“十一夜行头桥”的说法。在这一天夜里，家家户户的未婚姑娘都要走过彩桥，还要采下榕枝竹叶，回家插在门上，寓意度过厄运，以求吉利。取“榕”与“成”，“竹”与“德”潮音相

---

① 杨继斌．“行头桥”“摸金狮”祈好运．揭阳新闻网，2012－02－03；何薇．广东旅游文化风情录．广州：广东经济出版社，2006．203～204．

同，含佳偶天成、有才有德之意。[1]

普宁洪阳也有元宵夜“行头桥”的习俗。“头桥”是太平桥，位于洪阳老县衙前的保城帝君庙前面的城内河上，大约建于400多年前。拱型小巧的石桥两端各有五级石阶，桥面由七板约六米多长的石板组成，桥宽约三米，两侧栏杆两端均有两头石狮。元宵夜“行头桥”，一年里便平平安安。这天夜里，人们从四面八方涌来，不论从哪个方向走来，都必须走过太平桥，而且走过桥时切不可回头，因为据说“回头不吉利”。过桥时要说好话，还要去摸桥头的石狮子。读书的孩子摸狮鼻，同时说“摸狮鼻，写雅字”；少女们摸狮头：“摸狮头，事事贤”；未结婚的青年男子摸狮肚：“摸狮肚，觅雅效”；怀孕的妇女模狮耳：“摸狮耳，生阿弟”等。回家路上要买几根长长的竹蔗，寓意钱多米足，节节有余。[2]

4. 泮村灯会

泮村灯会又称舞灯会，每年农历正月十三举行，是开平水口镇泮村的习俗，也是一种大型的群众性民间艺术活动。泮村有48个自然村，1.5万人，全部姓邝。每年农历正月十三，当地群众和民间艺人就会用竹、木和各色彩纸，制成1丈多高的大花灯，由各村选出的青壮年组成舞灯队伍，伴以几头瑞狮，敲锣打鼓，燃放鞭炮，游行到各个村庄，以求震慑猛兽，消除祸患，让泮村子孙昌盛，百业兴旺，日子太平。由于这个习俗，泮村人即使要外出打工，也得待过了舞灯日才能起程。这天乡民和亲戚朋友云集，村村场场彩旗招展，家家户户张灯结彩，男女老幼穿上新装，非常热闹。除了乡民之外，许多港澳同胞和旅外华侨也会专程回乡观赏灯会。

泮村灯会起源于明代。当时该地忧患重重，民不聊生，泮村邝姓十三世祖健斋便前去拜见曾在泮村学校执教的新会大儒陈白沙先生，求取消灾避祸的办法。陈白沙认为，泮村有五座黑石兽山，即狮山、虎山、象山、马山和牛山，五兽坐镇，本应能保安宁。但因作为五兽之王的狮子昏睡未醒，其余四兽顽皮捣乱才致使灾祸频至。他建议各家各户挂灯鸣炮，敲锣打鼓，把狮子吵醒以管住四兽，则可恢复安宁。泮村耆老于是在明英宗天顺八年（1464）农历正月十三发动全乡各家各户点灯鸣炮，敲锣打鼓，摇旗呐喊，响声震天。此举果然灵验，泮村逐渐恢复了太平，当年便获得丰收。从此以后，每年农历正月十三，各家各户照样点灯鸣炮，后来逐步发展成全乡扎制三个大型花灯，罗伞彩旗开路，伴以龙狮共舞，鞭炮齐鸣，巡游于全乡每个村落，好不热闹。

---

① 郑绪荣．潮汕俗谚（下）．香港：公元出版有限公司，2006．456．

② 尤建国．中国传统节日与诗词．南京：河海大学出版社，2008．36．

每年农历正月十三，泮村彩旗蔽日，炮竹声声。48 个村庄，家家户户张灯结彩，喜气洋洋。全乡群众抬着金猪、生羊、凤鸡、果品等祭品，簇拥着三米多高的大花灯，以罗伞开路，龙狮伴随，炮竹齐鸣，前往祖祠以供择灯，并举行起灯仪式，跟着鸣礼炮三响，然后起灯参拜祖先。鞭炮齐鸣，锣鼓喧天，展开“起灯”大巡游。

“起灯”仪式后就是“舞灯”。接了灯的三个村分别以不同方向和不同路线游遍泮村全乡 48 个自然村，每到一个村，村民都要舞着醒狮或金龙在村口迎送。经过大约半小时的巡游之后，浩浩荡荡的舞灯队伍来到了泮村金龙里举行“龙灯戏水”，由十几个身强力壮的年轻小伙子分别举起花灯和金龙，灯在前，龙在后，在金龙里的大水塘里来回穿梭、旋转，每当灯和龙全部下水后，小伙子们还会在水里大喊三声，以壮声势。

最后，阵阵炮竹声中，村民们把灯挑碎，意为“打灯”。青壮年们一齐拥入，有的争抢灯纸和灯篾，作为吉祥物拿回家中供奉；有的则把灯芯拿回负责起灯的村里，加工成筷子，每户一对，供长者使用，祝福他们长命百岁。①

5．豆腐节

豆腐节是佛冈县高岗镇社岗下村林氏族人元宵上灯习俗中独具特色的一项民间活动。

据说，明万历年间，当地常闹虫灾，百姓颗粒无收。有一年虫害特别严重，观音娘娘派燕神前来吃掉害虫，当年就为庄稼带来了大丰收。淳朴的村民认为是燕子给他们带来了好收成，因此人们纷纷把豆腐掷到瓦檐上，让燕子啄食。这个做法流传下来，逐步演变成人们互相投掷豆腐，祈祷新的一年风调雨顺，五谷丰登，身强体健，生活富足。又有老人说，有一年正月十三，林氏村民在祠堂上灯吃斋时，一位村民无意中将豆腐弄到另一位村民身上，由此引起了一场豆腐仗。到第二年，参加了上年豆腐仗的村民又喜添男丁，村民们便认为是豆腐仗带来的人丁兴旺，所以此后每年正月十三给祠堂上灯时都由丁头组织打豆腐仗，至今已经发展成全村老少全部参与的豆腐节。

每年正月初八或初九，村里开新丁会，由这一年最先出生的男丁的父亲任丁头来组织。新丁会的任务就是收集豆腐节所需的经费，并安排豆腐节的有关事宜。

正月十三中午十二点左右，是集中接灯的时间。下午两点至三点上灯。去丁

① 政协开平市委员会文史编委会．开平风光．开平文史（第 29 辑），2000．40；陈洁．广东开平泮村灯会：一场延续数百年的文化盛宴．广东侨网，http：//www．gdoverseaschn．com．cn/qxbd2010/201105/t20110519_ 160848．html．

头家把灯接出来时要敲锣打鼓，先挂林氏大祠堂的灯，再挂私香火的灯。迎灯后要把做好的豆腐运过来。灯迎来后由丁头把灯拿进祠堂，又由他把灯挂起，边挂边放鞭炮，边敲锣打鼓，还要带供品，包括双烛、鸡、猪肉和香等。正月十三下午三点打豆腐仗，后上私灯，再回祠堂吃饭。

为参加豆腐节，该村已外出的村民大都携带家眷回来，一起投身于这欢乐的海洋。打豆腐仗时，伴随着锣鼓声、鞭炮声、追逐嬉笑声，豆腐似雪花般在狂欢的人群间飞舞，打在人们脸上、身上。特别是年轻人，他们互相追逐、打闹着，一阵掷打、涂抹之后，个个变成大花脸、小白脸，从头发丝到鞋子全都沾满豆腐，战况异常热烈。豆腐谐音“斗福”。人们认为，被豆腐砸到的越多，福气也就越多。①

6. 赛大猪

赛大猪活动始于明代，是当时潮汕地区最有特色的风俗之一。在许多地区，赛大猪是一种民间庆祝丰年的仪式，也有促进生产、繁荣经济的积极意义。汕头月浦的赛大猪相当于成年礼，由当年刚成年的男青年亲自饲养大猪，比试谁家的猪饲养得大、打扮得漂亮。比赛完毕，这些男青年要扛起大猪跑回家，显示身强力壮。也有一些地区将赛大猪与民间祭祀联系在一起。

澄海赛大猪是在每年农历正月十八举行，场面十分壮观。数百头开膛去腹的大肥猪趴在一个个约有 1 米高的特制木架上，作为供品。它们一式高昂着头，嘴里塞着大橘，作奔跃状，雄赳赳，气昂昂，猪背上还打上一个个以示吉祥的大红印，有的还戴上大红花，整个场面呈现出一派喜气。木架上都贴有一条红标签，写着“××喜敬”字样，以便各家辨认自己的供品。人们穿行其间品评，决出最大的一头，那一头便供在最前列，详细地标上重量，一般都有上千斤左右。被选为最大的那一家便成了这一年乡里最光荣的一家，直到来年赛出新的大猪才代替。这些大猪都是从上一年开春便开始饲养，为了让它们多长膘、少生病，饲养的过程十分精心周到。这个活动对促进生产效果很好，又是很热烈的新年活动。

汕头市郊的月浦村等地方，每年的农历正月初七举行赛大猪活动。男子到了23 岁称为“丁头”。丁头无论身在何方，这一年都要回到家乡精心饲养一头肥猪。猪要养得肥壮，骨架好看，长得漂亮，杀的时候，脖颈和尾巴上的毛要留下来，梳理整齐，染上红色。猪放在架子上，造型摆好，往猪嘴里嵌入大橘，寓意大吉大利，要给猪戴上耳环，有的还要挂上金项链。猪头上插上旌花和杨梅樱，身上贴上精美的剪纸。吊上花篮，再装上闪闪发亮的彩灯，这披红挂彩的大肥猪

① 彭卫，施用和，朱志鹏. 佛冈狂欢豆腐节掷掉三吨豆腐，祈求人丁兴旺. 羊城晚报，2011-02-16.

顿时光彩照人。此外还要准备一只山羊放在猪身上，以及大量的鱼、鸭、鸡、鹅等，包括公鸡也要经过精心打扮。在炖公鸡前，要先用筷子把鸡脖子绑好，这样公鸡煮熟冷却后就会保持一定的形状，鸡冠和特意留下的羽毛要染成红色，翅膀上重新插上羽毛，有的人家还把公鸡扎成直立的。还要做大量的面头粿，堆得高高的，豆目粿用黑豆装饰，用豆瓣拼成“千子万孙”字样。

正月初七早晨，大猪装扮好了，丁头捧着米酒、一行人扛着大猪绕村一周后赶往村人聚集的比赛场地。一头头大猪花枝招展，人们穿梭其中，品头论足。全村的丁头们聚在一处，举行仪式宣布成年。仪式一结束，由成年的青年纷纷扛起大猪飞奔而去，一片欢腾。谁家的大猪“跑”得快，就寓意新年家庭和睦，人丁兴旺。仪式结束后，要把比赛的猪羊分给前来帮忙的亲朋好友，把祝福带给他们的家庭。

揭东县新亨镇硕联村的摆猪羊，形式与赛大猪相似，也有祈福的意义，但时间在每年农历正月十六、十七，内容是敬奉财神赵公明和关公。摆猪羊由硕联村下属的10个自然村（俗称十社）轮流主办，每个自然村10年轮到一次摆猪羊的活动。

摆猪羊源于明清时开始的大户人家对财神赵公明和关公的拜祭。敬神完毕后把猪羊分给邻里和亲戚朋友，以睦邻里。后来，硕联村逐步发展成52姓氏20社(自然村)。村里长者约定其中10个较大的社每年轮流摆猪羊，使这一独特的民俗延续至今。每年的主办社在前一年就开始筹备，自养大猪肥羊，到正月十五元宵节这一天，家家户户张灯结彩，宰杀大公猪、大公羊，然后将其摆在木架上，往猪口、羊口塞上橘子，猪身、羊身贴着“吉”字或双喜字样，寓意吉祥好运。全村近千头猪羊摆在一起密密麻麻，场面十分壮观。活动过程中还举办舞狮、标旗锣鼓队、潮剧演出、赛花灯等文艺活动。①

除了赛大猪，还有赛大鹅、赛大鸡等各种赛会，常在元宵节及元宵节后半个月结合游神举行。如鸿沟的赛大鹅、潜溪的赛大鸡，苏南一带赛大米团、赛斋菜、赛糖狮，等等。有的地方结合赛会还陈列一些古董、名画、盆景等。② 澄海上华冠山村村民每年正月十八赛大猪、大鹅，冠山邻村的渡头村有一富户看到此

① 何薇．广东旅游文化风情录．广州：广东经济出版社，2006．204～205；林晓彬．赛大猪庆丰年．汕头特区晚报，2011-02-20；王漫琪，丁烁．锣声一响，扛猪就跑，汕头月浦村正月初八“赛大猪”好生热闹．羊城晚报，2008-02-15；刘群，杨溢，陆松华．正月里，赛大猪．汕头电视台《潮汕风》．http：//www．chaonet．net/stcsf/files/list．asp？id=168；市第三批省级非物质文化遗产名录．揭阳日报，2009-10-31．

② 张秀清．澄海县志．广州：广东人民出版社，1992．818．

壮观场面，他一激动，就将自己购得的从圆明园流散出来的玉猪槽也搬到神前展出，于是出来个“赛猪赛鹅，比不上渡头玉猪槽”的故事。[①]

二、元宵习俗

1. 东坑地景

东坑地景始于清乾隆三十年（1765），是东坑上屋村先祖太公彭简宜从江苏省苏州府引进来的，至今已有240多年了。东坑地景是当地一年一度的闹元宵巡游活动。每年的正月十五晚，巡游队伍从本村出发，沿着各村各寨依次游行表演。整支队伍由300余人组成，以民族英雄人物、传奇故事、古典文学等为题材饰演出一个个栩栩如生的人物，如花木兰从军、金山战鼓、岳母刺字、八仙过海、八仙骑八兽、薛仁贵征东等。辅以串花灯、耍金龙、舞狮、舞大象、挑花篮、扭秧歌、彩旗队、花环队，配以八音大锣鼓的鼓乐队，加上沿途燃放绚丽多彩的花灯炮、鞭炮、铁制的三把连响。活动中爆竹声震耳欲聋、巨型烟花腾空而起，橙黄色的灯光明亮耀眼，远看如火龙晃动，把山村夜晚装点成一个五彩缤纷的世界，景象蔚为壮观。

东坑地景是村民自觉参加的群众文化艺术活动，寓意美好。其中，灯被当地人视为吉祥之物，客家语言“灯”与“丁”同音，“出灯”寓意“添丁”，引申为添丁进财、五谷丰登、五福临门，每个灯都被寄予一个美好的愿望与祈盼。抬着神座彩轿，意为神人共庆元宵佳节，祈求风调雨顺、物阜民康。其时，喧天的锣鼓声、鞭炮声、奏乐声和欢笑声汇集成一支欢快的田野交响乐，回荡于村寨的天地间，呈现出一派天、地、人一体同春、和谐共融的欢乐景象。

东坑地景的服装、道具制作精美，都是在本村老艺人指导下制作而成。此中，老艺人们开动脑筋，想方设法把服装、道具工艺制作得更贴切戏剧的艺术造型的要求，又赋予其独特的个性，让每一个传统艺术造型都焕发出无限魅力。[②]

2. 行通济

行通济是佛山数百年传承下来的一项民俗活动。正月十五晚，吃过汤圆以后，家家户户扶老携幼，纷纷涌向通济桥，开始行通济，然后在桥上买一把生菜带回家。这一夜，桥上笑语盈盈，人流如潮，热闹非凡。

通济桥始建于明代，得名于明天启六年（1626），距今近400年。被称为佛山旧八景之“村尾垂虹”。古通济桥横跨佛山涌，是佛山的水上交通要道，无论

① 陈泽，吴奎信. 潮汕文化选·第三集·逢看湖山便忆家. 汕头：汕头特区晚报社，2001. 301.

② 东坑地景. 广东文化网，http：//www. gdwh. com. cn/whyc/2010/0208/article_ 2226. html.

是进京赶考的士子还是外出经商的商人，都要从这里出去。佛山商民为求来年生意顺利，便行通济桥，讨好意头。这一习俗被相习成风，有“行通济，无闭翳”之说，意思是走走“通济”，就没有烦恼、忧愁，新的一年将事事顺利，顺风顺水。

凡行通济桥的人，须一次从桥头（北岸）行至桥尾（南岸），由桥尾右傍大基而去，经尾“兜”至澳口返回佛山镇，否则便不吉利。上桥的台阶数是九级，下桥台阶数则是十三级。据说这是旧时候典当行的行规，即值九块钱的物品要用十三块才能赎回，“九出十三归”，寓意“本小利大”。人们行通济，以祈求来年招财进宝、生意兴隆。行通济还有一个习俗就是提生菜。生菜的谐音为“生财”，人们便以此祈祷来年发大财。生菜拎回家，就是招财进门。①

明清时期，佛山就出现了人们行通济期间自发做善事的现象。不少商家在行通济当晚沿途放置点心、茶水，供途人免费享用，而民间团体也自发组织捐款活动，用善款来扶危济困。慈善元素近年得到恢复。

“行通济，无闭翳”，当初建桥是为了让人过河方便，经过数百年，通济桥已成为佛山人心目中的福祥之地，行通济更成为佛山重要的民俗活动之一。在这一天，人们祈福、募捐、游玩，成为一个热热闹闹的喜庆节日。

3. 烧瓦塔

烧瓦塔是中秋节潮汕地区的一项民俗活动。相传，元兵占领潮州后，实行三家一保的联户制，每三户供养一个元兵，规定这三家晚上不得关门，元兵可随意到任何一家睡觉，新媳妇的初夜权也先给元兵。百姓忍无可忍，相约中秋夜以燃烟堆、烧火塔为号，起兵造反。中秋节烧瓦塔的习俗即与此有关。类似的还有吃芋头。清顺治年间《潮州府志》云：“中秋玩月，剥芋食，谓之‘剥鬼皮’。”

中秋前几日，孩子们就四处捡拾残破瓦片，积聚枯树枝、稻草、木片木块，于中秋节下午开始砌瓦塔，据说砌得越高越好。瓦塔累砌也有讲究，大瓦塔的塔基要铺上红砖条或灰砖块，然后按“品”字形的格局建构。塔下留出塔门，一个用于投放燃料，另一个用于掏出木灰。塔顶留出空口，供吐火舌之用。砌建瓦塔的地方大都选在旷埕与广场。

月至中天后，妇女们祭拜月亮娘娘，男人们开始烧瓦塔。先由一位长辈在塔门点火，一会儿塔顶便窜出火舌，瓦片被烧得通红透亮，塔口的火焰直冲云天。为增加色彩，人们常把粗粒的海盐撒向塔里，瓦塔发出像鞭炮点燃后的“噼啪”响声，再撒上硫黄，燃放出蓝色光焰，十分壮观，招引广大群众围观欣赏。有的

① 申小红．佛山“行通济”民俗探析．佛山市博物馆．地方文化研究辑刊，2011．

地方还把烧瓦塔作为竞赛项目，塔建得高、烧得美和旺的，经评议后给予奖励。[①]

烧瓦塔是为了请月亮娘娘保佑消灾灭害，同时也是一项有趣的中秋娱乐活动。大家你一把我一把地往塔里撒盐，火舌犹如火龙直冲云霄，映红了半个天边。有一首歌谣说："塘边塔影映清波，火月争辉各临河。丹塔火龙奔素月，蟾宫明镜照红罗。"孩子们绕着火塔又唱又跳，大人们喝茶吃糕饼，谈古论今，直到瓦塔烧成了通体透明闪闪发光的金塔。

三、其他节俗

1. 官窑生菜会

狮山镇官窑，位于佛山市南海区北部，与三水、花都接壤。官窑源于唐朝末年五代十国时南汉王在此地设办陶窑而得名，古时素称为南粤辗转中原的中枢，享有"百粤通衢"的美誉，是有着1 100多年历史的文明古驿。官窑由于地理位置和多元文化的交汇历经悠悠历史长河的涤荡，沉淀并形成了官窑独特的民间民俗文化，其中最为突出的是延续400多年的官窑生菜会。

官窑生菜会源于明，兴于清，盛于民国并延续至今，是南海官窑独特的民俗文化庙会。清宣统年间《南海县志》详述了官窑生菜会的盛况："足与悦城龙母诞，南海神庙诞等盛况，鼎足而三焉。"官窑生菜会的盛况曾被晚清著名画家以民俗风情画形式记录，发表在清末民初上海《申报》附送的《点石斋画报》上。

官窑生菜会与凤山古庙即白衣观音庙关系密切。相传这尊观音不仅能够救苦救难，还能给人送子，求子嗣最为灵验。凤山庙会在每年的正月二十三到二十七日举行。正月二十六为"白衣观音诞"，是观音开库的神诞日，信众往往在当日赶往凤山古庙借库、还库。善男信女进香后就到庙后"摸仔岩"摸取螺蚬求生儿育女，然后到庙后空地的生菜摊档吃生菜包，取其"包生"之意。吃生菜包须席地而坐，将洗净的生菜剥成一片片菜叶，炒几样风味小菜。每个菜都有个吉利寓意，如酸菜炒蚬肉，寓意子孙显达；茨菇煮猪肉，寓意生个胖男孩；粉丝虾米，寓意长命富贵。所谓生菜包也即把白饭炒香，放炒饭及各样小菜于菜叶内，蘸上海鲜酱，包成小包即可食用。生菜包脆嫩爽口，色香味俱全，大人小孩皆喜欢，吃得津津有味。据说，生菜会之日吃生菜包，则一年顺景，生龙活虎，人财两旺。

生菜会期间，还有醒狮表演、"采青"、烟花、酬神演大戏等活动。最热闹的"重头戏"是正月二十六游神和抢花炮。是日，村民抬着"天后"、"观音"、

---

① 林雄. 经典广东. 广州：广东教育出版社，2009. 75.

“北帝”、“财神”等神像出游，供人膜拜，观者人山人海。生菜会期间有舞狮、演戏、烧炮、抢炮等活动。此日抢者、观者人头攒动。所烧的炮，炮身大如竹筒，腰系铜环（炮圈），连放六枚，分为头炮、二炮、三炮、润三炮、四炮和尾炮。其中以润三炮（又称丁财炮）最吉利。炮响圈飞，直冲云霄，抢炮者以村为单位，组织精壮队伍，精心计划，抢夺传接有序，互相呼应，高声吆喝，志在必得，争夺的激烈程度比起美式橄榄球赛有过之而无不及。抢炮成功的村该年便大吉大利，所以各村对此甚为重视，不惜花大力气，有组织、有计划地抢炮。抢炮时，各村代表都大声呼号，志在必得，热闹喧腾。①

2. 雷州风筝节

雷州风筝节是以广东省雷州市为主，辐射雷州半岛部分乡镇，于端午节期间表演竞放风筝的庙会活动。风筝节竞赛前还有龙狮队巡游，巡游一般从端午节凌晨一时在东岳庙开始一直游到天亮，巡游线路长达15千米，至当天早上九时龙狮队到达风筝节会场，并在开幕式上作精彩的表演。到风筝节当日，从四面八方前来观赏的群众人山人海。

雷州风筝节（来源：广东文化网）

雷州北门东岳赛风筝的历史悠久，与“龙舟竞渡”、“麻扶讴歌”并列为古雷州端午节三大民俗赛事。传说明代由于雷州鼠害泛滥，官府多方倡导捕杀无效。知府罗一鹭梦见神仙指点他制作各种鸟形的风筝升空，辅助捕杀鼠害。第二天，罗知府便广招全城能工巧匠，以纸篾扎成鹰、鹤、凤、鹭、鹊等各式各样的风筝上千只，上装竹笛，在端午节当天号召民众到五里坡校场竞放。霎时，雷州上空“百鸟”嗡嗡齐鸣。老鼠闻声见状惊慌失措，相互追赶咬打，纷纷坠入河沟，知府便立即召集人员配合捕杀，鼠害从此销声匿迹。从此每年五月初五都要举行风筝竞赛，以祈国泰民安、风调雨顺。

① 陈玮. 南海县的武术和舞狮. 广东省南海县政协文史资料委员会. 南海文史资料（第20辑），1992. 62～63；官窑生菜会. 佛山市南海区文体旅游局. http：//ftsite. nanhai. gov. cn/cms/html/430/2009/200907261111268883/200907261111268883_ 1. html，2007－08－31.

雷州半岛多受风雷肆虐侵袭，百姓深受其害。古雷州府设风云雷雨山川坛祭祀，以求风调雨顺，国泰民安。同时另设飓风坛，官府在端午日祭“为民禳厉”。至清嘉庆十四年（1809），署府怀沅在北关外重修飓风坛时建风神庙，位于东岳庙之东，每年端午节在位于风神庙左边五里坡的古校场赛风筝以颂风神，祈祷风神福庇黎民、风和日丽、物阜年丰。同时，古雷州城夏江是我国古代丝绸之路的始发港之一，官府倡导放风筝祭风神也是为了祈祷风神保佑，祈求商船平安。①

阳江也有风筝节。从1992年开始，每年农历九月初九重阳节，阳江都在南国风筝竞技场举办群众性风筝比赛。阳江人扎制的风筝造型美观，技术精巧，形神兼备，栩栩如生。每逢九九重阳节，秋高气爽，正是放飞风筝的最好时节。放风筝便成了阳江民众最热闹的赛事。

阳江生产的风筝有1 400年历史了，与山东潍坊并称南北风筝最大的两大流派。阳江的风筝品种繁多，构思精巧，格调古雅。传统风筝又叫“生气风筝”，有“百足”（蜈蚣）、“灵芝”、“崖鹰”等10多种，放起来随风飘舞，栩栩如生。其中有一种能鼓风而上在高空定位且任人观赏的风筝叫“排蓬风筝”，它常见的造型有花鸟虫鱼、飞禽走兽等10多种。还有一种“风蛾风筝”，它能在空中自动点燃炮仗，犹如飞机发射火箭似的，更有趣味。大型的风筝一般长达10米，直径3米多，重20多斤，要十几个人拉着跑，乘五六级风才能上天。最长的“龙利风筝”长达30米，由100～200个糊着彩纸的小竹圈串成，圈两旁插上扫帚枝，状似蜈蚣，放上天后能伸能缩，左右晃动，形神毕肖。其中“灵芝风筝”被评为世界风筝十绝之一。②

3. 乞巧节

“银烛秋光冷画屏，轻罗小扇扑流萤。天街夜色凉如水，卧看牵牛织女星。”（杜牧《七夕》）晴朗的夏秋之夜，繁星闪耀，银河茫茫。在河的东西两岸，两颗晶莹的星星遥遥相对，隔河相望，那就是牵牛星和织女星。七夕坐看牵牛织女星是民间的习俗，相传，每年的这个夜晚，是天上织女与牛郎在鹊桥相会之时，也是女孩子们最快乐的节日。

乞巧的习俗很早就有了。东晋葛洪《西京杂记》说：“汉彩女常以七月七日穿七孔针于开襟楼，人俱习之。”乞巧与牛郎织女的故事结合，让这个节日更加

① 竹间，黎明．雷州风筝节．湛江日报，2011－06－26；邻里热心人．雷州风筝节之风筝展．中国民俗摄影论坛，http：//bbs．icfpa．cn/viewthread．php？tid＝22626．

② 李慧君．首届风筝节端午“放飞梦想”．南方日报，2011－06－03；阳江重阳放风筝．广东文化网，http：//www．gdwh．com．cn/festival/show．php？itemid＝82．

美丽。梁朝七夕乞巧的风气特盛。宗懔《荆楚岁时记》中就将乞巧与牛郎织女相会结合到一起："常见道书云：牵牛娶织女，借天帝钱下礼，久不还，被驱在营室中。天河之东有织女，年年机杼劳役，织成云锦天衣。天帝怜其独处，许嫁河西牵牛郎。嫁后遂废织纴。天帝怒，责令归河东，唯每年七月七日夜，渡河一会。"

乞巧节又叫女儿节。每年七月初七这一天，"妇女乞巧，投针于水，借日影以验工拙，至夜仍乞巧于织女"（《直隶志书》）。民间《乞巧歌》曰："乞手巧，乞容貌；乞心通，乞颜容；乞我爹娘千百岁，乞我姊妹千万年。"各地乞巧方式多种多样，各有趣味。最普遍的是对月穿针，如果线从针孔穿过，就叫"得巧"。唐人崔颢《七夕词》说："长安城中月如练，家家此夜穿针线。"另外，陈瓜果于庭，以求奇巧的乞巧方式也较普遍，如有蜘蛛在瓜果上结网也叫"得巧"。有些地方还有做巧芽汤的习俗，一般在七月初一将谷物浸泡水中使其发芽，到七夕这天便剪芽做汤。传说七夕是牛的生日。牧童在七夕之日采摘野花挂在牛角上，叫做"贺牛生日"。

乞巧在广州一带叫"七姐诞"或"拜七姐"，宋人刘克庄曾有诗咏道："瓜果踸拳祝，喉罗仆卖声。粤人重巧夕，灯光到天明。"屈大均《广东新语》中也记载了清初七娘会的盛况。

七娘会由姑娘们自愿相约组合而成。每年的六月份，姑娘们就开始准备这次聚会。预先备好各种奇巧的玩品，用通草、色纸、芝麻、米粒等制成各种花果、仕女、器物、宫室模型等物。将谷种和绿豆放入瓷碗里浸泡使之发芽，待芽长到二寸多长时便用来拜神，称为"拜仙禾"和"拜神菜"。

到了七夕这天，姑娘们穿上新衣服，用凤仙花汁染指甲，画眉、抹脂粉、点绛唇、额上印花，打扮得漂漂亮亮的，仿如仙子下凡。各式物品摆放在厅堂的八仙台上，还要有一盏油灯放置在剪纸红花带围着的"仙禾"或"仙菜"中间。灯光透出彩画薄纸灯罩，艳彩夺目。有精心布置的插花，幽香四溢的白兰、茉莉、素馨及其他鲜花插在铜瓷花瓶里；有茶匙般大的荷花、玫瑰、夜合、山茶插在小盆中，一朵真的配一朵假的，真假难辨；还有把苹果、桃子、柿子等生果切削拼叠成各种鸟兽等形状的果盘；寸许长的绣花衣裙鞋袜及花木屐；用金银彩线织绣的小罗帐、被单、帘幔、桌裙；指甲大小的扇子、手帕；用小木板敷土种豆粟苗，配上细木砌的亭台楼阁，精致小巧；又用米粒、芝麻、灯芯草、彩纸制成各种形式的塔楼、桌椅、瓶炉、花果、文房四宝及各种花纹和文字的麻豆砌成的供品；还要挂上一盏盏玻璃或彩纸的花灯、宫灯及柚皮灯、蛋壳灯、动物形灯等，精彩纷呈。

三更至五更拜仙，要连拜七次。姑娘们焚香点烛，对星空跪拜，称为“迎仙”。此时，除了邀请亲戚朋友前来作客以外，还要请邻里中相识与不相识的姑娘们一起拜神，观赏巧艺与玩具，进行各种游戏，或吟诗作对、行令猜谜，或穿针祭拜乞巧，一口气能穿过七枚针孔者被称为巧手（得巧），穿不过七枚者则称为“输巧”。或讲述牛郎织女故事及诗文典故，或请来歌姬唱曲，或自奏乐器，也可以四处参观别家乞巧桌的陈设。最后便焚烧纸制的圆盒（梳妆盒），盒里装有纸制的衣服、鞋、脂粉、梳妆镜、梳子等，每样一式七份。祭拜仪式结束后，八仙台上的摆设保持不动，留待翌日供姑娘们互相串访观赏。欢庆至半夜十二点钟，此时为织女下凡之吉时，此时所有的彩灯、香烛都一齐点燃，五光十色，一片辉煌，到处欢声鼎沸。欢宴一番，这才散去。

广州七夕拜仙，已婚女子一般不能参加，但新婚后的新娘在过第一个七夕时，要举行一次“辞仙”仪式。即在初六晚上祀神时，除了牲醴、红蛋、酸姜等（取兆得子）以外，还要加上雪梨或沙梨，表示与姑娘节离别之意。①

4. 广州重阳登高

广州重阳登高，是广州及其附近地区，包括珠江三角洲和港澳地区的民众每年农历九月初九重阳节前后攀登广州市北郊白云山等山峰以及镇海楼等建筑物祈福转运、重阳敬老、拜山等一系列民俗活动。

广州重阳登白云山的风俗，与七月二十五白云诞（又称郑仙诞）有关。郑仙即先秦方士郑安期，山东琅琊人。相传郑安期曾在广州白云山一带行医济世，被尊称为安期生，其中“生”即“先生”之意。晋代嵇含《南方草木状》载：“番禺东有涧，涧中生菖蒲，皆一寸九节。安期生采服仙去，但留玉舄焉。”民间传说，当时瘟疫横行，郑安期为了拯救民众，在白云山寻找仙草九节菖蒲不幸失足坠崖，驾鹤成仙。大家根据他留下的指示，终于找到仙草，遏制了瘟疫的蔓延。

因为对郑安期的感激和崇拜，人们在其飞升处建了“郑仙祠”，又以飞升之日为郑仙诞，又称白云诞，一起登山致祭。同时采摘菖蒲，涧中沐浴，以求身体强健。这些活动逐渐演变成为广州地区一个重要的节俗。一直到新中国成立前，白云诞的活动都很繁盛。很多人在山上露宿，以寻九节菖蒲。也有的在郑仙祠内卧地而睡，称“打地气”，认为可以祛病消灾。后来，郑仙祠被毁坏，部分古迹年久湮灭，郑仙崇拜淡化，白云诞活动式微。

20 世纪 70 年代开始，白云诞与九月九的重阳登高结合，声势复隆。

---

① 张杨. 话说百“越·粤”文明，走进广东文明. 哈尔滨：黑龙江人民出版社，2006. 137 ~139.

广州重阳旧俗，载花糕萸酒，登五层楼、双塔，放响弓鹞。前者取登高转运之意，后者谓去“衰运”。也有重阳拜山祭祀先人的。现在，重阳登高转向登白云山，吸收了白云诞的人文传统，焕发出新的生机。重阳前夜，人们欢声笑语，扶老携幼，手持风车登山，露宿一夜，次日方下山回家，认为这样可以强身转运，健康如意。每年参加人数都达二三十万，成为欢乐、祥和、健康、热闹的群众性节俗。

每年农历九月初八日下午开始，一直到第二天，广州市民以及珠江三角洲、港澳地区部分群众，携带食品、饮料、露宿用具等，手持转运风车，从四面八方汇聚到广州北部白云山，经各个山门上山，登高祈福。

重阳当日，登山的民众陆续下山。他们将从山上带下来的转运风车放到家中客厅或阳台、窗口上。有的还给那些没能参加重阳登高的亲戚朋友，特别是给病人捎带一个，认为可以给他们带来好运。①

5. 高流河墟

阳春市城北10多千米处有一条河，名叫高流河。该河发源于合水镇五点梅峰西南山谷，河长17.7千米，从东向西流入漠阳江。河两岸经长年流沙淤积，形成广阔的大沙滩，一桥横架南北，高流河墟就开设于此。

高流河墟的开创与阳春城的建立，都与被称为“岭南圣母”的冼夫人和阳春太守冯仆有关。相传冼夫人治邑时，曾在高流河畔建起了约六平方千米的练兵场以操练千军、保境安民，并从这里三次领兵出征广州，先后平定欧阳纥、王仲宣叛乱。冼夫人与儿子冯仆在教练场地北高流河畔庆功，展出皇帝赏赐的驷马安车、八音鼓吹和麾、幢、旌、节仪仗和战利品。此后相习成俗，每隔40年，当地的老百姓都会自发举行一次“万年缘胜蘸”，继而流传下来形成了今天一年一度的高流河墟，主要买卖铁、竹、木农具制品。

1 400多年来，高流河墟开创了民间商业贸易的先河，成为千载流传的竹、木、农具、编织、工艺品和农副产品的交流盛会和一项地方文化活动，每年的农历五月初四也成为一年一度的高流河墟日。古墟距阳春市区13千米，每近农历五月初四，当地和周边城市的商人和群众都会赶赴此地，出售和选购精美的竹木藤器。期间人头攒动，场面蔚为壮观。如今的高流河墟已不再只是集市了，而是成为购物、观光的旺地。近年来，每年趁墟的人数超过13万。

据说，墟日的水有“仙气”、“灵性”，浸过高流河水的竹木制品永不生虫蛀；墟日沐浴过高流河水的小孩不生痱子；高流河墟当日下午必下雨；赴高流河

① 徐燕琳. 从郑仙诞到广州重阳登高——兼谈传统民俗的现代化演变. 华南农业大学学报，2007 (3).

墟必须连去三年，才能带来好运；未婚男女相约赴墟，大多能喜结良缘；青年女子如果在农历五月初四这天泡了高流河的水，就会皮肤靓丽，美丽动人，找到心中的白马王子，等等。于是，人们买到竹木器后，都拿到河中浸泡一下，然后才湿淋淋地挑回家去。很多家长也把小孩子带到河中洗澡。这一天也往往有盛大的开墟仪式和阳春特色民间艺术展演，包括醒狮表演、八音表演、山歌对唱、醒狮高桩表演、舞蹈、莲花板等，人头涌涌，十分热闹。①

6. 康王宝诞

“康王宝诞”是东莞石排镇塘尾村的重大节日。每到“康王宝诞”、“康王出巡”活动期间，石排家家户户隆重准备，祖籍石排镇的海外乡亲也回到家乡，联系感情，追寻故土文化之根。

据《宋史》记载，康王名叫康保裔，河南洛阳人，北宋时任龙捷指挥使。北宋咸平二年（999）十月，辽国大举入侵北宋，康保裔率军与辽军激战于河间，孤军被困，力战至死。《宋史》将康保裔列在《忠义列传》的首位。康保裔殉国后，民间因其忠义，纷纷建庙供奉，并将其演化为护佑一方的神祇。石排镇至今还完好地保存着供奉康王的“康王庙”，500 多年来，每年农历七月初一至初七都举行纪念康王诞辰的民俗活动，包括隆重的纪念、祝寿、祈祷和酬神。时间安排是：初一解秽、出位、沐浴、更衣、壮行、巡游；初二至初六供奉拜祭；初七赞寿、出巡、答地头、安座，还有“千人宴”和“神灯竞投”等活动。

每年农历的六月二十五左右，塘尾村民就开始筹备“康王宝诞”活动。筹备活动由村民组成的心诚社成员牵头，置办香、烛、彩旗以及各种祭拜用品，安排好活动期间的各项事务。到了农历六月三十与七月初一凌晨交接的子时，心诚社便会安排村民沿村内各个大街小巷彻夜打铜锣直到天亮，提醒村民康王宝诞的盛大节日到了。

康王出巡是“康王宝诞”活动中最具特色的一道风景，分初一和初七两次进行。出巡时由数百人组成的巡游大队铜锣开道，鼓乐齐鸣。据说，只要为出巡的康王抬过轿子，康王便会给他带来一年的好运。沿途所过之处，都有村民在家门口摆好供品，焚香烧纸，顶礼膜拜，并燃放鞭炮，迎接康王。

康王神像回到梅庵公祠后就安放在公祠大堂正中，摆好神帐、祭台。随后，村里到广州请来的两个戏班子便搭起戏台，从七月初一直到初七，分黑白两班，日夜轮演。初一至初七每晚张挂数十只灯笼，一直点到天亮。整个活动期间，塘尾古村里锣鼓喧天，日夜歌舞。“康王宝诞”活动的头尾两晚举办“千人宴”。

---

① 刘再丽．岭南风情画．北京：中国轻工业出版社，2008．75～77．

村民们共聚一堂，品尝各样传统美食，欢庆“康王宝诞”。

七月初七这天晚上，吃过“千人宴”后，村民们就开始进行“神灯竞投”活动，将康王帅府前的三个灯笼进行拍卖，所得资金用于举办下一年度的康王宝诞活动。竞投过程精彩纷呈，把一年一度的“康王宝诞”活动推向高潮。①

7. 小榄菊花会

中山小榄自南宋开村，距今已有850多年的历史，是中国市镇早期菊展的发源地之一。小榄人爱菊的历史悠久。小榄菊花会也久负盛名，饮誉海外。

传说，南宋咸淳十年（1274），为避刑宪从南雄珠玑巷南来此地的先民为小榄遍野黄菊所吸引，便在此垦荒定居，俟后并将野菊移植于园圃中。从此，当地人民的生产、生活和文化都与菊花结下了不解之缘。又有人说，在宋末金元之际南迁避难的小榄先民见小榄土地肥沃，气候温和，适于栽菊，便把中原菊花栽培技艺及赏菊、赛菊之风带入小榄，并逐渐形成了独具一格而后被誉为“榄溪遗风”的小榄菊花文化。

到了明代，小榄艺菊之风已盛。乡中名门望族者，应试科举，踏上仕官之途，其荣归故里者，多营府第、园圃，以栽花艺菊为乐，借菊会友，借菊吟咏。明代广东理学大家陈白沙有一次来到小榄，留宿在榄山书屋，别时写有《别榄山》诗，诗云“主人更道秋来好，收拾黄花待我回”。明代南京礼部尚书李孙宸所撰写描述家乡的《两榄风景地势》一文中已有“岁岁黄花看不尽，诗坛酌酒赏花村”的赞美之词，足见当时小榄菊风之盛，爱菊者众。

及至清代，已经形成以广东小榄为代表的南派菊花会。康熙年间，小榄艺菊水平已相当成熟。乾隆元年（1736）遂有赛菊之举，名为“菊试”。再次举行菊试是在乾隆五年（1740）。菊试即在祠堂前盖搭棚架，菊花“盛开时，集乡人所植各种，设赏格，评高下”，俨然开科取士。试毕则分别次第颁发奖品。菊试赛期在霜降后，评比以“三不”（不脱脚叶、不交枝、不跪脚）为标准。之后改办“菊社”。“菊社”又名“黄华会”，以氏族、庙宇、图甲、坊社为单位进行结合，每年逢菊放时节，将各种好菊聚集在社所，办法及形式与菊试不同，不设奖酬，去科举俗习，步前贤以文会友。乾隆四十七年（1782），乡人又将“菊社”（黄华会）扩大，命名为菊花大会，在会期中，除列花评选，觞咏取乐外，且演戏助兴，通宵达旦，以庆丰年。乾隆五十六年（1791），再度举办。当时的香山县令彭竹林曾为小榄菊会写下“榄市花期韵欲仙”的赞誉。嘉庆十九年甲戌

① 塘尾村“康王宝诞”. 中文信息（行游数码），2007（12）；游峰，肖烨. 塘尾“康王宝诞”，延续了三百年的民俗. 东莞日报，2011-08-15.

(1814)，由乡内何氏、李氏、麦氏、梁氏、萧氏等10个菊社联合举办了一次规模盛大的菊花大会，由于“甲戌”有纪念先辈定居之意，故小榄人都习惯称它为第一届小榄甲戌菊花大会。小榄人商定以后每逢甲戌年举行一次盛会，永不更替。以后的同治十三年甲戌（1874）和民国二十三年甲戌（1934），都分别举办了第二届和第三届小榄甲戌菊花大会。目前的小榄菊花会越办越旺，人气越来越旺。①

8. 南朗崖口飘色

飘色，又名抬阁、彩擎、高抬、彩架、扎故事、彩亭等，是以人物为造型，以故事传说为主要内容，以沿街巡游为主要形式，运用巧妙的力学原理，设计精巧，融美术、装饰、杂技于一体，辅之以音乐、舞蹈的大型活动。通常由两三个小孩在板上扮演神话故事或历史传奇、戏曲故事中的人物及场面，由四个人抬着缓慢行进，同时还有八音锣鼓队奏乐伴随，供人观赏。

飘是指脱离地面，尽展凌空之美；色（原意是饰）是指精心巧妙的装饰。所谓飘色，即由若干人推着一座装饰华丽的“色板”，色板上安排好固定姿势的人物形象。飘色的神奇，在于人物只靠一根看不见的色梗支撑着，在高可逾人的空中做出各种造型，人物飘然欲飞。有时空中飘动的人物的立足点只是缨枪或剑尾，甚至可能踏着的是活生生的动物，如公鸡、白鸽、鲤鱼、金鱼等。

广东各地都有飘色活动，如沙湾飘色、黄圃飘色、台山飘色、崖口飘色、吴川飘色、信宜飘色等，来源也各有说法。比如番禺沙湾飘色，当地流传两种说法：一是清代粤剧艺人李文茂起义失败后，清廷严禁粤剧，群众想看戏而不可得，遂以小孩扮成戏曲人物抬着游行，沙湾飘色由此而起；二是明代沙湾李路远（据说是宋末探花李昴英的后裔）在云南做边关大将，当时云南有两族人为争夺明太祖朱元璋敕造的“北帝”塑像而几乎发生械斗。幸得李将军调解平息，最终重归于好。他们遂把北帝塑像送给李将军，李将军把该像运回沙湾以后，每年农历三月初三“北帝”诞辰就抬着北帝塑像出游，又加之以书会及舞龙、飘色等民间艺术助庆，飘色由此而产生。中山南朗崖口飘色据说源自于唐代的“耍菩萨”活动，是为了纪念治病救人、不幸殒身的谭氏夫妇。据说，村民感念他们的恩德，村中一位扎纸艺人就按谭氏夫人生前的模样扎了一个纸人，貌似菩萨，叫来自己的四个儿子抬着参加送葬。那天是五月初六。从此，崖溪各村的村民，每到那一天，就会扎制好菩萨巡游，祭祀无私奉献的谭氏夫妇。也有说清咸丰年间，广东各地流浪艺人每逢酬神庙会，便打扮成戏曲人物的造型表演，称“赛

---

① 小榄菊花文化网，http：//www. xiaolan. gov. cn/juhua/index. php？op = show&id = 33.

声”或“彩色”，后来发展成为马匹上装扮的“马色”、水上装扮的“水色”，而装扮在托上由多人抬着游行的则称为“飘色”。

南朗镇崖口村位于广东省中山市区东南珠江出海口西侧。南朗崖口飘色源于唐代“耍菩萨”祭祀民俗，后称为“出会景”、“枭色”、“飘色”等，于每年农历五月初六“龙王诞”时举行。据清同治七年（1868）《香山县志》载：“每遇神诞日，张灯歌唱，曰打醮，盛饰仪从，舁神过市，曰出游，为鱼、龙、狮、象，鸣钲叠鼓，盛饰童男女为故事，曰出会景。”其描述的就是南朗崖口飘色的盛况。

崖口飘色原为民间岁时祭祀活动，具有浓厚的地方民间艺术色彩。崖口飘色主要以民间传说、民间故事等为素材。与一般飘色不同，南朗崖口飘色以最有当地特色的“秋千色”为主，色芯、色脚不用固定在色梗上，而是出巡时随着秋千上下飘动，并且可以随时更换色芯、色脚，更具人性化色彩。由于当年崖口村有一批村民去过香港的太古船厂做轮船制造的焊接师傅，他们有着十分精湛的焊接技艺，这些村民将太古船厂的焊接技术带回村里用于色梗和秋千架的焊接上，令崖口飘色的色梗技术显得十分出色。为了安全起见，每次秋千色的色架和色梗焊接好之后都要经过严格的承载力测试，用色芯和色脚体重200%的沙包之类压在秋千架上进行翻滚试验。由于焊接师傅技术精湛，所用的钢条质量上乘，力学设计原理合理，崖口的秋千色一直安全稳妥地飘逸了上百年。

崖口飘色色彩绚丽，玲珑飘逸，富有游行节奏感、故事性强等特色。另外，与崖口飘色一起出巡的头牌、罗伞、彩旗上有精致的粤绣，也是崖口飘色的一大特色民间艺术。崖口飘色曾于20世纪30年代和40年代先后到香港、澳门表演，在1988年创办的中山慈善万人行新民俗活动中，崖口飘色有了新的发展。①

第四节　生活民俗

生活民俗包括服饰民俗、饮食民俗、居住民俗、交通与行旅民俗，它最先是以满足生活需要为目的的。随着人们生活的变化，各地区生活民俗也日趋多样化、复杂化。广东各地区、各民族的生活民俗有很多共性，比如粤人都嗜好饮茶；但也有差异性，如饮茶各地又分潮汕工夫茶、广府早茶、客家擂茶等。本节以饮茶及粤菜为例介绍。

---

① 林凤群．南朗崖口飘色．中山侨刊，2008（75）；沙湾，历史文化镇．南方都市报，2004－05－20．

一、广式饮茶习俗

广式饮茶习俗，是从以广州为中心的珠江三角洲地区产生并发展起来的，以早茶为中心，与具有广州特色的茶点结合，包括一系列茶礼茶俗、民风民情、民间文化的民俗文化。它具有鲜明的地方特色、广泛的群众性和传承性，其影响深入珠江三角洲和港澳地区，也是海外粤籍华人华侨文化认同的重要方式。

广式饮茶习俗是中原茶俗的分支和发展。广州是海上丝绸之路的起点，是我国最早的茶叶对外贸易中心。西汉开始就有茶叶出口的记载，东汉时的《桐君录》云：（皋卢茶）“交、广最重。客来先设，乃加以香芼辈。”这一记载说明广州很早就有以茶敬客的礼俗。晋裴渊《广州记》也有广州人饮皋卢（苦丁）茶的记载。南朝宋沈怀远《南越志》谓：“天井冈下有越王井，深百余尺，云是赵佗所凿。诸井咸卤，唯此井甘。泉可以煮茶。”大批移民和文人名士来粤，把茶礼茶俗带进广州，并深入民间生活。宋代开始，饮茶之风盛行，名宦邹非熊等人曾煮茶景濂堂、泛舟九曜池，郑熊《番禺记》亦云：“白云山下安期井，其味常甘，煎茶浸果，有金石气。”说明当时饮茶既普遍，又清雅。

清代，广东饮茶习俗的地域特色更加鲜明。“二厘馆”、茶居、茶楼等相继出现，茶点结合，雅俗共赏，成为饮茶习俗的载体。广东人在民间饮茶习俗的基础上，创造出以早茶为中心的具有广州特色的饮茶礼俗和饮茶文化，推动了广式饮茶习俗的系统深入。

饮茶，特别是饮早茶，是广东人生活的一部分。民间认为，早晨喝茶清肠胃，益健康。每天五六点钟，早起的广州人就来到茶楼，一盅清茶，两件点心，“叹”起茶来。太阳升起的时候，茶楼里已是人声鼎沸、热闹非凡。

饮茶，是一种大众性的民间习俗和生活方式。广东人无论贫富都喜欢饮茶，茶楼消费也丰俭由人。在简陋的“二厘馆”基础上，由于社会交往、生意洽谈的需要，在出口贸易繁盛的十三行地区，产生了三元楼、陶陶居等一批茶楼。这些茶楼承担了饮食、交流、休闲、娱乐等多种功能，成为雅俗共赏的好去处。因为茶楼的产生与商业文化密切相关，所以特别强调服务热情周到、信誉至上和高效实惠。在早茶的基础上，广州还发展起午茶、晚茶，形成具有广府特色的“三茶两饭”。传统茶楼还有粤曲清唱、说书讲古、棋艺对决等民间演艺。

广式饮茶并不特别讲究茶道和茶艺，但对民间礼俗非常重视。品种繁多、博取众长、精美可口的茶点，也是广式饮茶的一大特色。茶靓水滚、茶点结合的早茶和高敞优雅、充满“人声人气”的茶楼，成为广州特有的人文景观。饮茶，是亲朋团聚、沟通情感，生意洽谈、交流信息等社会活动的重要方式。饮茶习俗，也是广州历史文化与民间习俗的重要组成部分，代代相传，绵延不绝。

饮茶也是重要的社交方式。做生意的喜欢到茶楼“倾（谈）生意”，行话叫“斟盘”。江湖中人有事端要摆平就上茶楼“讲数”。戏班老倌聚会、雅士品茗，也到茶楼“斟（侃谈）世界”。也有到茶楼叹茶“相睇”（相亲）的。现在，广州人结交朋友、洽谈生意、婚宴欢聚、消闲遣兴以及各种社会活动都喜欢在茶楼进行。特别是节假日，全家老少、亲朋好友齐齐登楼啜茗，堪称清饮雅赏。

广式饮茶礼俗颇多。如斟茶先斟别人再斟自己，茶要八分满，以示尊重对方；俗话说：“酒满敬，茶满欺。”揭开茶壶盖表示续水，茶壶盖反扣表示已埋单，禁止反手斟茶，等等。这些礼俗均有故事相伴。比如接受别人斟茶要双指叩桌面表示感谢，这一礼俗源出乾隆皇帝下江南的故事。据说乾隆微服来到茶楼，顺手为随从斟茶。随从本应叩谢，又恐暴露身份，遂屈其食指和中指，轻叩桌面表示叩拜。这一习俗传袭至今。手指数量不同，意义也有不同。如高堂健在，并已成家、育有子女，用五指；高堂离世，只有妻儿，用三指；成家立业未育儿女用两指；未成家的用一指。现在一般简化为用一指或两指。

茶也是人生礼俗。婴儿出生时要喂开口茶，此茶由淡竹叶、金银花、灯芯草等制成，据说可以去胎毒，并有先苦后甜的寓意。结婚过礼内容包括“油麻茶礼”，即茶叶和芝麻，祝愿种植不移之子，暗喻女子一经缔结婚约，便要信守不渝。大聘时，女方要为女儿做“行茶礼”招待亲友，以示婚事已定，等待嫁期。新娘下花轿入门后先向公婆敬茶，公婆饮了“新抱”（媳妇）茶，表示承认这个媳妇。这是新娘过门第一项家庭身份认同仪式。拜完天地举行酒宴，酒宴上新娘还要向所有来宾敬茶，具有获取社会认可的意义。此外，很多民间重大活动，如拜师、认错等均以敬茶方式进行。拜神、拜祭先人也须燃点香烛、斟好香茶。

广式饮茶习俗具有鲜明的地域特色、广泛的群众性和民间传承性，承载了广东人民许多重大历史文化信息和原始记忆，深具人文文化价值以及人类学、民俗学价值以及由于深厚的人文内涵，广式饮茶受到许多人的喜爱，并深刻影响了珠江三角洲和港澳地区人们的生活。①

二、潮汕工夫茶

工夫茶的“工夫”，指的是沏泡时的学问及品饮工夫。工夫茶起源于宋代，在广东的潮汕地区及福建的漳州、泉州一带最为盛行。

潮汕、闽南一带喝茶的历史悠久。明代《荔镜记》里益春有一段潮腔唱词：

---

① 徐燕琳. 非物质文化视野下的广州饮茶习俗. 农业考古，2007（2）.

"十八年前在深房，盆水茶汤是你捧。"潮剧《苏六娘》中苏妈也叮嘱女儿："你油盐酱醋须看理，人来客往槟榔茶。"林大钦《斋居》诗有"扫叶烹茶坐复行，孤吟照月又三更"。较早对于潮汕工夫茶的文字记载是清代俞蛟《梦厂杂著·潮嘉风月·工夫茶》，及至民国翁辉东撰《潮州茶经·工夫茶》，则以详尽著称。潮汕工夫茶，是融精神、礼仪、沏泡技艺、巡茶艺术、评品质量为一体的完整的茶道形式。

潮汕工夫茶以茶具精致小巧、烹制考究、以茶寄情为特点。据翁辉东《潮州茶经》称："工夫茶之特别处，不在茶之本质，而在茶具器皿之配备精良，以及闲情逸致之烹制法。"工夫茶以浓度高著称，初喝似嫌其苦，习惯后则嫌其他茶不够滋味了。工夫茶采用的是乌龙茶，它介于绿茶和红茶之间，属于半发酵茶类。其中凤凰单枞产自潮州凤凰山区，匀整挺直，色泽黄褐，汪润有光，有朱砂红点；冲泡后清香持久，汤色清澈，叶底边缘朱红，叶腹黄亮，有"绿叶红镶边"之称。铁观音是乌龙茶中的名品，它也是中国十大名茶之一，产于福建安溪，其条索紧结，色泽砂绿，好的铁观音因在制作过程中咖啡碱随水分蒸发还会凝成一层白霜。冲泡后汤色金黄，浓艳似琥珀，有天然兰花香，滋味醇厚甘鲜，回甘悠久，俗称有"音韵"，"七泡有余香"。近年来乌龙茶被发现有健身美容功效后，更是风靡日本和东南亚。

潮汕工夫茶最讲究的是茶具与冲法。

工夫茶的茶具需要成套：

（1）茶壶。潮州方言叫"冲罐"，也有叫"苏罐"。选择茶罐好坏标准有四字诀，曰"小、浅、齐、老"。茶罐有二人罐、三人罐、四人罐等的分别，以孟臣、铁画杆、秋圃、萼圃、小山、袁熙生等制造的最受珍视。壶的式样很多，有小如橘子的、大如蜜柑的，也有瓜形、柿形、菱形、鼓形、梅花形、栗子形等。一般多用鼓形的，因其端正浑厚的缘故。壶的色泽也很多，朱砂、古铁、栗色、紫泥、石黄、天青等。辨别壶的好坏，要看"三山齐"，即壶嘴、壶口和壶把要在一条水平线上。

（2）茶杯。选择茶杯也有四字诀：小、浅、薄、白。小则一啜而尽；浅则水不留底；质薄如纸以使其能起香；色白如玉则以衬托茶的颜色。

（3）茶洗。烹工夫茶必备三个，一正二副：正洗用以浸茶杯；一个副洗以浸冲罐，另一个用以盛洗杯的水和已经泡过的茶。

（4）茶盘。茶盘也有各种款式，如圆月形、棋盘形等。但不管什么式样，重要的是宽、平、浅、白。

（5）茶垫。比茶盘小，是用来置冲罐的，要注意"夏浅冬深"。

（6）水瓶与水钵。用来贮水烹茶。

（7）红泥小火炉。形式各异。特点都是长形，高六七寸，置炭的炉心深而小，这样使火势均匀，省炭。小炉有盖和门，不用时把它一盖一关，既节约，又方便。

工夫茶之冲法，有一套十分烦琐的程序，包括治器、纳茶、候汤、冲茶、刮沫、淋罐、烫杯、酾茶等。冲泡由主人亲自操作。首先点火煮水，并将茶叶放入冲罐中，多少以占其容积之七分为宜。待水开即冲入冲罐中之后盖沫。第一冲杯，以初沏之茶浇冲杯子，目的在于造成茶的精神和气韵彻里彻外的气氛。洗过茶后，再冲入“虾须”水，此时，茶叶已经泡开，性味俱发，就可以斟茶了。斟茶时，三个茶杯并围一起，形成一个“品”字，以冲罐巡回穿梭于三杯之间，直至每杯均达七分满。此时罐中之茶水亦应合好斟完，剩下之余津还需一点一抬头地依次点入三杯之中。潮汕人称此过程为“关公巡城”和“韩信点兵”。三个杯中茶的量、色须均匀相同，如此方为上等功夫。最后，主人将斟毕的茶，双手依长幼次序奉于客前，先敬首席，然后为左右嘉宾，自己最末。

品茶，要先闻香味，然后看茶汤的颜色，最后才是品味道，一杯茶要刚好分为三口品完。品茶时香味从舌尖逐渐向喉咙扩散，最后一饮而尽，可谓畅快淋漓。饮完后还要向主人“亮杯底”，一则表示真诚领受主人厚谊，二则表示对主人高超技艺的赞美。

泡至五六次时，茶便要香发将尽，礼数也差不多了。最后一巡过后，主人用竹夹将壶中余叶取出，放在一个盅内，请客观赏，称为“赏茶”，一则请客人看到精美的叶片原形，回到茶叶的自然本质；二则表示叶味已尽，地主之谊倾心敬献，此时喝茶方告结束。①

三、客家擂茶

擂茶是客家人招待亲朋的传统方式。擂茶的名称早在宋代就有记载。客家人用擂茶敬祖、待客，日常生活中也不可少，民间有“无（擂）茶不成客”的说法。

客家擂茶制作需要擂钵和擂棍。擂钵为陶制圆形牙钵，直径约50厘米，也有33.3厘米的小擂钵。钵内四周为错落有致的罗纹，外型拙秀兼容。擂棍长

---

① 邬梦兆. 中国茶养生大全. 广州：广州出版社，2007. 283，368；潮州茶具. 潮州在线，http：//www. 0768w. com/bendi/info－56539. html；潮州凤凰茶网，http：//www. czfhc. com/ycwh/show. asp? lbid＝12&id＝618.

67～100 厘米，多选用元樟木、山苍树或油茶树。擂茶时，将茶叶连同炒熟了的芝麻放入钵内慢慢擂成粉末，再加入熟花生，倒少许水，捣至糊状，放适量食盐，冲进滚水，再加数片薄荷，一钵香气袭人的擂茶便成了。闻上一闻，清香扑鼻，喝上一口，神清气爽，齿颊留香。

客家擂茶原料很多，将生米、茶叶、生姜浸泡后，捣磨成糊状，拌上韭菜、陈皮、菜豆、虾仁等，加盐兑水煮好，洒上作料，就是“米茶”。不加米称为“盐茶”。擂茶不仅清凉解渴，而且消痰化气，健脾养胃，深受人们喜爱。①

四、粤菜

粤菜即广东菜，是中国汉族八大菜系之一，由广州、潮州、东江三地特色菜点发展而成，以广州菜为代表，潮州菜、东江菜各有特色，一般也将以广州为主的广府菜系称为粤菜。粤菜起源很早，南宋以后，粤菜的技艺和特点日趋成熟。明清两代，是粤菜、粤点、粤式饮食真正成熟和发展的时期。粤菜具有独特的南国风味，并以选料广博、菜肴新颖奇异而著称于世。屈大均《广东新语》说：“吾粤金山珠海，天子南库。”“计天下所有之食货，东粤几尽有之。东粤之所有食货，天下未必尽有之也。”特别是到了晚清，广州作为中国南方的重镇，吸收西菜技法之长，加之我国南北风味特色互相渗透和促进，在烹饪大师们的不断改良和创新下，粤菜得以迅猛发展。据《清稗类钞》记载，“肴馔之有特色者，如京师、山东、四川、广东……”其时已成为我国四大菜系之一，食品之丰，款式之多，世人称绝，亦有“食在广州”的说法。

粤菜的特点是食材多样，特别是海鲜、河鲜。同时选料、用料、刀工、配菜都极为讲究造型，高雅大气。同时一直遵循“有传统，无正宗”的思想，粤菜善于发扬传统、弘扬精华，适应变化、大胆创新。特别是在菜品的制作方面，鼓励在掌握自身基本烹制方法的基础上，可以灵活调整、变通菜品制作过程。这是粤菜“颇具少年革命精神，而且有开创求新的精神，并且极力拓展吃的领域”（赵起钧《烹调原理》）的思想基础。

粤菜用料广泛，选料精细，技艺精良，富于变化。烹调方法有 21 种之多，尤以炒、煎、焗、焖、炸、煲、炖、扣等见长，讲究火候，尤重“镬气”和现炒现吃，做出的菜肴注重色、香、味、形。口味上以清、鲜、嫩、爽为主，而且随季节时令的不同而变化。夏秋力求清淡，冬春偏重浓郁，并有“五滋”（香、

① 刘劲峰．客家擂茶源流考．李逢蕊．客家纵横（2）．龙岩：闽西客家学研究会，1993．268～269；范英，刘权．厚德载物·广东客家人的风骨．广州：广东人民出版社，2005．121．

酥、脆、肥、浓）、六味（酸、甜、苦、辣、咸、鲜）之别。选料广博奇异，品种花样繁多，飞禽走兽、鱼虾鳌蟹几乎都能上席。粤菜口味比较清淡，力求清中求鲜、淡中求美。名菜有红烧大群翅、红烧鲍鱼、麻皮乳猪、龙虎斗、八宝冬瓜盅、虾子扒婆参、香滑鲈鱼球、白切鸡、白云猪手、白焯海虾、五彩炒蛇丝、脆皮烧鹅等。

潮州菜是潮州、汕头地区的风味菜。潮汕地区的饮食习惯与闽南相近，同时又受广州地区的影响，融两家之长，自成一格。潮州菜以烹调海鲜见长，其汤菜最具特色。加工精巧，注重保持原料的鲜味。其烹调擅长焖、炖、烧、焗、炸、蒸、炒、泡等技法。口味尚清鲜，力求清中求鲜、淡中求美。其风味名菜有冷脆烧雁鹅、潮州豆酱鸡、护国素菜汤、炊鸳鸯膏蟹、佛手排骨、酥香果肉等。

东江菜又称客家菜，是指东江流域一带客家人的家乡菜。东江流域的先民大多是历代从中原南迁而来的汉人，同时又因东江地区的自然环境、物产种类与客家人祖籍的中原地区相近，因而形成了带有明显中原文化特色的客家菜，也称东江菜。东江菜的特点是主料突出，味道浓郁，造型古朴。菜肴多用肉类，很少以蔬菜和水产搭配，下油重，味偏咸，以砂锅菜见长。其风味名菜有东江盐焗鸡、扁米酥鸡、爽口牛丸、玫瑰焗双鸽、东江酿豆腐、东江爽口扣等。①

---

① 黄明超．粤菜烹饪教程．北京：中国轻工业出版社，2003；韦燕生．中国旅游文化．北京：旅游教育出版社，2005；庞杰．食品文化概论．北京：化学工业出版社，2009．

第七章 民间技艺

民间技艺是劳动者为满足自己的生活和审美需求而发明创造的技能和艺术，也被称为“生产者的艺术”（鲁迅语）。民间技艺作为人类文化的基本内容之一，既包括实用性的生产、生活技能技术，也包括民间工艺美术等各种艺术表现形式。它们构成并体现了民族传统的科学技术观念、价值、文化观念和审美判断。在中华民族源远流长的文明长河中，有着许多神奇的民间技艺在不断地创造、发展、传承和创新，不但为人们的生活增添姿彩，也不断推动着我们的文明史、文化史发展。

第一节 饮食制作

在漫长的历史时期里，人们为了满足生活需要，往往就地取材，选取各种天然材料，以传统的手工方式制作出各种各样的美食。这些制作带有浓郁的地方特色和民族风格，与民俗活动密切结合，与生活密切相关，文化内蕴深厚，从而让人们在一年中的四时八节等岁时节令、系列人生礼仪以及衣食住行的日常生活中都有民间艺术的陪伴。

一、小凤饼

广州名饼鸡仔饼，原名“小凤饼”，相传为清咸丰年间广州西关姓伍的富家一名叫小凤的女工所创制，其成为名饼却在半个世纪之后。附近成珠茶楼的师傅尝到了这种小饼，觉得风味很好，便按照小凤原来的制作用料和技法加以研究改良，制成了一款新小吃。由于它形似小鸡，故称“鸡仔饼”，又因是小凤姑娘首创，也叫“小凤饼”。而因用料比以前有所改变，就又叫“成珠小凤饼”。其味甜中带咸、甘香酥脆，受到顾客青睐。其后，小凤饼的制作工艺又进一步改进，务求精制巧作，并改进包装，以罐装或盒装，远销东南亚。小凤饼 1990 年获得中华人民共和国国内贸易部颁发“中华老字号”称号，1997 年由中华烹饪协会颁发“中华名小吃”称号。

小凤饼制法：

原料：精面粉470克，熟糯米粉540克，肥猪肉900克，白糖1 525克，榄仁270克，芝麻270克，瓜子仁270克，花生油510克，鸡蛋50克，碱水25克，盐10克，五香粉5克，胡椒粉5克。

（1）取白糖300克加150克清水，以小火煮成420克糖浆，晾凉待用。

（2）将碱水与1 000克白糖、210克花生油、面粉一齐混合揉至光润，饧发2小时作皮料。

（3）将肥猪肉切碎末，加入白糖、榄仁、芝麻、瓜子仁、五香粉、胡椒粉、精盐、熟糯米粉、花生油等混合拌匀成馅料。

（4）将皮面下10个剂子，分别压扁后包入1份馅料，捏成饼状，整齐排列在烤盘中。

（5）将鸡蛋打散成液状涂抹在饼坯上，之后即可入炉烘烤，约12分钟熟透装碟。

制作要领：

（1）原料要精挑细选，如去皮肥猪肉、冷白糖浆等。

（2）烘制时要用膛炉，使每只饼的底面火力均匀，水分挥发得恰到好处，从而保证烘出的饼脆而不韧，甘香可口。

风味：色泽金黄、酥软可口、味甘香，入口爽脆松化，且能久存。①

二、乒乓粿

乒乓粿用糯米粉做粿皮，加上适量花生油拌匀为胚料；粿馅以槟醅麸为主体，加上熟砂糖、花生碎、芝麻、橙糕等辅料。制作时，先取一小块胚料，捏成圆薄片，放进适量的馅料，捏成圆粿型，然后用木模或陶模印出花纹，以豆腐膜作垫底，蒸熟晾干。食时一般需再蒸炊，并以文火煎热，使之皮酥馅软。

相传南宋末年，元兵入侵，兵荒马乱，饥寒交迫，人民只得靠啃草根、吃野菜度日。人们发现了一种叫“鼠壳草”的，不仅无毒，同时还好吃且具有香味。有人便用“鼠壳草”混合糯米碾成粉，然后以粉为粿胚加佐料做成粿，蒸熟后呈暗褐色，吃起来别有风味。因为它是黑色的，所以揭阳人便称之为“乌粿”。尔后，人们每逢喜庆之事，都要做“乌粿”，但因“乌”字不大好听，遂用粿胚的原料——“鼠壳草”来为它命名，改称为“鼠壳粿”了。后来，人们又改用槟醅麸作鼠壳粿的馅子。槟醅，就是把糯粟装在密封的铁罐内，爆炒熟，过筛去

---

① 严金明．广东小吃．北京：中国轻工业出版社，2001．65～66.

壳，碾碎。做粿时，每斤槟醅麸加熟白糖一斤、芝麻二两、花生三两、榛糕五钱。每斤鼠壳粉做30个粿胚，大小如半粒槟榔那么大。经过配制而成的鼠壳粿，具有外清、柔、软，内甜、香、脆的特点。

长期以来，槟醅粿点心师们不断地对粿皮、粿馅进行改进，使其制作工艺愈发完善。明代被称为“潮州后七贤”之一的黄奇遇，致仕回乡，品尝到家人做的鼠壳粿后，动了一下脑筋，对原来的皮和馅进行了改进，把揭阳鼠壳粿改进成现在的槟醅粿，并从家庭推广到店铺、客栈。

槟醅粿为什么又叫“乒乓粿”呢？有人说，制槟醅麸时，用糯谷在鼎中爆炒或经焗炉焗热膨胀，发出“噼啪”的响声，如同打乒乓球的声音一样，遂将其改名为“乒乓粿”。也有人说，是有外地人在揭阳买槟醅粿时，讹念为“乒乓粿”而流传下来。1956年，揭阳饮食行业所生产的槟醅粿每天都由专人送到各家旅社、客栈、码头、车站销售。而揭阳人本来就很难叫准槟醅粿的字音，再加上和外地顾客打交道，他们就更难叫准和使人听准。在一次买卖中，有个外地顾客问推销员：“你说叫什么‘粿’？叫‘乒乓粿’吗?”因为“槟醅粿”和“乒乓粿”在读音上比较相近，当时，那位推销员便顺口说：“对，叫‘乒乓粿’。”由于叫“乒乓粿”比叫“槟醅粿”容易而顺口，结果，不到几天，人们便都把“槟醅粿”改称为“乒乓粿”了。槟醅粿外皮清、柔、软，内馅香、脆、甜，这香来自“乒乓麸”（槟醅麸），即糯米带壳在鼎中反复烤焙，使其爆涨后压成的麸末。糯谷经烤焙后能产生一种特殊的谷物香味，正是这种香味，形成了揭阳乒乓粿的诱人特色。①

三、广式月饼

广式月饼是以广州为中心的广府地区的月饼。它的选料和制作技艺无比精巧，皮薄馅丰，滋润柔软，饼面图案花纹玲珑浮凸，油润光亮，色泽金黄，口味有咸有甜，味美香醇，百食不厌，因此成为人们在中秋节送礼的佳品，也是人们在中秋之夜，吃饼赏月不可缺少的美食。

广式月饼起源于1889年，当时广州城西有家糕酥馆，用莲子熬成莲蓉作酥饼的馅料，清香可口，大受顾客欢迎。光绪年间，这家糕酥馆改名为“连香楼”，那种莲蓉馅的饼点已定型为现时的月饼。宣统二年（1910），翰林学士陈如岳品尝该店月饼后大加赞赏，但觉“连香”二字不雅，建议改成“莲香”，并手书了“莲香楼”招牌，此招牌一直沿用至今。广州市由莲香楼始，各食肆、

① 漫话揭阳乒乓粿. 揭阳县志通讯，1987（2）.

饼家纷纷仿效生产月饼，又形成“陶陶居”、“广州酒家”、“金口月饼”、“趣香”、“大三元”等月饼名牌，广式月饼逐渐闻名海内外。

莲蓉是广式月饼的一大特色。据说早年莲香楼的制饼师陈师傅有天正在苦苦思索如何改进制饼工艺，忽闻一股莲香沁人心脾。他定神望着碗里的莲子，想到用莲子来制作饼点馅料。他把莲子洗净去芯，放到铜镬里煮，搅拌，再放进白糖、花生油。最初制出来的莲蓉不够光泽，且带有点涩味。经过琢磨，他发现问题在莲子衣上，就试着洗褪莲衣。他还发现，制作时的火候很关键，于是又用猛火、温火、慢火进行反复的试验，终于制出色泽金黄、幼滑清香的莲蓉。

创制莲蓉之初，是用直径近 1 米的大铜镬，每镬可煮莲子 50 公斤，以柴作燃料，煮制时间近 2 小时。为防莲蓉烧焦，要用一把长约 2 米的木铲不停地搅拌，火候和温度完全靠经验。由于生产技术难度大，故一直到 20 世纪 50 年代，莲香楼仍然是广州市内唯一一家生产莲蓉月饼供应各大宾馆、酒家的厂家。进入 70 年代后期，莲香楼首先研制采用了不锈钢的夹层油镬，减少了莲蓉出现焦块的现象，也让更多的人品尝到美味的莲蓉月饼。①

广州以外，珠三角、港澳地区也有很好的广式月饼品牌。比如位于深圳的安琪月饼，即由 1908 年创始的新会梁氏“永记饼店”发展而来。其制作技艺经过几代人的不断研究、实践及改进发展，最终形成了麦香与莲香交织在一起的香甜细滑的独特风味。

广东人“以和为贵”，追求家庭和睦、团圆，特别重视中秋节，过中秋是一年中最重要的节日之一。月饼代表了中秋，代表了合家团圆，体现了一种文化，中秋月饼承载着全球华人共同的亲情文化内涵。

四、咀香园杏仁饼

咀香园杏仁饼诞生于中山。中山人自古以来心灵手巧，一直都有结合本地风俗、选取本地的物产因地制宜地制作出风味食品的传统。咀香园杏仁饼是中山百姓根据祝寿款待亲友宾客的传统习俗，利用本地物产绿豆、猪肉、砂糖等原材料，用自制的木质饼模制成。然后，利用本地特制的炭炉将杏仁饼烘焙，使之成为有杏仁香味的饼食，深受百姓喜爱。历史上，澳门归属香山管辖，咀香园杏仁饼传统制作工艺诞生后，也从石岐流传至澳门。

杏仁饼诞生于清光绪二十九年（1903）的香山县城石岐，由兴宁里一书香世

① 张雪清．话说莲蓉第一家——莲香楼．甄人，谭绍鹏．广州著名老字号．广州：广州文化出版社，1989.

家萧友柏家的女佣潘雁湘在萧友柏侍妾林大姑的指导下创制而成。她用绿豆粉、用糖腌制过的肥猪肉片，精心制作绿豆夹肉饼用作孝敬老夫人之用，并以此招待宾客。此饼入口甘香松化，肥而不腻，咀嚼有杏仁香味，宾客品尝后，赞不绝口。从此，绿豆夹肉饼成为节日送礼、招待亲友的佳品，因其形状似杏仁，又有杏仁香味，故称“杏仁饼”。①

咀香园杏仁饼家在1918年正式挂牌经营，以“咀香园杏仁饼家”为店名，以梅花仙鹤图案注册“梅鹤”商标，并在包装盒上印上“迩来饼食，每忘国货。本园主人，有见及此，独出心裁，选料上乘，精制妙品。诸君光顾，请认商标”等字样。②

咀香园杏仁饼传统制作工艺由浸豆、烘干、磨粉、拌粉、倒模成型、烘焙、冷却到包装多个工艺环节构成。随着社会环境的变迁，咀香园经过多次改造、改革，代代相传，秉承传统手工技艺并不断创新发展。咀香园杏仁饼从家庭作坊式生产发展到企业化生产，从自家食用发展到畅销全国各地乃至海内外的传统食品，在港澳地区最受欢迎。1935年，咀香园杏仁饼获美国檀香山国际食品博览会“金鸡奖”。2006年被商务部授予“中华老字号”称号。近百年来，咀香园杏仁饼一直坚持运用传统工艺制作，从而保持了其独有的风味，历久而不衰。

五、肇庆裹蒸

肇庆裹蒸与一般的粽子不同，是人们希望生活蒸蒸日上的吉祥食物。它的制作和食用主要在春节期间。裹蒸很早就是美味的“贡品”、“御食”。南北朝齐明帝时，“太官进御食，有裹蒸。帝十字画之，曰：‘我食此不尽。可四片破之，余充晚食’”。（《南史》卷五）早在汉代，西江两岸城乡居民已有春节包裹蒸的习俗并沿袭至今，裹蒸是春节探亲拜年必备的礼品，寓意丰衣足食和来年好运。③

道光《肇庆府志》载：“端州本邑民俗，乡民每于年岁晚，粜新糯，磨新绿豆，猪肉为馅，以冬叶裹之，于宅前垒砖为灶，置宽肚瓦缸于上，用年来积聚之松根树头为薪，火不得间，通宵达旦以为炊。天明，呼儿以尝新。新正携之拜年相馈赠之物。此俗为外邑罕见。”每年到了腊月二十七，肇庆家家户户舂糯米、磨绿豆、洗冬叶包裹蒸，大街小巷都砌起炉灶，火光烛天，极为壮观。清代诗人王士祯有诗赞肇庆城乡除夕熬煮裹蒸的盛况：“除夕浓烟笼紫陌，家家尘甑裹

---

① 咀香园杏仁饼传统制作工艺．《中山市非物质文化遗产》编委会．中山市非物质文化遗产（卷1）．珠海：珠海出版社，2009．150～156．

② 吴竞龙．咀香园传奇．广州：广东人民出版社，2009．59．

③ 谭沃森．谭天说地．汕头：汕头大学出版社，2008．317～319．

蒸香。”

肇庆裹蒸用本地特有的冬叶包裹，用咸水草包扎，加水熬煮 8 ~ 10 个小时。包好的粽子软滑绵厚，味道鲜美。粽子形状呈四角山包形，可以储存比较久。即使在淫雨霏霏的春天，煲好的裹蒸吊在屋内半个月也不会变质。

“裹蒸”是肇庆民间春节的传统食品，也是肇庆的“文化品牌”，以传统的包裹及清香而闻名于粤港澳和海外，深受广大中外游客的喜爱。

六、老香橼（佛手柑）

老香橼，又名“老香黄”，其制作是揭阳市的传统技艺，有“国家级新产品”、“凉果之珍品”、“中国一绝”的称号。2009 年入选“广东省级非物质文化遗产名录”。

传说远古时候，潮汕地区北隅有一户人家，母子两人相依为命。母亲年老多病，胸腹胀痛，终日双手抱胸，苦不堪言。孝顺的儿子为给母亲解除病痛，四处求医寻药不果。后来他听说五指山上有个指尖峰长了一种能治其母之病的药果，但又不知其具体形状、模样。他费了九牛二虎之力爬上了那座险峰，突然间发现不远处有一满头白毛的老猴，它双臂抱胸，不时喘气，不一会儿那猴张眼四处寻觅，之后它走近峰端上的一株果树，上前摘下树上的果子往嘴里送，不一会儿便见其气色大有好转。这个孝子断定此果必是他母亲所需要的那种药果，便快步上前。只见那树挂着的果子形态各异，握着如拳，伸之似指，色呈金黄，其味清香扑鼻，于是他将果子摘下来，飞快跑回家，拿给母亲试服，果然见效。服了数月之后，其母病状消退。他们母子十分高兴，便用这种药果的种籽在平地培育出新的果树并结出果子，用以治疗患有同样疾病的乡亲，并将果树取名为“佛手柑”，进而又制成老香黄，可四时贮放，以供保健疗疾。

老香黄是用佛手柑（枸橼，也称“五指柑”、“蜜罗柑”或“福寿柑”）的果实腌制而成的。传统医学认为，佛手柑性味辛、苦、酸、温，入肝、经胃，具有理气化痰的功效。李时珍《本草纲目》记其“木似朱栾而叶尖长，枝间有刺，植之近水乃生。其实状如人手，有指，俗呼为佛手柑”。“其色如瓜，生绿熟黄。其核细。其味不甚佳而清香袭人。”① 潮人泡制它时，加蜂蜜和药材，制作工序繁多。几腌几制，陈封瓦瓮中，直至其油亮漆黑，状态绵绵如膏。切一片泡茶，可治咳喘，理气和胃。

自明代以来，潮汕乡民就懂得以佛手柑为原料制作老香黄，并逐步形成了一

① 李时珍．本草纲目（校点本·第三册）．北京：人民卫生出版社，1978．1795．

整套腌制的科学流程和经验做法：切块（以棱为块）——腌盐（用盐腌之入里）——晒干（去掉水分）——炊熟（除菌变软）——浸糖、甘草（腌之透里，吸收糖分和甘草液）——再晒干（多次反复）。整个流程的周期从生到熟需要一段时间。通过这种精工细作式的腌制过程，潮汕人进一步开发、提升了老香黄的药用价值，使之具有增进食欲、理气化痰的功效，可治胃痛、腹胀、呕吐、嗝噎、痰多咳喘等疾病和具有解酒舒气等功效。因此老香黄成为潮汕人家庭必备的药用凉果，且其久藏不坏，愈久药效愈佳。

民间也有关于老香黄的歇后语，如“老香黄——愈捏愈烧”。因为制作老香黄要把佛手柑用手捏软制药，比喻事情越弄越糟。还有人以“腌制老香黄”为谜面，打一口头语。谜底是“咸过药”。此谜运用会意、假借法门。腌制须用盐，会意“咸”。老香黄是中药，所以谜面意思是用盐腌制过的中药——咸过药。咸过药，讥讽过分吝啬的人。吝啬，潮人称之为咸。如“这个人岂会咸？”“哎呀！咸过药。”①

七、广合腐乳

作为中国调味品中最古老的品牌之一，广合腐乳受到无数消费者的热捧。上海人对它尤其钟爱，亲昵地称其为“无骨烧鹅”。据悉，100多年来，广合腐乳的制造地都在同一地点，制造腐乳的菌种已根植于工厂各个角落，随便放一块豆腐，很快就能发酵成一块腐乳。因此，广合腐乳的味道和口感都是一般厂家难以复制的。

广合腐乳用优质东北黄豆（非转基因大豆）作原料，不添加任何防腐剂及人工色素，经过制坯、前期发酵、腌制、后期发酵等工序制成，产品色泽金黄、霉香嫩滑、味道鲜美，是极好的佐餐小菜，也可以作为烹调的佐料，使烧出来的菜肴味道更加可口。

广合腐乳的创始人方守觉是开平塘口镇黄村人，曾在顺德大良镇开设豆腐店，在那里，他学会了将卖剩的豆腐加工制成腐乳。光绪十九年（1893），方守觉带着长子方文帜回到开平，在水口镇东埠路6号创办了一家名为“广合号”的腐乳作坊。另一子方文锦在新会立业，亦经营腐乳。抗日战争期间，广合号迁回塘口圩营业，日本投降后，重返水口复业。当时，方文帜的儿子方富燊已继承父

① 郑绪荣．潮汕俗谚（下）．香港：公元出版有限公司，2006．829；鄞镇凯．潮谜评析八百则．汕头：汕头大学出版社，2001．190；深圳论坛，http：//szbbs．sznews．com/viewthread．php？tid = 974293 &extra = &page = 1．

业管理广合号。复业后，方富燊将积压存放了1年多的100多缸腐乳出售。该批腐乳保存时间长、质量好，闻起来特别醇香。当时港澳客商通过水路频繁来往开平，而广合号门前就是客运码头，凡路过水口的旅客大多购买广合腐乳，从此，广合腐乳开始畅销港澳及东南亚，并随四邑华侨远销各国，一时声名鹊起。

方富燊无论在选料方面还是制作过程中必定亲力亲为，不管严寒酷暑，他都把好腐乳发酵这一关。他重视酿造时间，有时产品脱销，他宁可贴出“旧货未有”的告示，也绝不将未到期的腐乳出售。100多年来，广合腐乳坚守传统技艺，重视质量与信誉，从一间小小的腐乳作坊成长为现代化企业，年产13亿块腐乳。①

八、连平客家娘酒

连平县位于广东省粤北九连山境内，居住的都是客家人。连平的饮食文化丰富多样，连平客家娘酒是连平客家饮食文化的重要组成部分。

连平人饮的酒主要是用糯米酿制的“娘酒”，品种多样，如“黄酒”、“浸缸烧”、“黑米酒”、“吊楼陈酒”等。娘酒醇厚甜绵、香甜爽口，畅销本省并远销东南亚、港澳地区。

关于“客家娘酒”的起源，民间传说是先秦时期客家先祖南越王赵佗从中原来到南方时带来的酿酒技术，再经过客家先民几代人的经验积累发展而形成的。清雍正八年（1730）编写的《连平州志》记载：“十一月，冬至，祭祖先，感一阳始生也。五鼓，取溪泉水作酒，曰暑不变味。”至今人们也习惯冬至酿酒。

连平客家娘酒的酿造工艺一直以民间流传的方式传承着。酿酒的工艺一般有八道工序。首先将糯米洗净浸透，然后将糯米置饭甑（宽口圆柱形木桶）内蒸熟，之后倒至磨篮上摊冷，再将“酒饼”研碎散撒在熟饭上拌匀，盛入坛中，中央挖一“井眼”。加盖并保温三至五天，即见“井眼”中渗出酒酿液。过滤出来后，再加火炭煨热，置于阴凉处保存。客家娘酒越存越香，经年不坏。

连平客家娘酒含有大量的糖分、有机酸、氨基酸和各种维生素，具有较高的营养价值。它的度数较低，口味大众化，比较适合日常饮用，对女性美容、老年人抗衰老有一定功效。每个连平客家女人生孩子后，都以娘酒补身。用客家娘酒烹调菜肴还可以调味去腥。连平客家娘酒是连平女性心灵手巧、贤惠能干的一个标志。至今对很多外出工作定居的连平客家人来说，母亲或妻子酿造的连平客家

① 李羡棠. 开平之最. 开平：开平市委宣传部，开平市档案局，1996. 22；方寸间的百年文化传承. 广东文化网，2010－03－31.

娘酒，是世上最香最美的酒。①

第二节　工艺美术

民间工艺美术是各个历史时期民族生活习俗、精神文化和精湛技艺高度结合的产物。其材质以天然材料为主，有纸、布、竹、木、石、皮革、金属、面、泥、陶瓷、草柳、棕藤、漆等，往往就地取材，以传统的手工方式制作，带有浓郁的地方特色和民族风格。

广东工艺美术历史悠久，品类丰富，在国内外久负盛誉。同时，在制作过程中逐渐形成了或质朴粗犷，或精致大方的风格特色，而在日常实用的基础上，又增加了独特的审美趣味，并成为精妙绝伦的民间艺术品。端砚石质优良，幼嫩、细腻、滋润、坚实，刻工精细，是传统的文房四宝之一。兼具工艺美感和实用功能的广式木雕、潮式木雕精致洗练，石湾陶瓷朴实无华，栩栩如生，广彩工艺复杂，富于立体感，漆画富丽堂皇。广东的工艺美术，不仅在全国享有盛名，而且驰誉世界。

一、木雕工艺

1. 张田饼印

饼印又称饼模，是生产月饼和各式礼饼的主要工具。新丰县张田村是规模最大、历史最悠久的传统手工饼印产销集散地，创作、刻制的饼印数不胜数。除制作传统花式饼印外，此地还先后创作了双龙云片、和合二仙、宝鸭（鸳鸯）穿莲、荷蝶、八仙、寿星麒麟等几百种中秋月饼饼印和鱼仔、佛公、龟、卡通等各色饼印，收录进博物馆的饼印200余块，收集的饼印资料、史料也有100余件，被称为“饼印村”。

张田饼印是新丰县民间手工艺的瑰宝，传承至今已有300多年历史。据说，当时擅长手工活的张田村祖先为了营生，到惠州、河源一带给大户人家的祠堂雕龙画凤，因手工精细，颇受欢迎。一次，一位修建祠堂的大户人家恰逢六十大寿，想做大饼贺寿，却苦于附近没有大型饼印，见张田村先人手工精细、心灵手巧，便要他试做“福”、“禄”、“寿”三个大饼印，酬劳为一担谷。张田村先人答允下来，不出三天就做好了饼印，领到了酬劳。他回到家乡后开始了雕刻饼印的事业，并绵延至今。

① 广东省第三批省级非物质文化遗产名录项目（十三）. 广东社会文化，2012（1）.

张田饼印形态多样，内容有人物、动物和花卉等图案，配以地名、店号或含有吉祥喜庆之意的文字，画面印纹清晰，图案美观大方，体现了劳动人民祈求团圆、吉祥、平安、和谐、健康、富足的价值观，具有浓厚的乡土气息和地方特色，远销海内外，深受欢迎。张田饼印的整个生产过程一般分为九道工序，主要包括：选料、断木、切块、阴干、做饼模、打气眼、雕刻、打磨、包装。选料传统以山楂木为主要原材料。雕刻中所使用的工具有平铲、圆刀和直刀三大类。在饼印雕刻前一定要对作品先有构思，作品的图案、比例、线条的深浅粗细要了然于胸，特别是对于中轴线不对称的作品或文字需要仔细琢磨。有经验的匠人心中打好腹稿才下刀雕刻。初学者都是先在模上画出图案才下刀。雕刻技艺是张田饼印制作工艺的灵魂，一个饼印就是一件精美的工艺品。①

2. 宫灯

宫灯因在古代宫殿内用于照明和装饰而得名。后来许多官宦人家也仿效宫廷，将宫灯悬挂在厅堂梁上以显身份，宫灯因此渐渐流传到民间。用红木做宫灯为古代广州人所独创，至今仍独领风骚。

红木宫灯以红木为灯架，加上雕镂精细的纹饰，用彩画玻璃做灯面。其造型古朴高雅，雕工精细流畅，打磨光洁，油漆明亮，艺术与实用并重。广州是传统红木宫灯发源地之一，自明代起便与北京、上海、洛阳等地齐名，成为进贡皇宫的珍品。清代大量出口红木宫灯，被外国人称为“中国灯”。

广式宫灯造型以端庄的六角形为基础，变革出各种不同形态的灯具，有挂灯、座灯、壁灯、提灯、柱灯、风灯、走马灯等多种。广式红木宫灯造型上最具有代表性的是传统六方宫灯，其造型端庄、肃穆而稳重，与古建筑艺术相得益彰，结构牢固扎实。工艺上其雕刻工艺以通雕为主，以通透玲珑的工艺效果著称。题材上它的画面题材丰富，内容包括人物故事、山水风景、花鸟鱼虫、书法等。广式红木宫灯制作过程繁复精巧，按部就班，制作分阶段完成。比较出名的有腾龙走马宫灯组和亚运宫灯。②

广东江门东艺宫灯也闻名遐迩。清光绪二十八年（1902）江门被定为通商口岸。南宋当年流落到江门新会的一位李姓宫灯御师的后代李希焱操起祖业，在江门长堤开设了宫灯瓷业行。1925 年，李希焱的儿子李发继承了祖业。20 世纪 40 年代中期，李发出生于印刷世家的太太为了保存祖国的文化遗产，冒着风险前往

---

① 广东文化网，http：//www. gdwh. com. cn/whyc/2010/0204/article_ 2126. html.

② 吴山. 中国工艺美术大辞典. 南京：江苏美术出版社，1999. 874；广东省第三批省级非物质文化遗产名录项目（十三）. 广东社会文化，2012（1）.

北京，用了两年的时间流连于故宫紫禁城，并用白描手法将大部分的宫廷饰物一一描绘下来，并记录注释。1949 年，李发在香港设立东艺宫灯厂，按太太描绘下来的宫廷用品图案加以改造，结合西方工艺制成现代宫灯，在香港工业展览会中六次获得金奖，蜚声海内外，并获得了英国政府专利，这是中国工业史最早的灯具结构造型专利。①

3. 广式硬木家具

广式家具工艺是中国家具工艺体系中的一个分支，同时又有吸纳、融合及改造西洋文化并带有浓厚的南中国地方文化特色的内涵，充分表现出兼容不同文化的多元风格，不但烙下了岭南先民审美情趣的印记，也记录了近百年来中西文化交融的历程。

广式家具用料宽大，不管腿足的弯曲度有多大，一般不使用拼接做法，习惯用一木挖成。传统广式家具的制作不用钉子，而是用入榫的技法。无论是用料的粗细、尺度，线脚的方圆、曲直，还是榫卯的厚薄、松紧，兜料的裁割、拼缝，广式家具木工工艺都可以做到料份和线脚“一丝不差”，兜接和榫卯“一拍即合”。广式家具多采用名贵木材制作，不加漆饰，使木质完全裸露，经过刮磨打蜡后表面如同镜面一般光彩照人，触摸起来质感细滑清凉，从视觉和触觉上都能感觉到一种深厚含蓄、华贵雍容的美感。

广式家具崇尚繁复，装饰繁复华丽，题材广泛，穷尽一切可以带来审美冲击的技法，具有开创性。除了有中国传统装饰图案为题材的瑞兽纹、花鸟纹、回纹、方胜纹、博古纹和万字纹等，它又受西方文化艺术影响，以花草图案为主，亦称“西番莲”，或从中心向四处伸展且上下左右对称，或作循环式衔接难分首尾。装饰技法有雕刻、镶嵌等。

广式家具造型庄重典雅、稳重大方，其中明代家具结构紧凑合理、造型简练，清代形式新颖多变、雕饰精细瑰丽。广式家具的雕刻工艺包括浮雕（又称凸花）、通雕（或称通花）和刻线的沉雕（又称凹花）三种，有时还兼有镂雕。其雕刻刀法洗练，层次分明。磨工精细，品种繁多。雕刻的面积宽广而纵深，甚至有的雕饰面积高达 80% 以上；雕刻的花纹隆起较高，个别部位近似圆雕，但磨工精细，使花纹表面莹滑如玉，丝毫不露刀凿痕迹。凳脚的造型一般为虎爪或狮头。

除了大面积的雕花外，更突出的是利用各种不同质地的材料进行镶嵌。广式

① 周怡敏．江门新入省级非遗．羊城晚报，2012－03－12；宫灯．江门日报，2010－09－06．

家具将镶嵌发挥到了极致，创造了镶嵌艺术上的很多新技法。广式家具中，描金、彩绘、贴黄、掐丝珐琅等多种手法兼用的情况也很常见。透雕与浮雕的结合兼用、彩绘与描金的兼用、彩绘与雕刻的兼用以及描金与百宝嵌的兼用等在广式家具中随处可见。多种装饰手段的综合运用使得广式家具色彩缤纷而又明光闪亮，达到了辉煌、璀璨的审美效果。①

4. 龙舟

东莞市中堂镇是典型的水乡，人们的生产、生活与龙舟结下了不解之缘。明崇祯年间的《东莞县志》载："月初一日，饮菖蒲酒，食角黍，观竞渡。"屈大均《广东新语》云："乡人为龙舟之会，观者画船云合，首尾相衔，士女如山。""广中龙船惟东莞最盛，自五月朔至晦，乡乡有之。"每年端午，中堂镇江面上一定会欢呼声震天、锣鼓声动地，随着锣声、鼓声响起，龙舟手一同发力，使龙舟像离弦的箭般在江面上穿梭，观者如堵，是一个全民参与的大节日。

东莞中堂历来是龙舟制作之乡，也是东莞及邻近市县唯一有龙舟制作坊的镇区。中堂制作的主要为龙头高高跷起的"大头龙"，器宇轩昂。在20世纪80年代初，做龙舟成为当时最受村民欢迎的副业，民间有"造舟的富过做船的，做船的富过种田的"的说法。

出于中国人对龙的崇拜，历代在龙舟的制作上都相当讲究。端午龙舟一般分为龙头、龙身、龙骨、龙尾四部分，外加桨和舵。龙舟制作要求很高，要请专门的木工师傅择日开工，据传过去在动工前还须斋戒、沐浴、焚香、拜神，一点也不能马虎。木料要选用上等的，且多采用大木料来制作，如龙头，一般须用整块的桧木来雕刻，以求灵气十足；至于船体，则多采用樟木来做，因为樟木能防虫防腐，经久耐用。而且依照民间习俗，樟木被视作神木，通常用来制作祭祀用品。制作讲究的龙舟还用整木将龙尾雕刻出许多鳞甲。制成的龙舟再配以各色浓妆，使之更加栩栩如生。用传统材料（樟、桧等）和传统方法（接榫处全用木针而不用钢钉）制作一艘龙舟，花费不少。龙舟的长度也有讲究，广东人造龙舟多取好意头的尺寸，譬如船长33.88米，寓意"生生发发"。龙舟的船身（龙头卸下）平时多是沉放在河塘的淤泥中以防干裂，也符合"龙生大泽"的传闻，每年只有到了端午时节才"请龙出水"。②

---

① 广式硬木家具制作技艺. 广州市非物质文化遗产保护中心，2008-11-11；解码广式家具. 南方日报，2009-05-17；陈煜堃，杨虾. 60年坚持或成广式家具最后的守望. 新快报，2011-12-22.

② 潘少婷. 中堂斗朗村龙舟制作后继乏人，免费传艺无人问津. 东莞日报，2012-05-11.

二、纺织工艺

1. 香云纱

广东是中国的主要桑蚕茧产区之一，至20世纪80年代末，一直是仅次于四川、江苏、浙江而位列第四的桑蚕茧产区。得天独厚的气候条件，具有悠久历史的“蚕桑、鱼塘、甘蔗”三者之间的生态平衡模式，使得香云纱这种珠三角地区独有的传统产品诞生在这块土地上。

香云纱又名莨绸，是用一种广东特色植物薯莨的汁水对桑蚕丝织物涂层，再用珠三角地区特有的含矿河涌塘泥覆盖，经日晒加工而成的一种昂贵的纱绸制品。香云纱是目前世界纺织品中唯一用纯植物染料染色的真丝绸面料。由于穿着走路会“沙沙”作响，所以最初叫“响云纱”，后来作“香云纱”。史料记载，早在明永乐年间，广东就开始批量生产香云纱并出口。

香云纱生产是典型的手工技艺。其制作必须有两种原料，一种是“过河泥”，这种泥必须是顺德、南海、三水、番禺等地才有的没有被污染过的含铁河泥，以灰黑色为佳。另一种是薯莨，以广东肇庆绿步、广西龙州一带品质为佳，其块茎主要含单宁。将薯莨块茎经粉碎榨取及过滤后用其汁液以供晒莨。另外，晒地也十分重要。晒地表面要平坦，以泥垫底，上铺极细的细砂，再在其上密植约1~2厘米厚的青草，要求草身不能过软，过软受不了绸疋的压力而使绸疋与细砂接触。故多用较硬身的，俗称“爬地老鼠”的本土草种。绸疋放在草皮上晒莨时，既可使绸疋保持清洁，又因草类受天地雾露的滋润，使绸疋在高温曝晒下有一定的湿度，便于充分吸收薯莨水，从而达到成品柔润亮泽的效果。晒莨过程是真丝织物、薯莨、河泥三者之间的互相结合，互为反应，使织物表面形成一层极薄的黑胶。究其原因，主要是真丝织物中的丝素胶朊多肽键和薯莨中所含单宁酚基的氢键结合，使绸缎表面形成一种涂层；河泥泥浆中含有高价铁离子，这个三价铁盐和薯莨中的单宁发生反应后又生成黑色沉淀物凝结于绸缎表面。而在整个晒莨过程中必不可少的阳光则起着“催化”的作用。因此，薯莨、河泥、草地、阳光乃晒莨生产缺一不可的四要素。晒地应靠近有优质河泥的河涌，便于以后绸疋水洗。

香云纱的制作，以薯莨的汁水作为天然染料，对坯绸反复多次浸染，染成棕黄色的半成品后，再拿富含铁质的黑色塘泥对其单面涂抹后放到烈日下曝晒。经过一段时间，抖脱塘泥，清洗干净，就成了面黑里黄、油光闪烁的香云纱。①

经过处理后的织物厚度增加约30%，重量增加约40%，是较为贵重的纺织产品，具有凉爽宜人、易洗快干、色深耐脏、不沾皮肤、轻薄而不易折皱、柔软而富有身骨的特点，特别受到岭南民众和海外华侨的喜爱。目前佛山已正式启动了“香云纱文化遗产保护基地”的规划建设，以便更好地保护和发展香云纱传统技艺。

2. 广绣

广绣为全国四大名绣之一，历史上指广州、佛山、南海、番禺、顺德等地的刺绣品，即专指广府地区的刺绣工艺品，包括刺绣字画、刺绣戏服、珠绣等。广绣刺绣技法有“钉、垫、拼、缀”四种。其中的一些技法难度大、要求高，钉金垫浮绣的二针龙鳞和鱼鳞立体针法被认为是刺绣工艺中难度最高的针法。

广绣大致分为两大品类：一是盘金刺绣，二是丝绒刺绣。盘金刺绣以金线为主，辅以彩纷刺绣，金碧辉煌，灿烂夺目，雍容华贵；丝绒刺绣开丝纤细，色彩缤纷，绣出的花鸟尤其精美。

广绣以构图匀称、色彩斑斓、极富装饰性著称，很早就被作为贡品。清代中叶许多外国商人慕广绣之名前来广州大量订购广绣，有的商人还带来外国国王肖像、耶稣像或一些图画照片进行来样加工订货。广绣从清代起就已闻名海外，其产品行销海外，在国际上享有较高的声誉。北京故宫博物院也收藏有不少广绣的优秀作品。

广绣题材包括花鸟、人物、动物、山水、龙凤、器皿图案等，其中“百鸟朝凤”、“龙凤”等是最具有传统特色的题材。人物绣与花鸟绣是广绣的特色产品，其中人物绣是广绣的主要产品之一。它根据画稿的不同要求，以虚实，施疏，层层叠绣、渗绣，线、面结合等不同的绣制方法使中、外人士肖像达到形神兼备的特色。广绣的花鸟绣则善于体现“平、齐、细、密、均、光、和、顺”的艺术风格。它具有构图精密、色彩秀丽分明、针法多变、主题突出等特点，是享誉海内外的精美工艺品。

除了广绣，潮绣也是粤绣的一大体系。它构图均衡饱满，色彩浓艳，装饰性强，垫高工艺犹如立体浮雕，绣法独特。潮绣的题材亦很广泛，有人物、龙凤、博古、动物、花卉等，图案构成饱满、匀称、鲜明、生动。潮绣使用的原辅料比

---

① 广东省地方史志编纂委员会. 广东省地方史志·丝绸志（下）. 广州：广东人民出版社，2004. 1164~1169；广州市番禺区文化广电新闻出版局. 香云纱（薯良布）制作工艺. http://wenhua.panyu.gov.cn/article_show.asp?id=324.

其他绣种多，有缎、绸、金线、银线、垫绒红与棉絮、纸丁等。①

3. 潮州抽纱

潮州抽纱技艺历史悠久，源远流长，以技艺精巧、轻盈淡雅见长，被誉为“南国之花”。如今在潮州开元寺珍藏的就有唐代的《潮绣幔帐幢幡》。

潮州抽纱的特点是按一定图案抽出布料中的某些经纬线，以针线缝锁抽口，再加花纹刺绣，形成通珑秀逸、形态各异的“花窗”。潮州抽纱通过400多种巧妙的针法工艺和繁复精致的设计布局，以刺绣的垫凸和抽通为特点，又以多层镂通和剔透玲珑的空间艺术为特色，变化出千姿百态、栩栩如生的图案。产品有台布、被枕套、手巾等40多类，是广受欢迎的日用品和工艺品，远销世界近百个国家和地区。

潮州抽纱的发展与潮汕地区推崇女红的传统有关。“其妇女之俗，百金之家不昼出，千金之家不步行，日勤女红，布帛盈箱”。当地女孩子长至六七岁时，母亲就要让她坐在自己花规旁，一边帮穿线，一边默记针法；稍大一点，就要在旧手帕上描上花样，套在花规上手把手地让她练习各种针法。记熟针法以后就到绣庄领些比较粗糙的绣件，既是练习，又是赚钱。十来岁时她们就成了母亲的好帮手。十一二岁时，她们已能在母亲为自己准备的嫁衣上描花绣鸟了。到了出嫁年龄，她们则已掌握了相当娴熟的针法。男女青年说亲时，男方家总是打听好女孩的抽纱手艺高不高。婆家以能娶到抽纱手艺超群的媳妇为荣。潮州流传着许多赞美绣工的佳话。如：绣工不时要在井台、磨刀石上磨去手指上的硬茧，使手指保持纤巧、灵活；有的绣工绣到半夜，碰到难题竟跑到阴森森的寺庙里去观察菩萨头上的幡帐绣品。潮州普遍流传一则绣花女与《姑嫂鸟》的故事：

有一对姑嫂，天仙样的姑姑是绣花的神工，颜如玉的嫂嫂是绣花的巧匠。姑嫂俩绣了桃花绣兰花，玫瑰、菊花全绣遍，唯独没有绣过杨梅花。杨梅开花在三更，即开即结子，谁也没有看到过杨梅花。于是，姑嫂商量好，带了花规、针线星夜上南山，就在杨梅树下等待杨梅开花。当时寒彻骨、露湿衣，终于挨到杨梅开了花，姑穿针嫂引线，姑嫂边看边绣。忽然，林子深处一声长啸，跳出了一只南山虎，咬起嫂嫂就跑。吓昏了的姑姑，醒来之后，不见亲嫂嫂，只见鲜血殷殷染花规，染得刚刚绣出的杨梅花一片嫣红。姑姑见花不见嫂，悲痛欲绝，捧着花规一边痛哭，一边呼唤：“嫂呵，嫂呵……”寻遍一山又一山。就这样，姑姑变

① 李文耀．广州行·广州导游词．广州：广东旅游出版社，2003．242～245；中国广州网，http：//www．guangzhou．gov．cn/node_437/node_443/2005－09/11255569826756５．shtml．

成了一只杨梅鸟，每当杨梅花开之后，就到处悲啼着："嫂呵，嫂呵……"① 由这些故事可知，正是一代又一代人的心血相倾，才成就了抽纱这样的艺术珍品。

三、编织扎制

广东自古就是藤制品的主要产地。主要产品有藤笪、藤席、藤家具、藤织件等。藤笪是将藤皮通过机械纺织成长幅布匹形的产品。藤席中原色席有床席、方席、枕席等，规格多样。间花席主产地为广东江门市和南海市黄岐。该产品以编织细腻、品质优良著称。藤家具主要产于南海、揭阳、广州、江门等地，造型有台、椅、凳、床、柜、几、箱、架及屏风等2 000多种，以藤椅为最大宗。藤织件是具有包装盛物及装饰作用的藤制品的总称。藤织件一般体积较小，造型各异，适合室内摆设、旅游及日常生活的各种需要。

除此之外，还有葵艺、竹艺、草编、人造花和其他工艺品制作。广东新会盛产蒲葵，葵制品享誉海内外。其制作的葵扇、葵通帽、葵花篮、葵画帘、葵藤席最为著名。广东竹器有1 900年的历史，主要产品有工艺挂件、竹鸟笼、竹木贴合、雨帽等。人造花以广东东莞、佛山、汕头的产品最为著名。东莞、佛山以生产丝绸花、涤纶花、金属胶拉花、绢花较为著名。这些人造花逼真生动，色彩明快和谐，浓艳而不俗。汕头的人造花除有以上品种外，还增加了干花、蜡纸花、羽毛花、贝壳花等品种，从而更加丰富了制花工艺。

1. 南海藤编

藤编是一种以棕榈藤类植物茎秆的表皮和芯为原料编制而成的实用品和工艺品，广东江门、中山、佛山等地都有生产。屈大均《广东新语》称："大抵岭南藤类至多，货于天下。其织作藤器者，十家而二。"

南海藤编最早记载见北宋欧阳修等人编修的《新唐书·地理志》，说明唐时藤席已成为贡品。明代，藤和葵的编织工艺形成行业。据《南海藤业志》记载，明朝末年，南海的沙贝村村民陈丽堂用本地土藤和葵叶从事编织行业，并开始使用海南岛的白藤为原料。清代道光十五年（1835）编修的《南海县志》记载："藤生南海滨，引蔓青且长……岭南藤类至多，货于天下，其织作藤器者十家而二……泌冲堡、白沙、陈溪、涌口三乡织作枕席尤佳。"

鸦片战争后，中荷通商，荷兰人把印尼藤编成箩筐盛载货物，或用藤条包扎货物带到广州，货物拆卸后，包装货物的藤料被遗弃在路旁。当时在广州十三行打工的八乡人周月庭开始用此编织，"洋藤"也随之普遍使用。

---

① 蔡泽民．潮州抽纱．刘志文．广东民俗大观（下）．广州：广东旅游出版社，1993．51～52．

又据古老传闻，中荷通商后，冲口村的邓谦记大批买入这种箩筐，拆开用于编织小藤箩、藤盆。随后，编织藤制品逐渐遍及南海黄歧的沙贝（现属于广州）、凤岗、白沙、冲口、陈溪、永澄、泌冲、钟村八个自然村。到了清代晚期，黄岐的泌冲堡和白沙、陈溪、涌口三乡编织的枕席远近闻名，该枕席以做工精致而深受人们的喜爱，名声渐高，久而久之，黄岐八乡被誉为“藤乡”。

20 世纪 80 年代是南海藤业兴盛的时期，有上千家藤厂，藤产品随处可见，南海成为了我国生产和出口藤制品的重要基地。随着塑料产品及其他新产品的出现，黄岐藤业开始逐步萎缩，2006 年南海藤厂清盘，藤编陷入了低潮。目前南海藤编主要集中在素有“藤乡”之称的大沥镇黄岐八乡，同时辐射到里水、平洲、盐步等地，其产品主要是出口。

南海藤编品种丰富，约有 8 000 个花色品种，主要有藤皮、藤芯、藤席、藤笪、藤织件和藤家具六大类。藤编具有质轻色淡、雅致清丽、轻便美观、坚固耐用以及天然环保的特点，近年来又重新引起人们重视。

南海藤编在国内外具有深远影响，曾是我国藤业的主要代表，中国唯一的国际竹藤组织成员，产品远销 30 多个国家和地区。香港藤业商会称南海藤厂为“行业翘首”。1988 年北京人民大会堂广东厅的 60 多把椅子，皆来自南海藤编的藤家具。①

2. 莞草编织

草编是中国人重要的传统生活用品。东莞市东城区柏洲边出土的战国墓砖，上有清晰的席纹，工整细致，显示东莞草席历史的悠久、工艺技术的高超。湖南长沙马王堆汉墓一号墓中出土的座席即为莞席，以麻线为经、莞草为纬编成，素绢包缘。宋《起居注》载：“广州刺史韦朗，作白莞席三百二十领。”这一记载说明宋时东莞已大量生产草席。

东莞的草织品可以分为水草类、草绳类、草辫类、绳席类、辫席类、草席类，产品有草篮、草盒、提花席、方席、蒲团席等，主要分布在东莞厚街镇、道滘镇、虎门镇、莞城、望牛墩这五个镇区，尤以厚街镇为主要产区。

莞草编织品以生产床席和地席的草席类为主，在东莞草织史上，曾经以厚街涌口村的五昌生产的街市席（即床席）最负盛名。其一般工序包括：挑草（挑水草）—染水草—晾晒—行綆—晾晒—剪席—拍席—捅（统）席八个部分。以芥黄席为例，其制法是：先把水草挑净，水浸一昼夜，脱胶晒干，以芥黄粉染

① 佛山市非物质文化遗产南海藤编概况. 藤王府. http://www. rattankingdom. com/news/news_365. htm.

色，用粗麻绠织成。其特点是经过染色等加工后，在阴雨天不发霉，耐用不褪色，深受消费者喜爱。①

东莞的莞草种植与编织曾流传千年，莞地亦因莞草而闻名。莞草编织品使用天然的原料、用传统工艺制作，符合现代人的环保观念，又具有工艺美术价值。改革开放初期，东莞的草织品大批量出口海外，但由于编织工艺复杂，再加上80年代后，莞草种植面积减少，国际市场草席滞销等原因，草席行业逐渐消失，最终草织产品完全被塑料制品所取代，东莞2 000多年的传统手工草织业面临严重危机。现在莞草编织技艺的传人已经很少了，而且都年事已高。近年，东莞为莞草设种植基地，实行莞草编织专项保护，以复活这古老的技艺。

3. 丰顺埔寨纸花

埔寨纸花是广东梅州丰顺县埔寨镇民间独特的传统工艺。据《丰顺县志》记载，早在清乾隆六年（1741），该地群众已开始制作没有枝叶的纸花朵，民国九年（1920）后，发展成花、枝、叶、茎齐备的盆花。当地群众每年元宵节都要举办迎纸花游行比赛。他们以房亲为主，在春节前后的农闲时间，由民间艺人组织青年集中到一起，暗自制作纸花，到元宵节那天抬出去比赛。元宵节那天下午开始，各房亲纸花代表队抬着花台，每台分三级、每级放三盆纸花，在赛花锣鼓的引路下，一簇簇排成长队，穿街过巷地游展，花队游行直到翌日的早晨才结束。广大村民及来宾争相观赏、品评，虽无颁奖，亦蔚然成风。

1957年冬，丰顺县举办工农业成就展览会，埔寨纸花在会上展出，管理人员竟误以为是真花，一一为之浇水。此事成为奇闻，而埔寨纸花栩栩如生、以假乱真的名声也渐渐远播海内外。1963年广交会，丰顺县选送30盆埔寨纸花展出，引起极大轰动，有德国、法国等好几个国家的客商当场签订合同，定购埔寨纸花。改革开放以来，埔寨纸花更是漂洋过海，做客东南亚各国。

据了解，埔寨纸花的品种多样，有牡丹、兰花、九里香、玫瑰、水仙、芍药、菊花等40多个品种，足可以假乱真。而其用料更为独特，花瓣必须用台湾特产的通草纸制作，涂色颜料要求上乘，其他用料还有宣纸、丝绸、好蜡、松香等，制作工艺也非常精细，费工费时。制作一盆花要经过染色、绕铜丝、剪花瓣、规花形、制花朵、组花、过蜡等众多工序，而且每一道工序要求都非常高，制作一盆纸花，往往需要半月以上。②

---

① 莞草编织技艺. 广东文化网，http：//www. gdwh. com. cn.

② 碧帆，非遗. 丰顺县埔寨镇：埔寨纸花几可乱真. 梅州日报，2010－01－10；广东省第三批省级非物质文化遗产名录项目（十三）. 广东社会文化，2012（1）.

据悉，为了继承和保护省级非物质文化遗产——埔寨纸花，使其精湛的传统工艺不会失传，2012年2月27日，埔寨镇举行埔寨纸花传人培训班拜师开班仪式，动员年轻一代学习纸花这一传统工艺，以实际行动继承和保护非物质文化遗产，为埔寨镇打造文化名镇奠定了扎实的基础。

4. 麒麟制作

麒麟是古代传说中的一种动物。其形为鹿身，狼额，龙头，头上有独角，角上长有肉球，全身披鳞甲，牛尾，马足。麒麟是古代“四灵”之首，在古代宫殿装饰中，以“四灵”为最多，“四灵”即四个神灵之物——龙、凤、麟、龟。

东莞是麒麟之乡，在客家传说中，凡麒麟踩过的地方都会给那里的人们带来好运，故每逢传统佳节、喜庆之日，客家人都会舞起麒麟，以表达迎祥纳福，祈求风调雨顺、国泰民安的美好愿望。东莞麒麟制作也历史悠久，在清朝时，黄娇已在清溪开了一家麒麟店，叫“高华麒麟”，传承至今已有200余年。黄素明是“高华麒麟”制作的第四代传人，12岁就跟父亲黄有学做麒麟，至今已有40年。

东莞麒麟制作十分讲究，设计独特、彩绘精美、装潢亮丽、形神兼备、栩栩如生，具有极高的艺术观赏价值和保存价值。麒麟由麒麟头、麒麟被和麒麟尾巴三个部分组成。东莞麒麟是用竹片、黄藤、纱纸、宣纸，画上红、黄、蓝、白、黑等各种颜色制成。主要有六道工序。第一道工序是削篾片，第二道工序是扎架，第三道工序是糊宣纸，第四道工序是上色描图，第五道工序是安装各种饰品，第六道工序是上光油定色。每一个麒麟制作过程都非常复杂，单是从麒麟头的扎口来看，至少要扎500个以上，并且对材料有很高的要求。①

“有客家人必有麒麟”。客家人每年都会制作麒麟来祈求风调雨顺，这种传统一直延续至今，但麒麟制作开始出现断层的情况，申报非物质文化遗产也是挽救的举措之一。麒麟制作也受到了越来越多的关注，中央电视台科教频道还专程到清溪拍摄了麒麟制作工艺。

5. 猫头狮制作

每年春节，广东省河源市和平县城乡群众都会舞狮子。舞狮时，狮子上场要先拜四方，以祈祷人寿年丰、四季平安。舞猫头狮演绎的是《西游记》的故事，表演唐僧取经途中遭遇狮怪，沙僧出面大战，将其降伏的故事。表演时，猫头狮先上场，摇头摆尾，得意洋洋一番。随后，代表沙僧的红面沙僧上场。猫头狮挑逗红面沙僧，惹其恼怒，两者遂打了起来。这时，代表孙悟空的小猴上场。小猴

① 王海荣，柯坚．五代相传的手艺．深圳商报，2011－05－29；东莞麒麟制作技艺蜚声海内外．神州民俗·教育科技，2007（8）

要教红面沙僧如何打败猫头狮，红面沙僧不听，小猴气恼，便与红面沙僧打了起来。其间，代表唐僧的玉面沙僧大摇大摆地出场，他一会儿劝红面沙僧，一会儿劝小猴，还要不时躲避猫头狮的骚扰。整个场面热闹诙谐，是和平县周边地区节庆期间最为喜闻乐见的民间娱乐活动。

和平县猫头狮既异于北狮，也不同于南狮，形猫似狮，有“猫形”、“狮头”。传说猫有九条命，狮子则是凶猛、威逼、刚强，两者“结合”，即为长寿、吉祥、辟邪、避凶之象征。狮头正额写有一个金光闪闪的“王”字，狮面牙尖、鼻高、眼大、眉显，整个狮头上绘有七彩龙、凤、梅、兰、竹、菊、八仙的法器及海浪、浮云，使狮头在威武中透着和善，在凝练中显出生机。

南坝猫头狮制作汇聚了泥塑、版画、裱糊等民间工艺。由于年代久远，加上各种历史原因，目前，和平县贝墩镇南坝村只有10多人懂此技艺。

猫头狮以前的模具是用黏土做的，经不起风雨侵蚀。近年，传承人肖金兰改用水泥砂浆制作猫头狮模具。制作猫头狮的毛坯继续用竹子。再用竹子经过腌制发酵之后制成的草纸一层层涂上糨糊粘在模具上拓成的毛坯上，厚实牢靠。舞狮需要武术功底，红面沙僧和小猴要站在狮头上腾挪跳跃才能降伏暴戾凶悍的猫头狮。因此，制作猫头狮时，猫头狮的载重量必须达到100千克以上。毛坯拓好之后，要先用竹板箍住，以防毛坯龟裂；然后用白纸再糊一层定型，最后用炭条在洁白成型的狮头上绘出“王”字和龙、凤、梅、兰、竹、菊及海浪、浮云，再逐一用赤、橙、黄、绿、青、蓝、紫七色描绘。龙、凤是炎黄子孙的图腾，梅、兰、竹、菊“四君子”则是传统文化崇尚的事象，是高洁品格的象征。猫头狮还要绘上八仙的法器，这为舞狮添上了神秘的色彩。①

四、髹漆工艺

早在宋代时，阳江漆器制作技艺就已相当出色，广州博物馆收藏的阳江南宋墓出土的“全描金方盒”，在黑漆底上描出金色装饰花纹，它的制作工艺和装饰技法已具有很高的艺术水平。清代阳江漆器生产更加盛极一时，已经“驰名京省，远销外洋”。

阳江地区漆艺的兴起，与当地发达的造船业、桐油业有着直接的关系。阳江漆艺分皮胎、纸胎、木胎三种，产品主要有日用工艺品和家具，其中以皮胎漆器最有传统特色。因其防潮、耐用又古雅美观，新中国成立前就远销东南亚各国。皮雕绘彩是阳江漆器的著名工艺，具有地方特色和风格。20世纪初，广泰成生

① 广东省第三批省级非物质文化遗产名录项目（十一）. 广东社会文化，2011（5）.

产的“皮雕金漆盒”在南洋赛会上曾获得金质奖章，在巴拿马万国博览会也获得金奖，产品在国内外享有声誉。传统的阳江漆皮箱以杉木为胎，内外各贴一层牛皮，经加固烫平再在表面髹漆而成，各地的博物馆用它来存放名人字画。漆枕则是在木架上用藤条编织轮廓后套一层牛皮，烫平髹漆而成，优点是坚固、防潮、耐水、质轻无裂缝。

阳江漆器有罩金、镶嵌、螺钿、描金堆漆和印花等技法。20 世纪 60 年代，阳江漆艺工人探索创新，制作出富有传统和地方特色的漆画。这种漆画以漆、熟桐油和经过加工的透明漆及黑漆为涂料，调入银原、石黄、石绿、宝红、钛白等入漆颜料，又利用螺钿、蛋壳、金银箔、石片、闪光磷等材料，经过描绘镶嵌、髹罩、雕填、研磨等工序而成。比如“柿子盒”（装珍珠玉器金饰的首饰盒）是用樟木加工平削为胎，由朱红色赭石和金色等多度磨刷抛光而成，造型美观、色彩艳丽，富有地方色彩和民族风格，深受群众的喜爱。田汉当年参观阳江县地方国营漆器工艺厂时题诗：“静女心如发，名师手有神，阳江朱漆好，留得岭南春。”

传统阳江漆器与天然大漆的熬制、使用直接相关。优秀的艺人能够利用天然大漆调制出各种亮度的色彩和纯度较高的色漆。阳江漆器工艺最具特色的罩金漆是一种特制的熟漆，这种熟漆以天然大漆炼制而成，漆膜晶莹剔透，笼罩在银箔之上金光灿灿，具有豪华富贵感。此罩金漆应用在阳江漆器的髹饰上最多最广，用以调制彩色漆奇艳无比，可以说是世界漆器行业中的一枝独秀。20 世纪 80 年代以后，使用大漆做家具的开始少了，多用腰果漆（一种朱色的化学漆）替代天然漆。由于腰果漆的大量使用，当时还能够熟练运用天然大漆、调制出阳江罩金漆的师傅已经不多而且大都已经五六十岁了。时至今日，由于阳江漆器行业整个产业链的消失，还能够运用天然大漆制作漆器的师傅，更是少之又少，且大多会运用大漆的漆器师傅都已经年过八十，现状让人忧虑。①

五、陶瓷工艺

1. 广彩

广州彩瓷又叫广州织金彩瓷，是在各种白瓷器皿上彩绘、烧制而成的工艺品，以色彩绚丽、构图严谨、绘工精细而著称，是中国四大名瓷之一。

---

① 邓道存. 漆艺名师傅乃斌. 阳江文史，1997（14）；谢彦伦. 阳江漆器业. 政协广东省委员会文史资料研究委员会. 广东文史资料（第 56 辑）. 广州. 广东人民出版社，1988；阳江漆艺. 复兴阳江漆艺，重光传统，再造辉煌. 天涯杂谈，2009－09－19.

广州彩瓷始于明代的广州三彩，到清代发展成五彩，并在乾隆年间逐步形成独特的艺术风格，至今已有300多年的历史。广州彩瓷由当时的商人从景德镇运回白瓷，在广州绘上色彩鲜艳的图案再烧制而成。刘子芬《竹园陶说》说："清代中叶，海舶云集，商务聚盛，欧土重华瓷，我国商人投其所好，乃于景德镇烧造白瓷，运至粤垣，加雇工匠，仿照西洋画法，加以彩绘，于珠江之河南，开炉烘染，制成彩瓷然后售之西商。盖其器购自景德镇，彩绘则粤之河南厂所加者也。"

广州织金彩瓷具有"堆金积玉"的独特风格。它运用我国织锦图案的手法，以色彩艳丽、构图严谨、绘工精细著称；同时利用各种颜色和金银水进行钩、描、织、填，宛如无数金银彩丝织于白玉之上，光彩夺目、富丽堂皇。诗曰："彩笔为针，丹青作线，纵横交织针针见，何须锦缎绣春图，春花飞上银瓷面。"

岭南画派大师居巢、居廉、高剑父、陈树人积极参与了广彩的技术研究和实践。高陈二人还开设彩瓷艺术室和瓷画厂，进一步提高了广彩的技艺。高剑父的学生刘群兴创作了150件"十二王击球"瓷箭筒，曾获1915年巴拿马万博会奖项。①

2. *石湾陶塑*

石湾位于广东省佛山市禅城区中心区域，石湾陶塑技艺主要分布在禅城区石湾镇街道及周边地区。丰富的自然资源，依山傍水的地理位置，水陆畅达的交通条件，使石湾成为我国岭南重要的陶业基地。

石湾陶塑技艺具有人文性、地方性、民族性的特点，在创作上具有独特的艺术风格。其制作工艺有构思创作、泥料炼制、成形、装饰、上釉、龙窑煅烧六个环节，其中煅烧的火候全凭师傅的心得体会。龙窑的上层、中层、下层有高、中、低三种火，分别用于移动烧制物品的不同部位，技艺娴熟的工匠才能把握。

石湾陶塑工艺的第一个特色是造型生动传神，产品不论人物、动物或器皿的刻画都致力于艺术典型化的塑造，每件作品都有鲜明的个性特征。各种造型达到了"百物百形，千人千面"的艺术境界，较少雷同，对物象的刻画细致入微，形象栩栩如生。自明清至今，历代艺人们塑造了数以百次的《屈原》、《钟馗》和《关公》的形象，面貌长相，大同小异，但又各具特色。这种强调个性和理解的造型方法，正是石湾陶塑工艺的优良传统。

石湾陶塑的第二个特色是胎釉浑厚朴实。它有胎壁厚、釉层厚的古雅厚重的特色。目前传统的釉色有70多种，加上1963年在国内首创的12种结晶釉，共

---

① 刘光译，陈典松．广州风情．北京：中国文联出版社，2007．46～48．

有90多种釉色。这近百种釉色为石湾陶塑艺术增添了五彩斑斓的艺术美感。石湾制釉采用本地原料为主，并有自己的一套烧制技术，各种釉色均有突出的地方特色。石湾的红、白陶土混合使用，成了区别于国内外其他产区的主要标志。由于造型和釉色互相配合，使产品有深邃的艺术境界，耐人寻味。

石湾陶塑的第三个特色是技法多姿多彩。其一方面保留着传统技法和特色，另一方面又适当采用了现代的注浆成型工艺，满足了大批生产的要求。同时继承和发展了传统的刀塑、按塑、捏塑、贴塑四种方法，使各种造型具有气韵生动的艺术效果。施釉技术多法并用，窑变也是石湾美术陶瓷工艺产品的一个主要特色。①

3. 潮州枫溪瓷烧制技艺

通花瓶（来源：潮州枫溪管理委员会公众信息网）

潮州陶瓷制作历史悠久。早在4 000年前的新石器时代，潮州先民就已经能够制作出颇为精美的印花刻纹硬软质陶器。商代开始，陶器产品大量涌现。秦汉、两晋及南朝墓出土的青釉碗、罐和观音壶以及制作精美的青瓷羊，反映出当时潮州的陶瓷与中原文化的密切交流，具有较高的工艺水平和历史研究价值。隋唐时代，潮州烧制的日用陶瓷仍以青釉为主。宋代是潮州陶瓷在古代发展史上的全盛时期，当时东郊笔架山瓷窑连亘达2 000多米，有“百窑村”之称。每当点火开工时，韩江两岸窑火相映，蔚为壮观。宋代以后，枫溪成为陶瓷生产中心并延续至今。

枫溪瓷器很早就以“白如玉、薄如纸、细如丝、声如磬”的特色闻名遐迩。其日用瓷注重器形和装饰的精美，具有浓郁的工艺色彩；其工艺瓷更是不断借鉴和吸取具有潮州地域特色的泥塑、金漆木雕、刺绣等民间艺术技巧和表现手法，兼纳一些海外风格，形成独特的艺术表现手法与风格，历史文化和艺术价值突出。

枫溪瓷器技法上有雕、塑、镂、捏、贴、刻、划、印、压等多种。装饰手法也多，人物瓷塑、动物瓷塑有写实、夸张、变形等手法，使其光彩照人，神韵独具。枫溪的人物瓷塑包括释道人物、仕女儿童、历史人物和传统戏曲故事、带吉祥寓意的人物、现代人物及其他有生活情趣的小品等。

① 石湾陶瓷工艺. 佛商网，http://www. fsgsw. com/FSTaste/FSTaste_ View. aspx? ID = 63.

在潮州的工艺瓷中，以通花、瓷花、瓷塑在历史上最为出名。素雅清新的仿古瓷，是近代潮州工艺瓷的另一成果。日用瓷瓷质细腻致密，表面光溜顺滑，晶莹剔透，深受人们喜爱。①

4．红釉彩瓷“满堂红”烧制技艺

“满堂红”陶瓷是以优质的高岭土、长石、水晶石英、高温熔块、高温色料等原辅料制备而成。经过对原辅料的加工、选练，再按照传统的配方将加工所得的原辅料制备成原料，经成型、上色、烧成等100多道工序，陶瓷成品就加工完成了。“满堂红”所表现的大红色代表着中华民族的“红色情缘”，是活力和生命力的象征。

陶瓷红色釉的生产工艺始于元代，成熟于明代。永乐时红釉有“鲜红为宝”之称，宣德红釉彩瓷更负盛名，被列为皇室用品。嘉靖时又创制出以铁为着色颜料的铁红。

因为先前的红色釉料不耐高温，烧制艰难，它的宝贵技术一度失传。

清末，饶平九村刘氏家族运用当地资源和当时引进的进口化工颜料，开发出第一代“满堂红”高温颜色釉陶瓷，复原了失传数百年的绝艺。据《九村刘氏族谱》记载，因烧成正品的难度大，有“十窑九不成”之说。一旦烧出正品，则颜色鲜红、色相纯正，釉面光润、细腻，堪称瓷中绝品。

2002年，“满堂红”烧制技艺的第五代传承人刘权辉成功地将祖辈传承下来的“满堂红”、“帝王黄”颜色釉陶瓷生产技术嫁接到骨瓷瓷种上，开创出骨瓷色釉产品，提高了红釉瓷产品的档次，使之成为国礼级的陶瓷品种。②

5．枫溪手拉朱泥壶制作技术

潮州陶瓷制作历史悠久。枫溪陈桥出土过新石器时代的陶制器皿及碎片。宋代以后，枫溪成为广东陶器生产中心。清代中期出现的枫溪手拉朱泥壶更是独具一格，延续至今。

潮汕人认为用朱泥壶泡茶，发茶性好，透气性也好。泡完茶，把壶中水分滴尽，茶叶在壶中存放近十天后仍能发出香气。手拉朱泥壶把磨时间越久，壶面的光泽就越是漂亮。

潮汕地区的朱泥蕴藏量极丰富，经选料配置、淘洗、陈放、练泥等细致而严格的制泥程序，朱泥具备可塑性好、光滑度高、生坯柔软、干燥收缩性小等工艺

---

① 张烈松，杨应森．南国“花魁”王龙才．人民日报·华南新闻，2001-12-03；杨媛．通花瓷花陶瓷式微令人忧．羊城晚报，2011-10-28；枫溪工艺瓷．潮州市枫溪区管理委员会公众网，http://www.fengxi.gov.cn/fxtc/Detail.aspx?itemid=383&id=3175.

② 广东省第三批省级非物质文化遗产名录项目（十三）．广东社会文化，2012（1）．

性能成为发展朱泥壶生产的基础。用朱泥制壶，大致有两种方法。较广泛使用的是模具注浆法。其生产流程是先按产品设计进行雕塑造型，用石膏制成模具，然后将朱泥浆注入模中，晾干后脱模，接着是对坯体进行修整，最后经烧烤而成产品。另一种生产方法是手拉坯成形法制作的。枫溪手拉朱泥壶就是采用手拉坯成形法。这是一种传统的手法，即手工拉胚成型，是最原始的辘轳制陶技法。制壶经选料、制泥、拉坯、修坯、安流加柄、晾干、上釉、装密、烧窑等程序，成品具有造型精美、线条简练、色泽丰润、返璞归真等特点。

潮州朱泥壶的造型设计讲究形式的完整、技艺的恰到好处以及功能的适用。一般壶身小，壶体薄，比起盖瓯蓄热时间较长，把手便于拿捏斟注。壶嘴直而出水通畅，盖子和壶口接合的形式多为压盖式。壶盖沿与壶口沿都较狭小。盖内墙与盖顶乃由同一团泥按压而成，无需接合工序，交界处不呈拱形；盖墙较高，具有不易滑脱的优点。壶内壁有明显手拉痕。壶底多为"一捺底"，发展至现代才出现"钉足"。上乘朱泥壶多不彩绘，仅凭自身天然底色产生肌理效应，为其质朴典雅更增几分魅力。烧成后有良好透气性且膨胀系数小，能耐受聚热聚冷刺激而不开裂。壶用愈久、涤拭日加则壶愈见生辉。茶渣的沉积，按比例助茶起香，颇受青睐。①

6. 贵政山茶叶陶罐制作技艺

贵政山茶叶罐的制作工艺始创于清朝中叶，是富有地方特色的民间工艺品，普宁四大名产之一。它造型雅致，质量上乘。经佛山陶瓷研究所测试中心化验表明，产品呈硅铝酸盐玻璃相，且含有人体所稀缺的二氧化钛等微量元素，属于罕见的优质陶器。更令人惊讶的是，由于技艺独特，茶叶在罐中能存放几十年不变质，所以其在潮汕、港澳台和东南亚等地区享有盛誉。

贵政山茶叶罐的流行源于一个故事：清朝末年，贵政山人纪国宏因生活无着落要出洋谋生，临走前将三斤手炒茶放于陶茶罐内置于家中楼棚上。时光匆匆而过，少小离家老大回，一去三十几年，当他回到家时，发现阁楼上茶罐仍在。掀开盖子，他惊喜地发现三十年前的那三斤劣茶竟然清香扑鼻，更胜当年。贵政山茶叶罐从此成为茶人的贮茶佳罐，多少异地的爱茶之人为一睹此罐而不辞辗转相寻。

茶品性高洁，极易受潮、变味。贵政山茶叶罐之所以具有如此优良的贮藏功效，最主要有几个原因：一是采用普宁南山至莲花山一带出产的优质黏土。二是

---

① 陈香白，陈再粦. 工夫茶与潮州朱泥壶. 汕头：汕头大学出版社，2004，102～115；叶汉钟，黄柏梓. 凤凰单丛. 上海：上海文化出版社，2009. 11.

制作工艺特别，具有历史悠久的传统手工艺术和1 000多度的高超烧火功夫。三是秉承着冯梦祯记载的古法贮茶的传统，罐体内壁不上釉，保持陶土色，俗称“竹牌茶叶罐”。20世纪60年代后，茶叶陶罐才改陶土色为彩釉，并在罐外饰以图案；20世纪90年代后，其生产工艺从用柴草烧制的龙窑改为用煤气烧制的气窑，彩釉套色更加完善，产品走上规格化、系列化、标准化的轨道。四是采用双层（周）隔盖，罐内特制双环壁，从而形成盖中有盖的个性化设计，以达到保鲜防潮的效果。有些陶罐的使用者不理解“双周隔盖”的奥妙，以为不够密封，在罐盖空隙处填上草纸或布料，殊不知此举已彻底摧毁了肉眼看不见的“气体墙”，填充的草纸或布料反而成了罐内外空气畅通无阻的交流中介物，导致茶罐的保鲜防潮功能全失。①

7. 吴川泥塑

吴川泥塑又称“泥公仔”，俗称“泥鬼”，造型优美，塑工精致，形神兼备，栩栩如生，是颇为精美的艺术品。梅菉泥塑远近闻名，被称为“泥塑艺术之乡”。

据说，唐末宋初，佛山廖岭居民迁居吴川梅菉镇瓦窑村，从此将石湾公仔的精湛工艺带入吴川。有一年元宵节，一个陶工闲来无事，随手用陶泥捏起一尊小泥塑来，吸引了不少人围观。别的陶工也来捏泥人凑热闹，后来逐渐形成了一种群众性的泥塑活动，并很快传到相邻的村庄。刚开始时瓦窑村的村民是用陶泥捏制一些小菩萨并烧成陶塑用于祭祀活动，后来又发展到用泥做成鸡形状的哨子卖给小孩吹玩，本地人管它叫“鸡哨”。捏泥人的技巧不断提高，品种不断增多，内容也越来越广泛，有《仙女下凡》、《嫦娥奔月》、《麒麟送子》、《麻姑献寿》、《三英战吕布》等，观者无不拍手称奇、连连叫好。于是，这个风俗便一直沿袭下来。

传说，明洪武年间，皇帝派遣官吏四出选美，民间怨声载道。梅菉镇群众乘闹元宵之机，特地捏造了一套丑化皇帝与皇后的泥塑，他们眼大、肚大、脚大。结果触怒了官府，声言要抄斩全村百姓。有一个叫李才的人站了出来说：“皇上眼大看得准，肚大有福分，脚大稳乾坤，这有何不好？”这帮官兵本来如狼似虎、气势汹汹，听了此话后一下子哑口无言，灰溜溜地走了。官兵走后，群众索性把泥塑推倒，称为送“泥鬼”。这一活动以后便成了习俗，每年元宵摆一次泥人，送一次“鬼”。当地群众对“造泥塑”、“看泥塑”、“评泥塑”的兴趣更浓了，

① 李晓颦.“茶具博物馆”里见识神奇茶叶罐——茶叶保存几十年仍清香扑鼻. 汕头都市报，2011-02-28；怒马. 能贮三十年茶香的贵政山陶罐. 海峡茶道，2006（6）；陈香白，陈叔麟，陈再. 茶事通义. 上海：大众文艺出版社，2007. 165~166.

热情更高了。①

制作“泥鬼”取材易，过几天干裂推倒后又可重建，制作很方便。于是，懂得做泥塑的艺人都会在自家门口捏一些神话传说中象征如意吉祥的人物，以此引来邻居观看。来的人多，表示这户人家有人气，是兴旺的兆头。久而久之逐渐发展到富户请人在自家门前捏或几户人、一条街的人集体筹钱在自己的地段上捏泥塑等。从此泥塑在全城遍地开花，每到元宵节，梅菉头、梅岭、隔塘、菜园、向阳、长寿岭、瓦窑地等各个管区部各自筹钱银摆置泥塑，引得四面八方的人都来观看，热闹非凡。

泥塑题材原先大多取自于历史故事、神话故事、民间传说以及喜庆风俗的片断，如《盘古开天辟地》、《女娲炼石补天》、《嫦娥奔月》、《哪吒闹海》、《八仙过海》、《三顾茅庐》、《七郎打擂》、《平贵别窑》等。近年来，泥塑作品除了传统的题材外，还增加了许多新的内容。泥塑的制作过去是用稻草、竹木支架、泥为材料，如今已经采用“铁线扎钢筋”等方式。也有了水上彩塑、活动彩塑，配上现代灯光、音响、舞美设计，集电、光、声、动于一体，更加流光溢彩，美不胜收。

六、根雕石艺

根雕艺术在中国可谓是源远流长。早在原始社会时期，人们就已经会雕刻木像做装饰品了。在1982年湖北省荆州地区博物馆清理马山一号楚墓时发现了我国战国时期的根雕艺术作品《辟邪》，其为虎头、龙身、兔尾的四足怪兽，极富动势神韵，色彩古雅朴实。隋唐时期，根雕艺术发展已趋于繁荣。清代的根雕艺术作品《玉玲珑麒麟》、《凤凰》等作品更是在上海豫园陈列至今。这些作品“三分人工，七分天成”，充分利用根材的天然形态来表现艺术形象，又以人工处理修饰来生色。因此，根雕又被称为“根的艺术”。

石雕艺术融多学科、多艺术门类于一身，这些学科门类包括地质学、矿物学、考古学、美学、史学、文学、绘画以及音乐等。石雕艺术包括对石头天然本质的欣赏，观形察色，究其质地，研其纹理，另外，也有在自然基础上的雕刻之功。自古以来，寄情于山水的人们，从各种造型的石中唤起种种遐想，从中汲取巨大的精神力量。人们借鉴根的坚韧、石的磊落，培养正气，陶冶人生。

---

① 兰天保，肖笛．吴川泥塑．肖士太，郑伯侠．中国土特产传说．上海：上海文艺出版社，1982．51～54；吴川泥塑．广东文化网，http：//www．gdwh．com．cn/lnwh/2011/0815/article_ 1757．html．

1. 阳春根雕

造型根艺《麒麟》（来源：凤凰网　梁其生作）

阳春根雕文化源远流长，明清时候就有人开始做根雕宫灯、根雕人物、根雕几架等，那时候叫“木影”。阳春根雕作品可分为三大类：一是实用根艺；二是造型根艺；三是根书，即树根书法。

实用根艺是选用废弃的树根、树头、树桩、树瘤及枯木、千年阴沉木等材料，制作出具有实用功能的根艺作品。早在清末民初时，当地已有大户人家雕制树根宫灯、根雕人物、根雕几架等。现在实用根艺也很普遍，许多高档根雕茶台、家具古朴美观，既具有艺术的美感，又有生活用品的实用性。造型根艺是作者利用根材的特殊结构，创作出形神兼备、个性独特的造型根艺作品，表现的内容主要包括人物类、动物类、植物类、景观类等。也可以利用某些根材中结构奇特的空间分布或特殊的线形、肌理、质地和色彩等因素，运用艺术想象力，通过寓意与隐喻等手法表现作品的主题，并通过命题的方式将其创作意图传达给观赏者，给人以特殊的艺术享受。根书（树根书法）是在根艺的基础上发展衍生的另一个艺术种类，用树根造型为美妙的汉字书法。根书的创作要求作者须具有较高的文化涵养、独特的审美取向和丰富的艺术想象力，“迁想妙得”，创造出一“笔”成书、一根成字，一气呵成、不增不接、不拼不凑的艺术汉字。根书具有天人妙合、形韵兼优、刚柔相济、韵味无穷的艺术特点。

根艺创作是一项艰苦的劳动，从选材、造型、构思和制作直到命名，需历时一年半载甚至更长时间方可完成。经过艺术的构思和艰苦的劳作，普普通通的朽木枯根脱胎换骨，成为千姿百态的艺术作品。

阳春山多林茂，河流纵横，根、石资源丰富，开展根雕石刻活动的历史悠久，现在参与这项活动的人数达 5 000 多人，遍及城镇乡村。1999 年春，阳春城镇被省文化厅评为“广东省民族民间艺术（根雕雅石艺术）之乡”，城区已形成两条别具一格的“根雕奇街”，百多间布置精致的店铺里，陈列着风格各异的奇石和根艺制品，形成一道与众不同的风景。①

2. 云浮石艺

3亿多年前，云浮就形成了岩溶地貌（即喀斯特地貌）。地面上孤山突兀、奇峰林立，地下则是溶洞、暗河，形成丰富的石料矿产资源，可供开发利用的岩石有大理石（云石）、石灰石、白云石、花岗岩、石英岩、砂岩等10余种。丰富优质的云石资源为当地民间石材雕刻工艺的诞生和发展提供了自然条件和资源优势。

早在明万历年间，云石雕刻工艺就分为建筑实用装饰、家居用品、天然石板画、石碑等不同的石雕工艺行业。清咸丰七年（1857），云浮、阳春交界处的富林镇莲塘岗咀村的张源昌在红塘板山设厂，生产云石板材和建筑装饰实用工艺品。尽管是作坊生产，但当时产品已远销到新加坡等国家。清末，云浮县城附近的罗斗岗、张屋、石脚围一带，民间加工雕刻云石工艺的活动已相当频繁，当地艺人还能根据云石片的天然纹理，创作出如幻如真的天然石板画。旧时，每年的农历四月八日被定为凿石师傅诞。

云浮的石材工艺主要分石雕、石拼图及装饰实用工艺三大类，1949年前以石雕石刻为主。石雕工艺分为圆雕、浮雕及阴雕。石雕手工艺的一般流程是：选料布局、敲坯戳坯、钻洞镂空、拉刺定形、精刻修光、磨光上蜡。

云浮石艺早期题材以仙佛、罗汉等人物居多，如“大肚弥勒佛”、“观音”等。另外还有各种象征祥瑞的古兽，如龙、凤、狮、龟、鳄、蛟、麒麟、螭虎等，以及虎、象、牛、马、猪、鸡、狗及飞禽鱼虫。很多作品都有故事情节，或引用如《仙女散花》等典故，或表现古人的诗文名句，富有中华传统文化内涵。

随着经济生活需要，云浮石艺除石雕外还有石拼图和装饰实用工艺。拼图是利用不同种类不同色彩的石板拼制成精美的图案。拼图又分板材拼图和石材马赛克拼图。板材拼图利用不同颜色的石板材拼成图案；而石材马赛克拼图则利用石板材的边角料、碎料和天然色彩，拼成独特的精美图案和书画。装饰实用工艺主要分家居实用装饰和建筑实用装饰两种。家居实用装饰主要有花瓶类、盘类以及其他综合性的作品。花瓶有圆形和扇形，款式有长颈、葫芦颈、直口、喇叭口、荷叶口等。盘类有茶叶盘、梅花盘、树桩盘、墨水池以及各种不同形状的叶开盘和几何形盘。建筑实用工艺主要有圆柱、罗马柱、球体、管形、弧形、线形、壁

① 毕式明，刘志适．阳春根雕被认定为省级“非遗”．南方日报，2008－07－09；亦木．根雕，走向世界，2010（13）；顺德博物馆．http：//www．sdmuseum．net/2wbkx/20120106．html．

炉、扶手、拦河等。①

3. 雷州石狗

雷州市位于雷州半岛的中部，是环北部湾地区“石狗文化圈”的重要发祥地，现存石狗大约两万只。② 雷州古属骆越之地。骆越族的“盘瓠蛮”部落曾在这里聚居，有崇拜狗的习俗，因此用玄武岩雕刻狗图腾（俗称“石狗”）作为崇拜物。秦灭百越后，汉、越民族的融合，使骆越族的图腾崇拜习俗在雷州得以传承与发展。也有学者认为，雷州先民的狗图腾崇拜文化的产生与形成，是雷州自然环境与社会历史演变的民俗文化的产物，随着社会历史的发展，其社会民俗内涵亦随之变化纳新而更加丰富。雷州先民奉狗为图腾，因为狗有警觉机灵与忠爱的天性，既能狩猎又能看护，而且在传说中还成全了祖先的美满姻缘。狗又是作为祭祀宗庙之神的珍贵牲品。《周礼·秋官司寇第五》载：“大祭祀，奉犬牲。”意思是举行盛大的祭祀宗庙，用狗作为供奉的祭品。③ 南朝时雷祖陈文玉“狗耳呈祥”的诞降，海上丝绸之路的开发及唐代时佛教的传入，宋元时期的南迁闽人道教符法的影响，丰富了这一习俗的文化内涵，形成了独具雷州地方特色的民俗文化。

雷州石狗具有多元信仰的内涵及鲜明的地域特征。雷州人普遍在门口、村口、路口、水口、庙前、墓前祀立石狗，逢年过节，初一、十五或遇有红白喜事时拜奉。主要内容有向石狗“祈雨”、“镇方守护”、“辟邪”、“祈送子嗣”、“契石狗为父”及给小孩取名“昵狗”、“狗仔”、“狗保”并让其戴“狗仔帽”、穿“狗弄衫”等。雷州石狗习俗具有重要的历史、文化、艺术、民俗、宗教价值，是一部浓缩了的雷州历史沿革、社会文化、民族民俗史书。

石狗的传说故事很多。雷州大新街古时是商贸繁荣的街道，人们安置石狗以保平安和经商顺利，也作为守护北门的镇方神。北门石狗公雕刻精致，闻名遐迩。传说，古时候海南有一才子上京赴考，走到雷州城北门，突然天降大雨，才子急忙走进土地庙前避雨。雨越下越大，时间又长，才子疲困不堪，伏在小石狗上睡着了。睡梦中听见小石狗在说话：“状元爷呀，你压得我好难受。”才子惊醒，摸着小石狗的头说：“我若中状元，一定把你雕塑成大石狗。”才子后来果然高中状元，荣归时，就捐金雕刻了一尊漂漂亮亮的大石狗。

---

① 廖荣波，李向荣. 古老石雕走向新时代——云浮石艺发展过程综述. 云浮日报，2008－07－13；李明春. 世界艺术经典·雕塑与雕刻卷. 长春：吉林文史出版社，2006. 4～8.

② 王增权. 雷州石狗简介. 广东省民族研究学会，广东省民族研究所. 广东民族研究论丛（第6辑）. 广州：广东人民出版社，1993. 296.

③ 陈志坚. 雷州石狗. 广州：广东人民出版社，2006. 12～13.

附城镇麻演村前的忠勇庙旁边有三尊石狗，镇守着南渡河。一为守护庙堂不受邪神干扰，二为镇住水怪妖魔，保佑来往行人平安过渡，保佑商贸渔船出海一帆风顺。当地传说，从前有一个人在河中捕鱼，不慎从渔排上掉进河里。捕鱼人不谙水性，呼喊救命。人们远远地望见一只狗咬住他的衣服，把他慢慢地拖到河边。当人们赶到时狗却不见了，只见河边的石狗公水淋淋的。人们七手八脚地把捕鱼人抬上堤岸。捕鱼人苏醒后，才知道是石狗救了他。

雷州最大的石狗连座高约130厘米，最小的仅高10厘米左右，一般的石狗跟真狗大小差不多。雕刻简单粗拙，具有天人感应的图腾特征。石狗还有文相、武相、文武相之分。文相石狗大多是斯文端庄地蹲着，武相石狗大多是雄姿威武地站立着，文武相石狗则大多是半站半蹲着呈出击之状。雷州石狗不仅造型千姿百态，神采各异，纹饰也非常丰富，造型各具特色。①

七、其他技艺

1. 白沙茅龙笔

白沙茅龙笔制作技艺为明代著名理学家、诗人、书法家陈白沙（陈献章）所始创，已有500多年历史。其笔以新会圭峰山特产茅草为材料制作而成，具有软硬适中、吸墨性好、富于弹性、书写流畅、坚韧耐用的特点。尤因笔头没有笔锋，挥写时笔划中留有空隙，形成独有的“飞白”而独树一帜。

屈大均《广东新语》“茅笔”条载：“白沙喜用茅笔，所居圭峰，其茅多生石上，色白而劲，以茅心束缚为笔，作字多朴野之致。”

陈白沙用茅龙笔独创茅龙书法，遒劲有力，“神往气随”，在当时蜚声全国，影响深远，有“岭南一人”之誉，其字生辣野趣，刚劲有力，一洗元代以来柔弱萎靡的书风，“人争慕之，得其片纸宝之若金”。他用茅龙笔写的《慈元庙碑》被称为“南国第一碑”。白沙先生对自己创造的茅龙笔感情甚深，称为“茅君”。他的诗中有赞茅龙笔之神奇的诗句：“茅君稍用事，入手称神工。”

茅龙笔制作主要原料是圭峰山上的白茅，以岩石上生长的为最佳，以秋天采摘为适时。制作关键是选草。选取靠近茅草根部20厘米长的草胆并除去脚叶，采摘后晒干，再用木槌轻轻敲烂，除去糖分便于吸墨。之后，放置干燥处存放，最好放置两年。隔年又用蚬灰浸透腌制，晾干后才扎成整支笔。茅草纤维制笔本来容易折断，但经加工制出的茅龙笔笔锋柔软且富有弹性，吸墨性好，写出的字

① 陈志坚．雷州石狗．广州：广东人民出版社，2006；湛江民协．石狗雕刻艺术的造型特点与艺术特色．品牌湛江网，2010－08－17.

笔划遒劲，有骨有肉，有阳刚之气，拙中出奇巧，是其他笔所不能达到的。

茅龙笔具有毛笔的“四德”：圆、尖、齐、健，且做工非常精致，受到不少书画家的喜爱。万和堂出品的茅龙笔民国时已经远销海外，生产具有一定规模。蓬江、会城笔市兴旺，当时有茅龙笔专业户一条街，今新会惠民路就称“笔街”，当时较著名的茅龙笔店有蓬江区的登元阁、会元阁以及新会的文香阁。

新会白沙茅龙笔经历近500年的浮沉变幻，几度面临失传。至20世纪70年代末，广东省曾拨三万元专款到新会工艺厂支持茅龙笔制作。90年代后，新会茅龙笔这一传统产品的制作有了新的发展。①

2. 端砚

端砚历史悠久，石质优良，雕刻精美，自古以来就和湖笔、徽墨、宣纸一起被誉为“文房四宝”。端砚以其独特的石质、花式、风格以及“发墨不损毫”的特点，受到人们的推崇。柳公权、李贺、刘禹锡、皮日休、陆龟蒙、苏轼、陆游、梅尧臣、秦观、米芾等人都对端砚赞赏有加。初唐著名书法家褚遂良在他的端溪名砚背面刻上“润比德式以方绕，玉池注天潢永年，宝之期为良”字样，把端砚当作至宝。诗人李贺《杨生青花紫石砚歌》赞曰：“端州石工巧如神，踏天磨刀割紫云。佣刓抱水含满唇，暗洒苌弘冷血痕。纱帷昼暖墨花春，轻沤漂沫松麝薰。干腻薄重立脚匀，数寸光秋无日昏。圆毫促点声静新，孔砚宽硕何足云。”宋代诗人张九成也赋诗：“端溪古砚天下奇，紫花夜半吐虹霓。”

端砚石出产于肇庆市（古称端州）东部的斧柯山和肇庆市七星岩北面（西起小湘峡，东到鼎湖山）的北岭山一带，尤以老坑、麻子坑和宋坑三地之砚石为最佳。砚石多为青紫色、猪肝色、天青色，其上有凤眼、鹦哥眼者属上品，而眼中呈现出翠绿色者最为难得。无论是老坑砚石、麻子坑砚石还是宋坑砚石，皆属佳品者，其上又多伴有冰纹、胭脂晕、马尾纹、金线纹，或单一纹路，或兼而有之，组合成一幅瑰丽多彩的图画。

广东省肇庆市黄岗镇白石村、宾日村一带是端砚制作的核心区域。据《石隐砚谈》记载，端砚制作始于唐初武德（李渊年号）年间。唐代中期因下墨如风、发墨如油、不耗水、不结冰、不朽、护毫等优点而闻名于世，被称为众砚之首。在1 300多年的发展历史中，端砚艺人形成了一整套科学、严谨的制作工艺。端砚的制作过程较为复杂，工序繁多。主要分为采石、维料、制璞、雕刻、磨光、

① 张瑞亨．新会白沙茅龙笔．政协江门市新会区文史社会法制委员会．新会文史资料（61），2007．57～59；陈寿新，姜宏豹．九华山名胜传奇．北京：大众文艺出版社，2009．42．

配盒等工序。①

3. 潮州麦秆剪贴画

麦秆画历史悠久。潮州麦秆剪贴画的制作是20世纪40年代由香港“协记行”一位陈姓商人引入，以家庭作坊形式制作出口，畅销东南亚一带。1949年后，潮州艺人辜秋泉成立了第一个麦秆画生产社，在其努力下，麦秆画的制作技术、质量明显提高，花色品种有了新发展。此后潮州成立了特种工艺厂并开始批量生产产品，20世纪60年代后已经大量生产麦秆画及麦秆工艺品。

潮州麦秆画立体感较强，有原色和彩色两种，原色麦秆画优雅悦目，彩色麦秆画娇妍多姿。作品构图独特，内容丰富，包括风景、山水、人物以及动物、花鸟虫鱼等。潮州麦秆剪贴画大胆地吸收了潮绣、木雕、陶瓷等元素，在构图上较好地借鉴中国国画的构图特色，以简练而明净见长。因此，其文化内涵丰富，艺术技巧高超，古朴典雅，端庄秀丽，既显示了潮州传统特色，又适应了现代审美理念要求。

潮州麦秆画有着独特的制作工艺，制作工序精细，整个制作过程全凭手工完成。潮州麦秆剪贴画的材料是普通的小麦秆和绸布或厚的白纸，工具只是一把剪刀、一个小刀片和一盘桃胶。

潮州麦秆画在工艺上最突出的特点是精细。艺人巧妙运用各种拟形刀具和精细运刀技巧进行细切，有时切至细如发丝，加以横、竖、斜、弧、半重叠等工艺拼贴，使其具有独特的质感和清新脱俗的视觉效果，表现出刺绣的纤细、国画的韵味、水彩的清丽、油画的浑厚的艺术效果，生动传神、栩栩如生。②

4. 广州箫

箫是岭南地区最常见的吹奏乐器。明代，广东各地出现了许多善于制作乐器的名家。据屈大均《广东新语》载，香山人黄文裕不但著有《乐典》36卷，还制作了“琴、瑟、钟、磬、管、逐、笙、箫，皆分宫商以唱和。一日奏乐，有两雉自天而下，和鸣飞去”。广州箫根据粤曲的南音和广东音乐的七律而定调，也根据粤剧的乙反调而制作。它的音色响亮清越，变化丰富，穿透力和表现力极强，与广东音乐的节奏明快、曲调丰富等特色相适应，和二弦、提琴、三弦、月琴一起被称为广东音乐中的“五架头”，运用广泛。与北方箫相比，广州箫内径

---

① 刘演良. 端溪名砚. 广州：广东人民出版社，1979；肇庆市端砚业发展指导委员会. 中国端砚，2004；肇庆市申报“中国砚都”工作领导小组. 肇庆市申报“中国砚都”材料，2004；《国家级非物质文化遗产大观》编写委员会. 国家级非物质文化遗产大观. 北京：北京工业大学出版社，2006.

② 蔡景亮. 潮州麦秆剪贴画. 人民日报，1961－12－31；舒小梅. 潮州麦秆剪贴画市场前景看好. 潮州日报，2011－07－29.

较大、膜较厚，其音色清远嘹亮，穿透力和表现力极强。

箫的音质优劣，与选用的竹材关系很大。竹材要选用冬至到春分期间采伐的竹子，竹质应坚实，分量较重，管身圆满，纹理细密顺直。新鲜的竹管经采集后，须放置三年以上，待竹身完全褪青后再进行烘干、拧直。过火是制作中最重要的一道工序，对火的温度和烘烤的时间控制尤为讲究。经过过火后，竹子中的纤维收缩、竹管变薄，这才开始定点、打洞。定点是根据竹管直径的大小、厚薄程度计算每一孔的位置。定点后就在竹管上打洞。起初箫洞须开得较小，经校音后不断调整箫洞的大小，这一过程是保证箫音色的关键。一管好的箫讲究音高、音调的准确。因此在制箫后期，须对已成型的箫反复调音，在细微处作调整。为保证箫的音色，须多人校，反复校。制作优良的箫，箫的孔要圆润，内膛光洁，竹节磨光，两端平整，漆饰美观。在音质上，音阶准确，音色淳厚、优美、圆润，适合吹奏曲调高昂的广东音乐。①

---

① 广州市文化馆. 广州市非物质文化遗产名录图典（2006—2008）. 广州：广州出版社，2009. 182.

第八章 传统武术

第一节 咏春拳

咏春拳是中国拳术的南拳之一，其渊源据说与清廷“火烧少林寺”有关。当时福建莆田南少林因暗中“反清复明”遭到围剿，少林古刹也被官兵一把火烧成废墟，只有5个绝顶高手（“少林五老”）逃了出来，其中一个是伍枚大师。她在南少林鹤拳的基础上创立了一套更重技巧的拳术，并传给严二、严咏春父女。严咏春进一步发展了这种拳术，后称“咏春拳”。也有说法是福建泉州严咏春，观蛇鹤相斗有悟，融合永春一带拳术和少林搏击技法而自创。① 咏春拳是现代最流行的中国武术门派。自1949年叶问在香港公开办馆授徒，咏春拳已播遍全球。

咏春拳是一种十分科学、实战性强的拳术，它拳快而防守紧密，马步灵活而上落快，攻守兼备及守攻同期，注重刚柔并济，气力消耗量少。咏春拳用“寸劲”来攻击和防守，理论和心法方面注重中线、埋踭、朝面追形、左右兼顾、来留去送、甩手直冲等。其长处在于埋身搏击。

中线理论的中线是指由人体头顶至尾闾一线，在进攻时，咏春拳要求拳手沿着自身中线向敌方中线攻击，这是敌我之间的最短距离，同等拳速，拳轨近者当然较快击中。向敌方中线攻击，对方也很难卸力，而且受力也较重。著名武打明星李小龙曾跟随咏春拳一代宗师叶问系统地学习过咏春拳，李小龙创立的截拳道与咏春拳有着密不可分的关系。李小龙常常在一英尺处将对手击倒在地。这种技术与咏春拳的中线理论有关，是最具有实用价值的中国武术体系中拳理论的一部分。由于咏春拳的发力基于身体的中心线，这就使得拳手出拳力量直接来源于其身体背部的大肌肉群，这种发力方式与那些力量来源于腰与臂部肌肉的武术体系形成鲜明对比。咏春拳斗士出拳时，他的肘部也在寻求自我身体的中心线。当肘部寻找到自己身体的中心线后，身体与手臂在一条直线上的冲拳能产生令人意想

---

① 曾昭胜，黄鉴衡．咏春拳．广州：广东人民出版社，1990．1；王红辉．世界自卫格斗术揭秘．北京：人民体育出版社，2010．76.

不到的强大力量。

朝面追形中的朝面是指与对方面对面。咏春拳法强调对敌时尽可能是正面朝敌，这样可以简化敌人进攻的来向，对敌人来势较易捉摸。同时配合中线理论，可以较易击中目标并使敌人受力较重，并且这样做出手快而影小，双手能同时到达敌人，左右手很易互相兼顾。

咏春拳还有很多功法理论，如不“追手”。“追手”是指离开防守范围追着去接触对方桥手。咏春拳长于桥手相接后的感觉和反应，所以初学咏春拳的人很容易犯“追手”的错误。咏春拳要求不“冲身”，咏春攻防、马步上落和转变都要以维持重心为原则，尽量避免因失去重心而不能保持对敌的平衡状态。它还要求“守攻同期”，即当我们消解对方之攻击时，在可能范围内我们应同一时期发招攻向对手，这样将会由被动变主动而达到后发制人。此外还有“埋踭”、“收踭”理论，要求出手或防守时一般手踭紧贴着中线平面，可抢中线以达最短距离和最重之攻击，亦可守中线以达最短距离之防守；咏春出手后（不论是攻或守），手和手臂均不再蓄力，手踭屈曲是为收踭。这样除了有利于自己同一双手能立刻再作攻击外，在防守方面能使敌方难以取我们的关节，并且守位方面亦会较紧密。

咏春拳的拳术套路主要有小念头、寻桥和标指三套拳及木人桩。基本手法以三傍手为主，还有挫手、撩手、破排手、沉桥、粘打。主要步型有四平马、三字马、追马、跪马、独立步等。它是一种集内家拳法和近打于一身的拳术，要求手、腰、马、心、意、劲整体合一。强调以“心”指挥“意”，以意引导手、腰、马运动，从而形成整体合一。它立足于实战，具有招式多变、运用灵活、出拳弹性、短桥窄马、擅发寸劲的主要特点，以大闪侧、小俯仰、耕拦摊膀、黏摸荡捋、审势记牢、曲手留中为手法，以搭、截、沉、标、膀、腕指、黏、摸、熨荡、偷、漏和“二字钳阳马”的身形步法为标志。①

咏春拳秘诀：

念头不正，终生不正。
桥来桥上去，来留必去送。摊拦和耕膀，点点心法不含糊。
肘来肘上消，甩手要直冲。搭截与沉标，着着招式要分清。
长桥逼身破，直来曲中取。黏摩兼烫荡，一线之差隔天涯。
马来马争先，横来直手标。吞吐带偷漏，半点疏懒定淘汰。

---

① 华博．中国世界武术文化．北京：时事出版社，2007．172～173；国家体育总局武术研究院组．咏春拳．北京：高等教育出版社，2009；邓力．武术训练与欣赏．长春：吉林文史出版社，2006．101～105．

第二节　蔡李佛拳

蔡李佛拳是南拳之一，相传为广东新会京梅乡人陈享所创。该拳套路繁多，内容丰富，手法着重攻防配合，步法灵活而稳健，发劲刚中带柔，动作舒展大方，同时发声以助威，拳路气势磅礴，具有勇猛、机智的风格，流行于粤港澳。

蔡李佛拳派始创于1836年。创始人陈享自幼酷爱武术，从小就跟从同村族叔陈远护学拳，打下了扎实的武术基础。后来又拜新会县七堡村人李友山为师，学习当年广东省五大名拳之一的李家拳。陈享22岁时，拳术已经相当精纯，又上广东省罗浮山向少林还俗和尚蔡福学拳。一学就是10年。期间又学于侠士白玉峰。白玉峰的拳法类似北拳，腿法较精。

陈享艺成下山，先后在江门、南海、顺德、中山、东莞等地设馆授徒。他将三家所学熔于一炉，创立了完整的训练系统和庞大的拳术体系。为纪念三位恩师和拳术源于少林佛门之故，陈享将拳法取名“蔡李佛”。其拳械套路、桩法、狮艺等合共193套，分为初、中、高三级。高级拳的套路有分别以龙、蛇、虎、豹、鹤、象、马、猴、彪等命名的共10套，还有五形拳、十形拳、独脚拳、佛掌以及带有“八卦”二字的套路等。在手法内容上，高、中、初级拳均含三家手法，而其中初级拳又以李家拳手法为主。在蔡李佛的高级拳中，有一套叫“白毛拳”的，是陈享主要模仿白玉峰拳法而编创的。

蔡李佛拳拳术刚柔相济，步法灵活，手法多变。动作与发声配合，凡打插槌、虎爪、扛掌、鹤嘴及出脚便出五声，以“哗”、“的”、“噫”三音为标志，以示是同门。陈享还定下“左右阴阳日月”拱手礼，左掌指天为月，右拳为日，合为一“明”字；左掌右拳微向外侧反出，暗为“反清复明”之义。①

1856年，陈享在太平天国翼王石达开处当幕客。后因太平天国革命失败，辗转香港、南洋等地，以教拳维生，他以精湛的拳术，赢得了很高的声誉。

当时，金山大埠有一个叫基利士的恶霸，自称是世界大力士，恃技横行，凌虐华侨，并向华侨勒收所谓年规。华侨迫不得已以当地中国公馆的名义赴南洋聘请陈享去主持公道。陈享当即慨然前往。

陈享到了金山大埠以后约请基利士谈判，劝他取消年规。但基利士还未领教过中国武术的厉害，竟然提出要公开比武。结果陈享大败基利士。从此，基利士

---

① 谢维健. 蔡李佛拳派溯源. 政协江门市新会区文史社会法制委员会. 新会文史资料（第61辑），2007. 204～206.

再也不欺侮华侨了，陈享更加威震海外。

陈享的徒弟和再传弟子众多。其中张炎是金山大埠华侨商人之子，在陈享打败基利士之后，华侨十分振奋，他父亲立即让他向陈享拜师学艺。此后，他从海外一直追随陈享到国内。他还以陈享的武馆为名，改名张鸿胜。近代还有“蔡李佛四大天王”胡云绰、郭天扬（外江扬）、夏碧慈、简英杰四人。胡云绰以中国剑术出名，1945 年胡云绰曾与俄国大力士在佛山市比武得胜，名震一时。他的继承人、大弟子黄德辉 1968 年就在美国开馆授徒，其门人遍布世界 35 个国家，所开学会与武馆超过 200 多间，学员 50 多万。①

蔡李佛拳练功方法主要有：

1. 走生马

蔡李佛步法练习的套路。把八种主要步型：子午马（丁字马）、四平马、拐马、偷马、缠丝马、跪马、骑龙马、吊马连贯或穿插变换，其中加上踢腿与坐马拧腰打膊以及发声呼气等配合。不仅入门者必须学习，训练有素者也需坚持操练。要求做到步法进退闪转自如，变换迅速，以达到步稳而敏捷。

2. 扯拳

扯拳是蔡李佛拳法的练习。有单式（插、挂、抛、啃、鞭、扭插等）、双式（挂劈、截撒、千字标撞、给揪等）、多式（多种手法、拳法之组合，如挂闸哨，攻穿撑等）。通过练习领会力从腰发，做到马（腿）腰及肩膊之协调连贯，练就蔡李佛拳势特色：迅猛而带韧性之爆发劲，掌握每一招式之技法寓意以及手法变化之方法。扯拳也可结合打沙袋与打木人桩练习，以锻炼桥臂之硬度。

3. 打三星

可两人对练或对树干（初练时可选芭蕉树）、木桩练习。动作为三个：①下扫：前臂尺部为触点，拳心向下。②上挑：前臂尺部为触点，拳心斜向上。③下劈：前臂挠部为触点，拳心向下，左右手轮换做练习，锻炼前臂的桥力及硬度（即承受碰撞或击打能力）。

4. 拍上臂

两人对练，用掌背从上向下拍对方上臂的二头肌及用掌背从下向上撞击对方上臂的三头肌，用软掌爆发力拍击。此练习是锻炼掌力及上臂肌肉之耐受力及硬度。

---

① 华博. 中国世界武术文化. 北京：时事出版社，2007. 170 ~ 171；武林网，http：//www.wulinwang. com/gongfu/quanshu/2011/0510/203. html；温华湛. “蔡李佛拳”创始人陈享. 江门市政协文史资料研究委员会. 江门文史（第20辑），1989. 38 ~ 41；新会县地方志编纂委员会. 新会县志. 广州：广东人民出版社，1995. 1128.

5. 抛石锁

弓步直臂上抛，弓步或上步直冲，横扫，鞭挞等动作，主要练习臂力与腕力（石锁可以用哑铃代替，重量以适合自己为度）。

6. 抛石耳牌

可用三合土自己捣制。重量和尺寸大小可按自己适合为度弓步直臂上抛，练习臂力与腕力，因石耳牌比石锁较长，易于左右摆动，故侧重于腕力的训练。

7. 抛滚石担

可用杠铃代替，重量以适合自己为度，练习时石担由双臂的上臂向下滚转至腕部，然后再向上抛回上臂位置，再沿臂向下滚转，周而复始，以练习双臂桥力及硬度，亦可两人进行练习，练习时对抛。

8. 抓沙袋

以体积、重量较大的沙袋练习（以适合为度），先以一手把沙袋向上抛起，另一手以虎爪抓，后反腕转马向上抛起，另一手继以虎爪抓，如此重复动作进行锻炼，以练臂力、腕力及爪指力。

9. 扔沙袋

可二人或三四人同练，沙袋体积小、重量轻。练时一方用力向对方猛掷，对方用爪抓捌（左右手均可），然后迅速地向对方再猛烈重复转续练习，要求投掷速度要快，劲力要大，以练习指、腕的力量及眼力之灵敏度。

10. 打沙袋

用体积、重量较大之沙包悬吊，以拳打、掌劈、脚踢来训练。以练拳、掌、腿各种技击方法和达到劲力沉实。

11. 打木人桩（秆桩）

用以练习各种技击方法，培养实战意识。①

第三节　龙形拳

龙形拳是岭南拳术一大流派，是一种风格独特、实战性极强的拳种，主要分布广东境内东、西江上、下游一带，尤以惠阳、博罗较为盛行。龙形拳属五形拳谱，源于少林，在广东由福建少林宗师黄连矫始传，由惠州人林合首创，经徒弟秦程九、林庆元及再传弟子林耀桂发扬光大，在东江一带乃至全广东均享有盛誉。由于早期南少林龙形拳师遭清廷追杀，所以也叫“林家拳”。

林合，字瑞初，惠东梁化镇人。梁化，历史上有“梁化旧邦”、“岭东雄郡”

---

① 蔡李佛拳练功方法．少林与太极，2011（12）．

的称誉。植根在这块古老土地上的梁化人，一直秉承“强梁勇悍”的遗风和开化尚武的精神，历代都有好义练武的习俗，市井村野均有不少客家梁化拳馆。明清时期，还先后出现过十几个武举人。耳濡目染，林合从小酷爱武艺，10 岁开始练拳习武，17 岁那年拜福建少林寺避难和尚黄连矫为师，十余年后于同治元年（1862）在梁化开馆授徒，远近习武之人慕名而来。3 年后，林合被录用为海丰县的一个武职，后又授任惠州府千总。在任期间，弃官拜广进禅师为师，上罗浮山习武深造。经过三个春秋的勤学苦练，林合的龙形拳技艺更加精湛，终成广东龙形拳一代宗师。广进禅师除尽授内外武功，还传授跌打伤科医术。当林合学成辞师下山时，广进禅师取出龙形拐杖、拂尘、三片茶叶、龙形拳秘籍、拳谱和少林寺拳论相赠。

林合下山后继续在梁化设馆授徒，以广进禅师“锄强扶弱、救国救民”为宗旨，以“忍气让人非我弱、存心守己任他强”为武德。他一生不求名利，教武从医，武馆内立有严格的规范：一为强身，二为治病，三为防身。他还写下龙形拳格言：“学本海丰承妙业，艺从华首吐真传”、“真心为实艺，立志得随身”、“学者成人志不修，五更灯火再添油”等。林家武馆历代门徒数以千计，高手辈出，代不乏人，出名的武师有林树荣、秦程九、林庆元、张礼泉（白眉拳创始人）、林耀桂等。①

龙形拳一代宗师林耀桂自小也向林合学武，后拜海丰师（黄连矫）、大玉禅师为师，苦学四年，武艺精进。由于勤奋加天赋异禀，林耀桂武术修为进步得特别快，“十六岁时即以是术授世”。十七岁时，他与在博罗公庄圩设擂台的拳师林镜泉比武获胜后开始名声大噪。他将所学各家拳法融会贯通并有所创新，将龙形拳风格由刚猛转为刚柔并济，威力无穷，被称为“东江二虎”之一。

惠州小金口英头村的侯王庙是林耀桂最早传播龙形拳的地方，培养出好几位有名望的武林拳师。后来林耀桂到广州定居，任燕塘军校教官期间以龙形拳中的背剑手法将“王老虎”打败，令龙形拳在广州武术界声威大振。早年龙形拳只传林氏后人，林耀桂 1956 年去香港治病后移居，龙形拳也由此带至香港。他在香港建立了龙形拳拳馆，广收门徒，学员不再仅限于林姓子弟。

目前，龙形拳在惠州、博罗等地传承氛围浓厚。梁化镇林氏宗祠林家武馆十分兴旺，也培养了很多少年英才。小金口中学开展了“龙形拳进校园”活动。英头村现在几乎每人都会打龙形拳，还组织小学生学习龙形拳。当地还正在筹建

---

① 林丽华，周汉光．客家人的龙形拳．曾妍虹．始拜连师承妙艺，自寻广进得真传．南方都市报，2009－07－16.

龙形拳拳馆，以期让龙形拳继续发扬光大。

龙形拳是攻击性较强的武术之一，以动如“神龙”而得名。拳路气势磅礴，刚柔相济，逢劲化劲，自成风格，堪称“动如神龙游太空，静似玉女守深闺。龙形气势勤苦练，有形有势法万千”。它以意导形、攻守合一，沉踭落膊，气沉丹田，三尖相对，三力相通。既有拳出生风、刚劲爆烈的凶猛，又有松沉缠黐、抖弹冷脆的内劲。龙形拳有十六动：三通过桥、鹰爪、龙形摩桥、碎桥、化劲、立五形、单鞭救主、五马归槽、毒蛇吐雾、龙形对拆、画眉跳架、梅花七路、摩桥功等，器械有单刀、双刀、大耙、横头橙、双头棍、黄龙穿心棍等（单头左棍）。龙形拳的劲力沉实迅猛、刚柔相济、软硬兼施、逢劲化劲，劲力的发生，其根在脚，发于腿、宰于腰、形于手、力达指尖末梢，发力时手、步、腰齐发如箭之离弦，似排山倒海之势，又以迅雷不及掩耳之势攻之，此乃发劲之真义也。①

龙形拳有拳法13种，包括三通过桥、迫虎跳墙、单刀匹马、单鞭救主、鹰爪、龙形摩桥、化劲、碎桥、毒蛇吐雾、五马归槽、纳五形、梅花拳（画眉跳架）、七路梅花拳。棍法3种，包括四门挑打莲花双头棍、黄龙穿心棍、龙形回龙棍。手法主要有粘、摩、化、拿、劈。身法主要有吞、吐、浮、沉、圆、扁、伏。步法主要有直迫步、双马步、三角步、虚实步，做到虚中有实，实中有虚，演练时快速刚猛。劲力沉实迅猛，以标、弹、沉、戳、化五劲为主；以暗劲、寸劲见长；刚柔并济，克敌制胜。②

龙形拳创立至今已逾120年，在世界30多个国家均有分布和传播，影响遍及惠州、南海、番禺、顺德、东莞、佛山、肇庆、广州、香港、澳门以及东南亚、澳洲、美国、加拿大、英国等地，习拳的海内外弟子达10万余人。

第四节　莫家拳

莫家拳是“广东五大名拳”之一，原称“六度阴阳掌”，主要流传于惠州、东莞、广州、佛山、顺德等地，并已传到香港、澳门、东南亚、英国、美国等地区。莫家拳发于防身、立于健身、搏于赛场、习于日常、载于武艺、归于武德，起源于动荡时期，经常用于战阵，拳行如虎势，脚踢似龙威，招式狠辣，具有鲜

① 戴广军，吴智敏．寻访惠州民间“武林高手”．深圳商报，2011－01－09；李惠敏．广东东江龙形拳传承包容四海．中新网，2011－11－27；曾妍虹．祖根为惠州小金口，广东非遗龙形拳弟子遍世界．南方都市报，2009－10－22.

② 广东惠州小金口镇龙形拳．麒麟舞申报国家级非物质文化遗产名录．中华社会文化发展基金会．中国非物质文化遗产公益基金．http：//www．cfich．org．cn/cfich/yuanzhushenbao/2011145．shtml.

明的岭南特色和朴实大方的南拳风格，尤以腿法见称，仅腿法就有虎尾脚、撑鸡脚、穿心脚、钉脚、过门连环脚等10多种，被称为“一腿胜三拳”。

莫家拳始创于清乾隆年间。福建少林寺慧真禅师南来广东，传拳给东莞县火岗村（现划归惠州市惠城区沥林镇管辖）的四莫（莫达士、莫清骄、莫四季、莫定儒），四人切磋琢磨，创立了莫家拳派。由此莫家拳在桥头代代相传，迄今近300年，目前在桥头已经发展到第六代传人。

尚武的民风孕育了众多莫家拳的传奇故事，它们迄今还在桥头人口中流传。清末，青年拳手莫有仔，一脚定姻缘，把粗铁桩踢断，娶回赵家的千金；同在清末，桥头莫家拳传人莫黎胜，在香港用“冲天脚”把不可一世的俄国摆擂者打败，为国争光；光绪二年（1876），武举人莫雄谋在皇帝面前应试表演刀法，不慎失手，大关刀落地，莫雄谋急中生智，一脚撩起40千克的大关刀，继续舞动，皇帝震撼，钦点他为蓝翎武进士，“魁星勾斗”的招式也得以创立；近代，抗战爆发后，众多莫家拳弟子纷纷投身抗日，包括参加东江游击队的莫淦钦等人。

近年来，当地习武的青少年越来越少，莫家拳的传承遇到危机，桥头全镇能称得上拳师的莫家拳师傅只剩下二三十人了。所幸，当地已经开始在中小学传授莫家拳，并正在筹建莫家拳协会和武馆。桥头镇大洲村成立了莫家拳培训基地。东莞桥头镇从2009年起，在桥头镇第一小学挂牌成立“莫家拳训练基地”，请来该镇莫家拳传人为学生每天进行一节莫家拳教学课，莫家拳再次在桥头镇兴起。学生已经能够熟练地打出“开口拳”、“落地棍”、“破门刀”、“蝴蝶双刀”等莫家拳套路，以恢弘的气势、铿锵有力的拳脚、规范整齐的动作，充分展示了武术的精、气、神，再现了莫家拳的雄风。桥头镇从2011年4月起，将把莫家拳正式编入中小学教学教材，在全镇掀起学习莫家拳的热潮。①

第五节　南枝拳

南枝拳是南拳拳术之一，由海丰县人陈南枝首创，主要流行于广东的普宁、澄海、汕头、潮州等地。南枝拳动作简练，发招刚劲，能攻善守，灵活多变，实战性甚高。

陈南枝（1847—1925），又名陈鉴山，广东海丰碣石人（原籍揭阳南山，今

① 曾德军，李善挥．拯救莫家拳．南方日报，2009－08－12；李院乐，杨君君．月起桥头公办中小学推广莫家拳．东莞时报，2011－03－09；李映民，李纯，叶启邦．广东东莞600师生传承莫家拳．中国新闻网，http：//www．chinanews．com/cul/2012/04－14/3819344．shtml．

属揭西）。当年福建少林寺被清兵焚毁时，有一叫“何岩”的和尚曾师从洪熙官学拳，火烧少林寺时他逃生出来，向广东流亡化缘。他听闻碣石有一名寺，寺里有个师父能打死一只老虎，于是他就向碣石而来，想看其本领如何，谁料那师父已经去世了。他只得信步而行，忽见人丛中，一个大汉摆着猪肉摊，摊前插着一支耙头，声称能拔得起者，猪肉任割不收钱。他走过去，信手拈来，只一搓，耙头便向上窜起丈外高，顷刻下降，他又不慌不忙，伸开中、食两指，轻轻托住，插回原位。这可喜坏了爱好武术的宰猪大哥，热情地挽留他并接到家里住下来，于是这位流僧就在碣石传授武艺。后来他才把自己的真实姓名和身世告诉人家，当时向这位少林和尚学得功夫的有三人，一人在上四府，一人往下四府，一个成就较高的来自揭阳。这个来自揭阳的正是陈南枝。

陈南枝功力深厚，他不仅苦练过手，而且还苦练过脚。传说他曾舞狮，因不能用脚刮走石臼而丢了脸。为夺回名气，天天练脚，刮踢龙眼树。苦练了好多年，把门前一棵高大的龙眼树刮踢枯死。后来再往舞狮，这回一脚，就把石臼踢走几十步。再一脚，那石臼就滚回原位。陈南枝后来在潮汕开馆，桃李满门，声名日盛，人们尊称其为“好手南枝师”，南枝拳就在潮汕地区流传开来。潮汕平原上，有舞狮的地方，就有南枝拳。十几个舞狮队中都有南枝拳弟子。沉重庞大的狮头，被他们舞得灵活矫健。①

南枝拳注重实战，近身擒拿，手足并用，步稳力沉，步走四面，拳打八方，进退快捷。其内容有拳术、大刀、铁尺、职钩、棍等。拳术有猛虎击洞、四步拳、削竹拳、连环拳等 20 多种。手型有风眼、顶腕、单指、爪、拳、掌。步型有弓步、马步、吊马、扑步。腿法有跳跃、侧踢、收腿踢、踩腿。特点是气势壮旺，刚劲有力，路线宽广，步法灵活，有助于臂力和腿力的锻炼。②

---

① 黄茂烈. 南枝拳. 武林，1983（3）；鱼念溪. 潮汕平原上：有舞狮的地方，就有南枝拳. 环球人文地理，2010（1）.

② 杨武，鲁生，晓剑，李茂. 简明武术辞典. 哈尔滨：黑龙江人民出版社，1986. 72.

第九章 传统医药

中医药地域文化是当地人们在长期医疗实践中逐渐积累起来的一笔巨大的财富，它形式多样，内容丰富，特色鲜明，是各地人民中医药卫生保健的重要载体。我国因幅员辽阔，地区间的差异相当悬殊，形成了一系列颇具特色的中医药地域文化。其中具有南国特色的岭南医学是极具保护和研究价值的非物质文化遗产。

韩愈贬潮州后上表曰："州南近界，涨海连天，毒雾瘴氛，日夕发作。"宋代广东名医陈昭遇所著医书《太平圣惠方》记载，"夫江东岭南，土地卑湿，气候不同。夏则炎毒郁蒸，冬则湿暖无雪，风湿之气，易伤于人。"《岭南卫生方》也讲到"岭南既号炎热，而又濒海，地卑而土薄。炎方土薄，故阳澳之气常泄；濒海地卑，故阴湿之气常盛"，"则居其间者，宜其多寒热疾也"。[①] 岭南医家早认识到地理环境及气候环境对岭南人身体健康的影响，而这正是岭南中医的特点之一。

岭南多雨潮湿，夏热冬暖的亚热带气候也使这里四季常绿，遍地生长着中草药，促成在岭南中医药学中又产生岭南草药学派，"南药"成为岭南中医药地域文化的重要组成部分，历经千年而不衰。现代岭南中医普遍喜欢使用当地生长的草药，如布渣叶、千斤拔、五爪龙、黄皮叶、荔枝核等。岭南人喜欢的凉茶、靓汤，其中就有很多中医药，达到解暑去燥、养生益寿的效果。一些著名中医也常用当地草药来代替一些短缺而价高的中药，如用牛蒡子、千斤拔、五爪龙代替黄芪同样有治四肢酸麻症之用；而香茅头、豆豉姜可祛痛、治眩晕，可作天麻之用。

岭南历史上名医辈出，他们不仅医术精湛，而且深研岐黄奥旨，参以己验，著书立说，汇成浩瀚的岭南医籍，为中国医药学的发生、发展作出了卓越的贡献，在祖国医学发展史上有重要的地位，具有浓郁的地方特色。

岭南医药也有开发性、包容性的特点，它善于吸收中原和其他地区的医疗经

---

① 李璆，张致远原辑；释继洪纂修；郭瑞华，马湃点校．岭南卫生方．上海：上海科学技术出版社，2003．1～2．

验，并积极与海外沟通交流呈现出一种开放的文化态势，同时它也对周边东南沿海的国家和地区的文化产生了一定的影响。[①]

第一节　医药名人

1. 杨孚

杨孚，字孝元，东汉南海郡（今广州）人。汉章帝时做过议郎，主张以孝治天下。他的《南裔异物志》是岭南历史上最早的学术著作，也是我国第一部地区性的物产专著，清代南海人曾钊在辑录《异物志》按语中说："粤人著作见于史志，以议郎为始。"该书主要记载交州一带（包括今广东、广西和越南北部地区）的物产和民族风俗，对岭南药物学的发展有一定的影响。相传，今珠江南岸之所以被称为"河南"，也是缘于杨孚。杨家住在珠江南岸的下渡头村，杨孚辞官时，河南洛阳的百姓感激杨孚的恩德，赠送了他两株松柏，杨孚将其带回故乡并种植于宅前。不料那年冬天居然"引来"大雪盈树。传说这是杨孚在北方为官时清廉感动天地，连洁白的雪花都跟他到了故乡，因而人们尊称他为"南雪先生"，把他的居住地称为"河南"并沿用至今。

2. 葛洪

葛洪是东晋初年著名的道教理论家、炼丹术家、养生学家和医学家，亦被称为现代化学合成药物的先驱。葛洪原籍江苏，青年时代起长期生活在岭南，熟悉岭南的地理风貌，他的主要功绩和著作都是在岭南完成的，故也被视为岭南名家。他的《抱朴子》是一部涵盖宗教、哲学、科学、技术诸多内容的书，涉及炼丹、养生、气功等医学内容。炼丹术的发展为中医制药提供了许多新的炼制方法及新的药物，如用红升丹拔毒生肌、白降丹治疗疮疽等，至今仍广泛地用于中医临床。同时，在药学史上，炼丹术被视为制药化学的先驱。他在医学上反对不切实际的方法，他收集的处方，都是经自己或其他医家使用过的验方，使用的药物则是容易得到的草木植物，极少使用贵重药品。

葛洪所著《肘后备急方》是我国医学文献中的一部杰作，涉及内容十分广泛。书中所介绍的药，多为山乡易得之物，如黄芩、栀子、葱、姜等。又如治疗疟疾，则取随处可生的青蒿绞汁服用。在当时，用青蒿治疗疟疾不仅疗效显著，更为现代药理研究提供了线索。后来，人们从葛洪生用青蒿绞汁的经验中得到启发，低温加工，从青蒿中提取出青蒿素，使之成为一种高效、速效、低毒的抗疟

① 沈英森．岭南中医．广州：广东人民出版社，2000．

疾新药。

葛洪是我国最早观察和记载结核病的科学家。他对狂犬病的关注和实践也有免疫的思想。在世界医学历史上，葛洪还第一次记载了两种传染病，一种是天花，一种叫恙虫病。西方的医学家认为最早记载天花的是阿拉伯的医生雷撒斯，而葛洪在《肘后备急方》里对天花的记载比雷撒斯要早500多年。从其对恙虫病的记载中可知，葛洪不但发现了沙虱，还知道它是传染恙虫病的媒介。他的这一记载比美国医生帕姆在1878年的记载要早1 500多年。

葛洪所创的四庵，是晋唐时期罗浮山药市形成的基础。葛洪的妻子鲍姑也是一位值得称道的中草药专家。她采用岭南地区盛产的红脚艾为患者灸治疾病，疗效卓著，被尊称为“鲍仙姑”。现在广州越秀山下的三元宫内尚有鲍姑井，相传就是当年鲍姑治病用的井水。

3. 支法存

支法存，本是胡人，长期生活于广州，妙善医术，同时虚心学习岭南的民俗及流传于民间的医疗方法，著有《申苏方》五卷。《申苏方》现已佚失，但在《肘后方》、《外台秘要》等书中，共辑录了支法存的存方十七条，如疗中蛊毒吐血或下血皆如烂肝方，疗饮中蛊毒令人腹内坚痛、面目青黄、淋露骨立、病变无计方，疗疟鸡子常山丸方，竹叶常山汤，龙骨丸，防风汤，疗小儿口疮方，疗妇人百病诸虚不足方等。其中用于治疗脚气的处方，使他成为中国治疗脚气病的先驱者。《太平御览》七百二十四卷记载：“沙门支法存者，岭表人，性敦方药。自永嘉南渡，士大夫不袭水土，皆患脚弱，唯法存能拯济之。”“防风汤：……南方支法存所用多得力，温和不损人，为胜于续命、越婢、风引等汤，罗广州一门南州上人常用，亦治脚弱甚良方。”① 如用蒸气疗法治疗溪毒（沙虱），虽是一种民间疗法，但支氏活用此法，用以治疗伤寒，即“汗解伤寒”。这一治疗方法对后世医家影响较大，如张苗、阮河南、徐文伯、许宗等人都受其启发，并进一步将这种方法改进、提高，成为现今的熏蒸疗法。

4. 嵇含

嵇含是晋时人，其所编《南方草木状》一书一般认为成书于西晋永兴四年(304)，距今已有1 700多年的历史。全书共分为上、中、下三卷，介绍的草木分为四类，计80种。今本《南方草木状》共分三卷，记载了植物计80种。其中卷上记草类29种，卷中记木类28种，卷下记果类17种及竹类6种。所记植物充分反映了南方的植物特色，是我国现存最早的地方植物志之一，对古代植物学

---

① 李景荣. 备急千金要方校释. 北京：人民卫生出版社，1998. 173.

的发展有较大影响。《南方草木状》除记载了药物外，还记载了一些食物，如雍菜、甘薯、荔枝等。这些草木，既可入药，也可食用，以后各朝的药物学专著，如唐《新修本草》、宋《经史证类备急本草》、李时珍《本草纲目》都有收录，可见本书对后世影响之巨大。①

5. 陈昭遇

宋元时期，政府和医家编著了大批方书，整理了前代的本草文献，总结了当时全国药物调查成果和临床方药的新经验，在药物辨识、采集、栽培、炮炙、应用以及药政管理等方面都取得了卓越的成就，因此，当时我国的药物学领域处于世界领先的地位，对后世本草学、方剂学的发展产生了深远的影响。岭南草药学在这一大环境下，也比以前有了较大的发展。陈昭遇著《太平圣惠方》一百卷，释继洪撰《岭南卫生方》三卷是这一时期的代表方书。

陈昭遇，南海人，世为名医。宋开宝初年（986）至京师，授翰林医官。“医术尤精验……后加光禄寺丞，赐金紫”。太平兴国三年（978），宋太宗诏翰林医官院各献家传经验方万余首，连同太宗亲收医方千余首，命王怀隐、陈昭遇、王祐、郑奇四人分类编纂，淳化三年（992）书成。此书分 1 670 门，载方 16 834 条，刻板颁行天下。内容包括中医理、法、方、药四方面，是一部临床实用方书，其中亦有食疗的部分，如用鲤鱼粥或黑豆粥治水肿病，用杏仁粥治疗咳嗽等。

6. 其他医药名人及著述

岭南人多患瘴疟，病死者甚多。宋代医僧释继洪，汝州（今河南省临汝县）人，“早岁南游，辄刊瘴疟诸方于岭表，或谓可以济人缓急。兹复以生平所取杂方，编次门类，以鄙见质之同志”②。他纂修了三卷《岭南卫生方》，专门论述岭南特有疾病的治疗方法。此书元明时曾四次刊印，还传到日本等国，被奉为医治瘴疟的圭臬。③

针对岭南常见的瘴疠、恶疾，宋代一些医家，经过长期的医疗实践将它们分为热瘴、冷瘴和哑瘴三种，分别按治伤寒、疟疾和失音伤寒的治疗方法治疗，摸索出一批验方，其中服食“青蒿散”，辅以针刺（叫“挑草子”），正如周去非《岭外代答》中所说：“虽未可收十全之功，往往愈者过半。”元代以后这种地方

---

① 嵇含．南方草木状．朱林宝．中华文化典籍指要．济南：山东人民出版社，1994．1265～1267．

② 释继洪．澹寮集验秘方．严世芸．中国医籍通考（第二卷）．上海：上海中医学院出版社，1991．2322．

③ 潘民中等．平顶山历史人物志．郑州：中州古籍出版社，1995．80．

性多发病逐渐减少，应该说与岭南医药水平的逐渐提高有关。①

长期以来，岭南医家和民间在运用草药治疗疾病方面已积累了丰富的临床经验，形成具备地方特色的、具有显著疗效的独特的岭南草药学派。今天，岭南民间仍喜欢用草药治疗和预防一些常见疾病，如在夏天喝凉茶等。

明清时期的本草书，不仅收载的药物种类多，而且对药物性质、功用及治疗效果的叙述更为详尽。在岭南，有专门论述药物性味的专著《本草格式》。该书是一部专门论述中草药性味的书籍。作者邱濬在序言中说："医书之有本草，如儒家之有字书也，不识字义者断不能为文，不识药性者又安能治病哉？……予以此故，即邵子观物之说，本《周礼》五药之目，拟为《本草格式》，及采取条例一篇，藏之巾笥，以俟后人用焉。"邱濬还著有《群书数方》一书。

一些中原或江浙一带出生的人，成年后长期在岭南任职，逐渐地将自己的知识与岭南的气候环境、人文景观结合起来，编著具有岭南特色的草药书。如华亭人冯时可，著有《众妙仙方》。浙江慈溪人王伦，为官历广东参政，湖广、广西布政使。他精通医术，为官所到之处，均为人治疾，无不立效，著有《本草集要》。王伦著此书是为了"使穷乡下邑，无名医者，可按方治病"。此外，还有不少关于本草的著述，如翟登云，明东莞人，博闻强志，托迹罗浮山，乐道著书，有《集简本草》；郭治，字元峰，南海人，精于医术，著有《药性别》；何梦瑶，清代官吏，文人兼医学家，旁通百家，撰有《本草语》等；黎景垣著有《经验良方》；谭偶著有《验方备考》；邹汤恩著有《景岳新方歌诀》等。②

第二节　百年芝馨

一、罗浮山百草油

东晋裴渊《广州记》记载："（罗）山之阳有一小岭，云蓬莱边山，浮来著此，因合号'罗浮山'。"罗浮山是道教名山。《云笈七签·洞天福地》说，罗浮山为道教十大洞天之"第七洞天"，七十二福地之"第三十四福地"，传说中葛洪、黄大仙、鲍姑、吕洞宾、何仙姑、铁拐李等神仙都曾因为其美景而流连于此。罗浮山也是文化胜地。北宋苏轼曾在这里作下"罗浮山下四时春，卢橘杨

① 颜泽贤，黄世瑞．岭南科学技术史．广州：广东人民出版社，2008．223～224．

② 岭南医药文化网络讲坛，http：//branch．gdpu．edu．cn/yaoxue/x/yurenxuan/gs．asp；沈英森．岭南中医．广州：广东人民出版社，2000．

梅次第新。日啖荔枝三百颗，不辞长作岭南人”的千古名句，令罗浮山闻名于世。明代湛若水90岁高龄在朱明洞建精舍讲学，游者三千余人，“于时讲学之盛，海内莫有过于罗浮者”①。

罗浮山山高林密，有1 200多种药用植物。罗浮山民谣说：“罗浮生百草，棵棵有奇效。”最早关于罗浮山医药的故事来自秦代安期生。到了汉代，朱灵芝在罗浮山研究出了“黄精茯苓轻身”的养生秘诀。唐代时，武则天曾派人到罗浮山建平云阁，希望提炼长生不老药。

相传，1 000多年前，罗浮山一带森林茂密，空气潮湿，瘴气密布，瘟疫流行。葛洪游历罗浮山，在罗浮山朱明洞建南庵，开始采药、炼丹、修道、著书立说。据说，葛洪采集罗浮百草，熬炼出百草药油，医治风寒肿毒等岭南民间常见疾患，使之成为罗浮山一宝。他在《金匮药方》、《肘后备急方》中记述了用罗浮山中草药治病的案例。而“百草油”名字的由来，也以“神农尝百草”而定，本地民间有“昔日神农尝百草，今朝始得百草油”的说法。

葛洪的百草油处方研制出来后，千百年来由罗浮山道士秘传下来，很多是口述，制作工艺未有详细记载，其提取植物精油的工序繁杂，制作技艺也不是很稳定。到了明代，罗浮山黄龙观道士陈伯辉花了整整二十载春秋，在前辈古方的基础上，发掘整理，加工集成，利用罗浮山地区丰富的药用植物资源，炼就了功效奇特、药性平和、内服外用俱佳的“百草油”。罗浮山百草油由68味中草药提取的百草精和11种植物精油配制而成。所用药材均来源于罗浮山，包括两面针、徐长卿、九里香、辛夷花、红花、水芙蓉、还魂草、金不换、千里光、白花蛇舌草、金线风、石仙桃、五月艾、皂角刺、侧柏叶、金耳环、一朵云、七叶一枝花等。②

罗浮山百草油秘方繁而不杂，主次分明，君臣佐使配伍得宜，主要具有清热解毒、祛风除湿止痛、活血祛瘀等功效，治疗针对各种风毒、湿毒、热毒、血瘀毒等引起的一系列病症。在制作工艺上，罗浮山百草油选用茶油作为提取溶剂，将茶油低温长时间浸泡后提取百草精，后再加入多种植物精油配制而成。其制作技艺繁杂，达72道之多，其主要成分植物精油，是道家炼丹术的精进技艺的见证。

百草油的处方和制作技艺由罗浮山道士代代相传。抗战时期曾传颂一个悲壮

---

① 仇巨川．羊城古钞．广州：广东人民出版社，1993．718；姚淦铭．趣谈中国摩崖石刻．天津：百花文艺出版社，2003．272～275．

② 揭金阶，马俊玲，刘想虎，张先洲，周延安．临床中成药物学．武汉：湖北科学技术出版社，2004．315．

的故事。因为百草油功效神奇，很多人对其垂涎三尺，于是有汉奸勾结日本人，强行带走了当时百草油的传人陈玉泉，对其百般引诱，要他交出百草油的祖传秘方，提出只要他愿为日本人熬制百草油，就可以让他安享荣华富贵。陈玉泉宁死不屈，被日本人杀死，连他家的中草药堂也被一把火烧光了。

保存了千年的百草油秘方几经失传，所幸每每失而复得。1970 年，罗浮山制药厂四处寻访当年的老道人、老药工。从收集到的残缺不全的药方中，经过分析、筛选，整理出一个科学的新处方，在制法上仍延续道家制法的精髓部分，并应用现代药剂学和制药生产技术，终于生产出一种优于传统的罗浮山百草油。这种百草油呈淡绿色，用扁平葫芦状小玻璃瓶包装，打开瓶盖，一股清沁的药香飘逸而出，令人精神为之振作。百草油恢复生产后，很快风靡全国，并远销泰国、新加坡和港澳各地。[①]

罗浮山百草油为翠绿色，气味清香，瓶子外观是一个扁平的墨绿色葫芦形，意为道家悬壶济世。据说这个设计源于仙人之助。相传，陈伯辉在考虑盛装容器时遇到了麻烦，圆形葫芦虽然容易携带，但放置不稳，为此，他彻夜不休地进行试验。当时，八仙经常在罗浮山一带游玩，铁拐李看着不忍心，便随手将圆形葫芦一压，底部变成了扁平状，就解决了放置不稳的难题。自此以后，盛装容器形状也一直未发生变化。民间传说“百草精华百草油，百姓良药百姓求”，已成为家居必备良药，内服外用，以祛风解毒、消肿止痛，用于感冒头痛、虫蚊咬伤、无名肿毒、舟车眩晕等。

龙川县老中医邓锦生，以罗浮山百草油和其他药物一起治疗化脓性鼻炎，疗效卓著。在以生石膏、丝瓜络、薄荷、蝉蜕、金银花、连翘、菊花、冬瓜皮、蒲公英、小枳壳、龙胆草、生甘草内服之外，外用自制连矾滴鼻液。制法：黄连 10 克，加水 300 毫升，慢火煎成浓液，过滤去渣，再加入枯矾 3 克，梅花冰片 1 克，珍珠末 2 支，鱼腥草注射液 2 支，罗浮山百草油三四滴，混和装入滴鼻瓶内备用。每天滴 3 次，每次数滴。患者治疗两天后明显好转，症状消失，追访十年未复发。[②]

近年多地蜱虫为害。据介绍，可以用罗浮山百草油预防。因百草油中的各种成分可使虫体麻醉，自行脱落，同时又能消炎镇痛、抗过敏以及驱避蚊虫。[③]

---

① 罗浮山百草油史话．黄每裕．药海远航．北京：中国医药科技出版社，2006．41～43；罗浮山百草油制作技艺．罗浮山国药．http：//www．lfsgy．com/？news－news－read－20．html．

② 曾德环．名医治病．广州：广东科技出版社，1999．477～478．

③ 蜱虫咬人，以防为主．时代周报．腾讯网．http：//finance．qq．com/a/20100920/004636．htm，2010－09－20；罗浮山亚运专题．http：//lfsyy．39．net/1011/15/1543968．html．

二、西关正骨

“西关正骨”是岭南伤科流派重要组成部分，形成于明清之际，盛行于清末民初，有近300年历史。近代众多医师都曾在荔湾区的光复路、龙津路、长寿路、文昌路、和平西路、多宝路以及十三行一带设立医馆，包括黄飞鸿、中国十大伤科医家何竹林及李广海后裔李家裕、蔡忠、霍耀池等一大批中医骨伤科名家，形成的以南派为主的治疗骨伤重症、大症的特色，在广东群众中享有很高的声誉。

西关正骨名医大部分集医武一身，对各类创伤骨折救治经验丰富，且家学深厚，传承有序。在长期的医疗实践中，他们形成了一套独特的理论体系和完整的治疗原则及方法，治疗各种骨折、脱臼、筋伤、骨质疏松症，具有无创伤、愈合快、后遗症少等优点。西关正骨是根据中医药学理论和创伤骨科学辨证施治，以辛凉化湿、活血祛瘀的治疗法以及正骨理伤的手法施治，为我国所独有。西关正骨坚持“天然绿色，无创微创，辨证论治”的治疗理念，“手法复位”、“杉皮夹板”外固定、外敷“古法膏药”的三大绝招被誉为“西关正骨三宝”。“西关正骨三宝”中“手法复位”的“旋、推、顶、压、扳、抖、牵、按”八法独特，不需开刀，是有效的微创疗法，代表手法有何（竹林）氏的“肩关节脱位旋转复位法”、“颞颌关节脱位一抹嘴复位法”等。正骨手法重筋骨解剖，具有复位准确、愈合快的特点。近年李广海、何竹林传人、名医彭健雄、李国准分别研创出“彭氏手法”和脊柱疾患整复法“李氏手法”，以及张（宜新）氏“药棒理伤法”、黄（世波）氏按摩法，在西关正骨“三宝”的基础上进行推进。辅以岭南中草药疗伤治病，具有消肿快、止痛强的功效。出自岭南骨伤名家何竹林之手的“田七跌打风湿霜”、“生肌膏”、“金枪膏”等药，因药用效果显著被市民称为“镇宅良药”。①

西关正骨各种方法都很有历史和特色。其中李氏骨伤科源于晚清，有100余年的历史，是岭南骨伤科名家梁、李、管、蔡、何五大流派之一。李氏骨伤科创始人李才干曾拜金山寺少林高僧为师，学成回乡后，设馆于佛山平正桥沙涌坊，为普罗大众疗伤治病、颇有盛誉。其子李广海，天资聪敏，异于常人，幼承庭训，深得真传。20岁便继承父业，为乡梓服务。时值日寇侵华，日军狂轰滥炸，市民被无辜杀戮。炸伤、烧伤而踵门求医者络绎不绝。李广海义愤填膺，日夜奋

---

① 王平．西关正骨．广州市非物质文化遗产名录图典（2006—2008）．广州：广州出版社，2009．203．

战在医馆的第一线。治疗了大量复合伤、开放性损伤、复杂的闭合伤、烧伤、枪炮弹伤的患者，积累了丰富的临床实践经验。他提出，在有效的夹板外固定前提下，通过有利的“动”能有效地促进骨折愈合、加速关节功能的恢复。李氏精妙而无痛楚的手法复位，对四肢长骨干骨折治疗采用与众不同的形式——力度均匀、松紧度一致的超关节的杉树皮夹板以及叠瓦式绷带分段包扎的外固定形式，能充分发挥动静结合的效果，加之具有正宗少林特色的练功术以及祖传并发展了卓有疗效的内外用药，使李氏在岭南骨伤科流派中独具特色，也在中华骨伤科医林中独树一帜。①

三、岭南传统天灸疗法

天灸，又称三伏灸，最早在孙思邈的《千金翼方》中提出，是中医传统外治疗法之一，也称“药物发泡”和“敷贴发泡”。明朝李时珍《本草纲目》、清初张璐《张氏医通》均较为系统地介绍了用天灸疗法治疗疟疾、哮喘等疾病，并称取得了比较满意的疗效。它是以中医经络理论为依据，选择温肺散寒、化痰平喘的中药研成细末，用姜汁调成糊状，制成药饼，直接敷贴在患者背部的穴位上，通过药物的透皮吸收和经络腧穴的共同作用直接影响到相关脏腑，激发和调整机体内在的生理功能，起到治疗和预防疾病的作用。

天灸疗法结合了时间医学、针灸、中药等各方面的优势，在每年的头伏、中伏、末伏这三天（三伏天）进行，操作简单，无痛苦。实验证明，通过天灸疗法以后，能提高人体巨噬细胞的吞噬功能，增加机体细胞免疫功能，同时血中嗜酸性细胞明显减少，明显抑制机体的过敏状态，对机体防御系统起良性调整作用。

天灸疗法在人体的穴位上进行药物敷贴，能起到局部刺激、神经反射、经络调衡、药物药理、增强免疫等作用，能够鼓舞正气，增加抗病能力，从而达到“春夏养阳”（《素问·四气调神论》）、“冬病夏治”的效果。像支气管哮喘这样的痼疾，中医认为是寒痰伏于内，冬天由风寒所诱发。三伏天是一年中天气最炎热的时候，随着外界气温升高，人体“气易行、血易泻”，痼疾在此时治疗便会变得容易。根据五行与脏腑的相关理论，三伏天中的初、中、末伏属“庚”日，庚对应于大肠，大肠与肺相表里。因此，三伏天灸的适应症并不仅仅是支气管哮喘，还包括一些呼吸系统疾病、消化系统疾病和骨科慢性疼痛性疾病，能够增加机体免疫力，达到治病防病的效果。

---

① 李国准．西关正骨：李氏临症经验·后记．广州：岭南美术出版社，2008．247．

晋代葛洪、鲍姑夫妇是岭南地区天灸疗法著名的倡导者和推广者。葛洪精通针灸术，据说三元宫内原有的针灸经络图碑刻就是他留下的，其著作《肘后备急方》对以药物敷贴穴位使之发泡以治病的验方记载很多。由于岭南独特的地理气候环境以及这两位天灸名家的影响，天灸疗法在岭南地区盛行并广泛发展起来，以其适应症广、简便快捷、经济实用、毒副作用小而深受岭南群众欢迎。一到三九、三伏，各中医院、中医科人流如潮。本着有病治病、无病强身的理念，很多人一到三伏天，便把“天灸”贴药当成必做的功课，岭南天灸已经成为一种特殊的民俗。广东省中医院自1984年大规模开展天灸疗法至今已近30年，至2010年累计接受治疗的患者近200万人次，近几年平均每年有20万人来院贴药。

天灸还包括“三九灸”，在“冬至”开始的一年最冷的三天用辛温药物敷贴特定穴位，使人体阳气更加充沛，可防治支气管哮喘、过敏性鼻炎、感冒、胃痛等疾病。它是对三伏灸的补充。前者是夏病冬治，重在养阴；后者是冬病夏治，重在养阳。两者结合治疗，更可提高机体素质和抗病能力。天灸一般三年为一个疗程。①

四、太安堂中药文化

太安堂系明代隆庆元年（1567）由柯文绍创立。柯文绍一生研习中医药，精通医理，医德高尚。1567年，他获明太医院院使万邦宁亲赠宫廷医药宝典《万氏医贯》，在潮州创立太安堂。立堂训“秉德济世，为而不争”，定堂规“等一至亲，务真务精”，要求“凡馆内医务，须贫富一等；堂中取药，定是羸弱普同，亲如一家”。太安堂以治病救人、寿世济民为宗旨。在400多年的传承发展中，太安堂融合中华传统文化和潮汕人文精神，逐渐形成了独具特色的太安堂中药文化。

太安堂以明朝太医院院使万邦宁所赠医药宝典《万氏医贯》作为医药技术文化底蕴，并在柯氏家族世代传承。据柯氏族谱记载，柯文绍后裔共有七代子孙中举及第，荣登仕途，并代代传承太安堂医业，名医辈出，如柯半仙、柯如枝、柯廷贵、柯廷炎等，均医术高明。太安堂根据太医院御方研制的丸膏丹散，如太安保儿丸、延宗丸、牛黄清心丸、白降丹、万槌吊膏等，疗效显著，盛誉远传。历代传承人谨守太安堂训，奉持“医道即人道，尊德性而道学问；药理亦哲理，

---

① 刘君武，蔡光先，尤昭玲. 中医药知识进万家. 长沙：湖南科学技术出版社，2008. 63~64；谢英彪. 冬病夏治与防病治病. 北京：人民军医出版社，2006；入伏第一天，天灸疗法受热捧. 珠海广播电视台，2007-07-15；广东省中医院天灸成为广州市非物质文化遗产. 39健康网，http://cm. 39. net/a/201177/1741157. html.

致广大而尽精微”，倡导修德敬业，仁心仁术，爱国爱人，造福社会。太安堂制药法是太安堂在传统中药炮制的基础上，采撷各家之所长，秉承明代太医院的精细制作工艺，经过近500年的实践总结，进而形成的一套自家独有的制药理论体系。太安堂精选“道地药材”，制药“遵古法制”，并与时俱进，不断创新提高。太安堂制药讲究“精细”二字，不论是加工炮制，还是炼丹制药，都必须做到“遵古重拓，方经药典，精微极致，大道无形”。2009年建成的太安堂中医药博物馆共收藏和展出了潮州柯氏中医世家历经13代保存下来的6 000余件珍贵的中医药文物。

太安堂的故事

太安堂柯黄氏妈，名荔婉，生于揭阳渔湖，太安堂第六代传人柯振邦长子之妻。其夫不幸中年谢世，儿女尚幼，柯黄氏妈毅然接过太安堂大旗，主持太安堂医馆，成为第七代传人。

1. 柯黄氏妙法解产难

柯黄氏妈精通妇科、儿科，是远近闻名的妇儿科名家。有一次，村里一位孕妇临盆难产，危险之际，其丈夫请来了柯黄氏妈。她望一望孕妇神态气色，便知七八分。摸一摸孕妇肚子，便全然明白究竟。于是拿出两粒专制药丸，让其家人和水送服。约过了一刻钟，她引导产妇运气用劲，婴儿脑袋慢慢露现。柯黄氏妈拿起药碗摔到地上，“嘭”的一声，产妇咋惊咋定，一使劲，一个大胖男婴顺利产出，呱呱落地。原来，产妇怀孕达11个月之久，婴儿头部较大，胎位偏离数厘米，由此引致难产。柯黄氏妈以两粒药丸帮助孕妇培元助气，软化宫颈以利扩张，巧借击碗声，帮助产妇减轻痛苦，顺利分娩，家人万分感激。此事传开，当地百姓称：柯黄氏妙法解产难，医术高明誉满潮。

2. 柯黄氏延嗣称圣手

柯黄氏妈治疗不孕不育症的医术最令人传颂。她深入钻研祖传不孕不育药方，结合亲自实践的经验研制出疗效更好的配方——“麒麟方”，并配制了二十五味“延宗丸”。当时，村里有几对育龄夫妇不能生育，在柯黄氏妈调治下，成功生育。周边乡里也有不少夫妇上门求医得子。一传十，十传百，柯黄氏妈擅治不孕症的名声越传越远，梅州、惠阳、增城，甚至福建、江西等地的患者不远千里前来井里村求医，如愿以偿者不计其数。人们感念其功德，纷纷尊称她为“送子圣母”。雍正年间，潮州有一位知府，名叫胡恂，婚后多年未能得子，求医拜神，始终未能如愿。来潮州任知府后，他获知柯黄氏妈擅医此疾，就带着太太一齐登门求医。4个月后，胡太太果然有喜了。怀胎十月，生下一个胖乎乎男婴，胡知府乐得整天笑容满面。为表谢意，孩子满月时，胡知府特意派人将柯黄氏妈接到府里喝满月酒并当众向柯黄氏妈赠送锦匾，上面写着“送子圣母”四个大字。①

五、陈李济传统中药文化

陈李济创建于明朝万历二十八年（1600），迄今已逾400年，是我国现存最古老的中药企业，是拥有吉尼斯世界纪录的“最古老的正在运营的制药厂”。在清代每年科举秋试时，举子们千里迢迢进京赶考，多备有陈李济名药，以应不时之需。同治皇帝因服其“追风苏合丸”而药到病除，称其神效。由此，以“杏和堂”为商号的广东陈李济更是名噪大江南北。光绪年间，“帝师”翁同龢又为之题写“陈李济”店名，三个鎏金大字至今尚存。

陈李济因诚信而生。早年，广东省南海县人李昴佐，在广州大南门（今北京路194号）经营一间中草药店。一次在船上拾获一包银两，于是在码头苦候失主，终于原封不动把银两归还失主陈体全。陈感于李的高风亮节，将失而复得的银两半数投资李的中草药店，两人立约：“本钱各出，利益均沾，同心济世，长发其祥”，并将草药店取字号“陈李济”，寓意“存心济世”。

“老字号、老地方、老产品”，这是“陈李济”一句叫“三老”的名言。“老地方”是指几百年始终在北京路，“老产品”则是指乌鸡白凤丸、壮腰健肾丸等老产品。但陈李济也是一家常变常新、与时俱进的企业。最叫人拍案叫绝的莫过于它创造了蜡壳药丸的制作工艺。

大多数中药材含有糖、淀粉、挥发物等成分，极易吸潮、霉变或招惹虫蛀。广东香药多，气候湿热，应如何保存？陈李济成功地把蜂蜡与木蜡混合成既不软也不硬的蜡壳，先割成半球形，然后将蜜丸裹在其中，再用蜡密封，这样就可久存而不变质。后来，北京、杭州等地的药铺也相继采用此法，先是限于少数贵重丸剂，慢慢发展到普通药丸也用蜡壳包裹。

长期以来，陈李济以“济世”为念。清末民初，广州民房多为砖木结构，居民又以木柴为燃料，经常发生火灾。而官方没有设消防设备，一旦有火灾，各家自理。老百姓在遇火灾时常常束手无策，损失惨重。“陈李济”司理和股东研究，决定成立义务消防队，购置三部消防车，上面有手压的水枪、火勾、水桶、大小绳索、斧头、竹梯等，还有一药箱随行，以备救急。消防队旗帜黑色，上书

① 柯树泉．嗣寿秘典．上海：上海科学技术出版社，2010.

"陈李济"三个白字（消防车、木桶也写上），一旦某处发生火灾，队员立刻停产出动。此善举深受市民好评，一时传为羊城佳话。有这样的口碑，老百姓平时买药，首先就想到北京路的陈李济。

陈李济秉承"工艺虽繁必不减其工，品味虽多必不减其物"的制药宗旨，坚持"选料上乘"，应用中药阴枝的就不用阳枝，应用根茎的绝不用其叶。严格遵循药材的炮制加工规范，"火兼文武调元手，药辨君臣济世心"，药材均经过一系列独特的加工炮制才入药。如炮制鹿茸末，必须选用东北枝茸，规定"燎去茸毛，用尖刀刮清，开片后再用酒炖使用"。这是因为茸毛会引起咳嗽，所以须刮清；生茸服后会拉肚子，因此要开片炖透。

四个世纪以来，陈李济产品历久不衰，一个重要的原因是注意吸取名医名方，不遗余力地推陈出新。如产量最大的壮腰健肾丸，就是在充分发掘地产药材资源和民间验方的基础上，于1961年由该厂科技人员根据名老中医设计而研制成功的。此药不但疗效显著，而且在毒性试验方面即使增加到一般人服药量的200倍，亦无毒无副作用。经过不断改进，壮腰健肾丸成为一种继承传统而又优于传统的名牌产品，1985年还在新疆石河子发现它对当地流行的氟中毒有特效。

面对西药的重大冲击和激烈的市场竞争，陈李济人大胆继承、勇于创新，挺中医、扬国粹，用现代检测标准检测产品质量。目前，已使用先进的HPLC（高效液相色谱法）进行精确的微克级限量检测，保证产品的质量稳定和安全有效。又将该厂名牌产品"壮腰健肾丸"应用到基因库的水平上进行研究，无可争辩地证明了该产品抗氧化、抗衰老的优良疗效。同时，继续进行新产品研制，开发了治疗自身免疫性疾病的纯中药制剂"昆仙胶囊"，对类风湿性关节炎的临床疗效达到了89.7%，被国家中医药管理局定为第一批中药走向国际市场的"种子产品"。为了完整保留中药的制药历史，陈李济人自筹近千万资金建成岭南首家中药行业博物馆，向世人展示陈李济的历史和博大精深的中医药文化。展品还包括当年义务消防队从英国进口的消防水枪。①

六、保滋堂保婴丹制作技艺

保滋堂是广州地区最早的中药店铺之一，创立于清康熙八年（1669），距今

① 黄一文．同心济世数百年——广州陈李济药厂．广州市政协学习和文史资料委员会，广州市地方志编纂委员会办公室．广州文史（第61辑·广州老字号·下册）．广州：广东人民出版社，2003；陆志霖．老字号，新动力——解读陈李济换装系列报道．羊城晚报，2007－09－14；许俏文．同心济世：南药大宅门．广州日报，2007－07－22；陈李济．中国药文化研究会．http：//www．cpcs．org．cn/laohaolook．asp? id＝831．

已有300多年的历史，是国内贸易部认定的“中华老字号”。

保滋堂创始人潘务庵自小聪明好学，博览经史，专心医学，尤以医儿科驰名。他开办“保滋堂”药店，既诊病，又制作中成药出售。潘务庵本着以诚信立业的理念和民间验方的实践，积累多年医治儿科经验，创出治疗小儿急惊风的良药“八宝珠珀保婴丹”，其疗效显著。道光年间，两广总督一位亲人的婴儿突发高烧，出现惊厥、喉咙多痰等症状，婴儿之父带其到保滋堂就诊，潘医师把脉后即给病婴喂食“保婴丹”，婴儿休息片刻，回家后不久便高烧渐退，两广总督闻之，便亲笔题写“养和种德”，命人制成牌匾，送往保滋堂以作褒扬。“八宝珠珀保婴丹”在民间口碑极好，并传承至今。

保婴丹的处方由20余味药组成，众药材分为君、臣、佐、使，彼此相辅相成，发挥药效，这其中更不乏珍珠、冰片、琥珀等名贵药材。创制此药需要花费大量的心力和物力。保滋堂保婴丹制作技艺的另一特点是以蜡壳包装散剂，有效地防止了药品受潮，患者买回去之后可以长期保存，方便取用。

由于保滋堂保婴丹始终坚持遵古、继承的中医制药理念，从组方、药效、剂型乃至包装，都一丝不苟地以古法为准则，是目前唯一坚持以蜡壳进行包装的散剂成药。因此保婴丹在海外深受欢迎，被广大华侨称为“古方正药”。

1949年以后，广州保滋堂与十多家药店合并成广州一厂。保滋堂经历300多年盛衰，秉承“不求名利，只重精粹”的祖训，在没有大肆宣传和扩大现代化生产的情况下仍能保持其知名度，其儿科良药“八宝珠珀保婴丹”也依然畅销海内外。但因为种种情况，作为保滋堂传统文化载体的广州中一药业目前仅能保留祖传统儿科良药内服“八宝珠珀保婴丹”、外用“小儿暖脐膏”和部分客户订单要求生产的“理中丸”，国内患儿的家长要购买质量上乘的保婴丹竟然要辗转从国外购买。保滋堂保婴丹传统制作技艺在国内处境尴尬，濒临失传，亟待挖掘和保护。①

七、敬修堂传统中药文化

敬修堂始创于清乾隆五十四年（1789）。其创始人为浙江慈溪商人钱树田，他经常从杭州贩运丝绸到广州。因他通晓医道，常自制丸、散、膏、丹，在贩运丝绸的途中，对沿途的病患者常施医赠药，治愈了不少得疑难杂症的患者。因医治好一位富商的儿子，富商出资相助钱树田开办药铺，取名“敬修堂”，寓意“敬业修明、普济众生”。钱树田又自取商标“园田牌”，喻“有钱有田”。当时

① 保滋堂保婴丹制作技艺. 家国网，http：//www. jguo. cn/portal. php? mod = view&aid = 6823.

经营的主要药品有自制的回春丹、乌鸡丸等，很受好评。经过几代发展，规模不断扩大。

敬修堂膏药遵古炮制，精选上等纯良中药，秘制配方，采用严格流程，精心熬制而成，其产品品种多、疗效好，在岭南地区颇负盛名。如意膏、万灵堂红膏药、邬福至寸金丹、罗芝庭太乙膏等，都是当时的知名产品。随着科技的不断进步，敬修堂先后开发了锅炉生产、橡皮膏药等新技术。风湿跌打类药品也是敬修堂的一个特色，包括跌打万花油。此方原为少林派嫡系洪熙官的曾徒孙新锦武师高足蔡忠的验方。1898 年，蔡忠在广州设厂生产自己创制的跌打万花油，对治疗骨折、脱位、刀伤、火伤等卓有成效，当时就畅销东南亚。“二战”期间，日寇侵占广州后，得知有一种由普生园医馆制作的医治跌打创伤的神药万花油可以用于治疗战争中的伤员，因而急欲得到其配方和制作工艺。日寇多方寻找蔡忠的下落，欲逼其献出独门配方。幸而蔡忠早就得到风声，把配方赠给在广州享有盛誉的规模更大的药房——敬修堂。蔡忠愿将秘方相送，足见其对敬修堂的信任。“跌打万花油”这一名牌产品因此经敬修堂得以流传于世，造福后人。敬修堂又研制出治疗风湿类疾病的追风透骨丸、追风透骨玉龙油、麝香跌打风湿膏布等风湿用药“三剑客”，形成了风湿跌打类药品著名品牌。①

八、采芝林传统中药文化

采芝林创立于清嘉庆年末，距今已有 180 多年的历史。采芝林寓意采神药之灵气，除世人之疾患，以“兴药济世，治病救人”为立店宗旨。它最早由南海河清堡黎氏同族四人合股始创，在惠爱大街、广州府署西侧的清风桥边（原中山五路 95 号）创办，采取前店后作坊的模式，经营中药配剂为主，兼营一些膏丹丸散成药。由于采芝林的药材药味齐，自制的清火眼丸和枇杷膏疗效又好，药铺所处的惠爱大街是广州市府中心，经常车水马龙，所以很快兴旺起来。又得到番禺举人刘华东书写的“采芝林”牌板，做成黑漆底凸金字的大招牌，参花挂红，悬放在店堂正中。一时间，采芝林声名鹊起，远近闻名，生意越做越旺。

经历了数代人的苦心经营，采芝林逐渐发展壮大。1933 年，采芝林到黎氏祖第五代子孙黎子铭时，其经营特色不变，前店后作坊，仍以中药配剂为主，但增加了许多珍贵药材，如麝香、熊胆、珍珠、羚羊角、犀角等，兼营十几种膏丹丸散成药，独家制作的清火眼丸、枇杷膏已成招牌药。

① 敬修堂传统中药文化. 广东文化网，http://www.gdwh.com.cn/mjzt/2010/0429/article_681.html.

1956年公私合营，采芝林改变了前店后作坊的经营方式，中药店与制作业分离，不再自制成药，并被定为广州地区四间中药配剂重点店之一。几十年来，采芝林良好的形象和信誉在顾客、市民心中留下了深刻的印象。现在的采芝林总部设在北京路药材商场，拥有30多家零售门店，是华南地区首屈一指的中药名店。其业务包括药材种植、药材收购、药材加工炮制、中药配剂和成药出售，是岭南地区颇具影响力的文化品牌。①

九、潘高寿川贝枇杷膏

光绪年间（约1890年前后），广东开平人氏潘百世、潘应世兄弟在广州高第街设药铺，店号“长春洞”。长春洞是前店后场式的药铺，前店卖药，后场制丸，雇工10余人进行生产。后来潘百世的四子潘郁生看到南方气候炎热多雨且多乍暖乍寒天气，人们容易患伤风咳嗽，但市面销售的枇杷露多是独味单方，治咳疗效不显著，于是将具有润肺镇咳作用的川贝母和有祛痰作用的桔梗与枇杷叶一起熬炼成药。为消除病人怕苦的心理，还在药液中加上香料和糖浆，将汤剂改为糖浆剂，定名为“潘高寿川贝枇杷露”，并逐渐发展成为潘高寿的一个名牌产品。1956年公私合营后，潘高寿药行与生产止咳枇杷露、止痛散、济众水的大同成药社和生产白萝仙咳水及丹杜莲皮肤水的中华成药社合并，组成“公私合营潘高寿联合制药厂”，扩大了生产规模，并继续以川贝枇杷露为主体产品，保持了原“潘高寿”的传统特色。

川贝枇杷露之所以历久不衰，原因就在于配方和工艺上的日臻完善。近些年，潘高寿在积极开发新产品的同时，对于老牌产品川贝枇杷露亦在组方上研究改进，使药料的配比上更趋合理，工艺上亦不断改进。针对川贝的特性，将传统的水煮法改为酒提的方法，制成川贝流浸膏，使有效成分充分释出，然后以半制品的形式加入药液，使治咳的疗效更加显著。潘高寿药厂还不断引进新技术、新设备，大力改造和扩建生产场地，从昔日手工业作坊式生产变为现代化大生产企业。

潘高寿亦首创蛇胆川贝枇杷膏。此膏由名贵中药蛇胆汁和川贝母等组成，其中蛇胆汁能清肺化痰，祛风镇咳；川贝母能清热润肺，止咳化痰；枇杷叶具有清肺化痰之功效；桔梗能宣肺祛痰利咽；半夏能燥湿化痰；薄荷脑透表利咽。这些药物共奏清肺润燥、化痰止咳、辛凉透表之功。蛇胆川贝枇杷膏可用于风热咳

---

① 采芝林．广州图书馆网站，http：//www．gzlib．gov．cn/shequ_info/gzfengwu/GZfengwuDetail．do？id＝362288．

嗽、温燥咳嗽、虚劳肺燥咳嗽所见之咳喘气促、咯痰不爽，痰黄质稠等症，相当于西医之上感、急性支气管炎、肺炎等见上述症候者；还可用于烟酒过多之喉痒干咳、咯痰不爽。蛇胆川贝枇杷膏气味独特，清凉润喉，口感舒适，夏日炎炎，将其雪藏或调成饮料雪藏后服用，效果更佳。①

潘高寿蛇胆川贝枇杷膏的疗效已经现代医学证明。NIH 小鼠实验证明，它可以显著地增加气管酚红排出量，可以扩张气管平滑肌，显著抑制炎症和肉芽肿的生成，具有良好的祛痰、平喘、抗炎功能。经广东省中医院、广州市第一人民医院、第二人民医院、市中医院、市胸科医院等单位临床治疗观察，该药对急、慢性支气管炎、肺气肿引起的总有效率达 97%，对肺结核所致的咳喘总有效率为 86.79%。②

十、源吉林甘和茶

源吉林甘和茶是佛山著名传统中成药。清光绪十八年（1892），源吉荪和他的两个儿子源文瑞、源文湛创办流泽堂源吉林的牌子，由时任医师的源文湛拟就一批中成药处方，其中有甘和茶、回春散、戒烟丸、牙痛水、肚痛丸等成药，并以甘和茶为主打，开始生产和销售。

源吉林甘和茶为凉茶类中成药，主要功效为防暑、消食、治感冒。清光绪二十四年（1898），广东中北部一带流行性感冒蔓延，源氏家族动员全部力量赠饮送药，采取试饮、赠饮施茶，并赠送少量成品等方法促进宣传，同时写广告到各地张贴和散发。就这样，经过一段时间的努力，甘和茶的影响逐渐扩大，其市场逐渐从珠三角延伸到粤东和粤西。甘和茶入口凉苦，饮后余甘，在酷暑天确有清热祛暑、治疗风热感冒的效果。施茶者逢人便说：“饮甘和茶入口苦的，是感冒未侵，饮之可以预防；入口微甜的，是感冒已侵，饮之可以治病。”这就越发吸引过路人跃跃欲试了。不少病患在服用后，轻者获得痊愈，重者也减轻了病症。同时甘和茶保持质优价廉，售价低至 1 个铜钱。患者在感激之余又一传十、十传百地推荐甘和茶，甘和茶的名声于是大振。

在甘和茶的经营过程中，源氏家族始终以施药济世、薄利多销为宗旨，恪守“戒逸豫、戒奢华、但愿饱餐长久饭；敦慈和、敦孝义、务须多种吉祥花”的祖训，派出专人到全国各地的药材产区搜寻，收购正宗的黄芩、川莲、春砂仁、首

① 广州潘高寿药厂．中国广州网，http：//www. guangzhou. gov. cn/node_ 2230/node_ 437/node_ 444/2005－06/11183092551916. shtml.

② 贾钰华，赖新生．实用中医新方新药临床手册．北京：中国医药科技出版社，1998．73～74.

乌等30多味制茶用药，到清远定购上等山茶，以确保药料地道上乘。同时，采用九蒸九晒的方法进行生产，即把各种药材按比例配好分作三份，每份各熬三次，每次药汁熬好后放入茶叶吸收，然后烘干，如此反复九次。经此严格工序制出的药茶，颜色乌亮，茶味甘而性和，故名"甘和茶"。甘和茶当时在不很长的时间里便风行全国，成为一种家喻户晓的家庭必备良药。1893年冬，广东出现罕见的严寒天气，连下大雪数天，不少平民食硫黄御寒。因热毒攻心，到翌年夏天浑身生满泡疮者不计其数，更有不少平民因得不到救治而死亡。这时源吉林甘和茶发挥了它的清热解毒功效，挽救了大批患者的生命，使他们迅速恢复了健康。从此以后，甘和茶的信誉日隆，被称为"清热解毒有万应之妙药"。这时，甘和茶的年产量达8万~10万盒，销到广东、湖南等地。至光绪三十一年(1905)，甘和茶的销售量呈直线上升，达到20万盒以上。

从1923年起，源氏家族着意开拓外部市场，在香港开设分店，又把甘和茶推广到新加坡，1932年开设新加坡分店。到抗日战争爆发之前，源吉林甘和茶在国内外的总行及分店已发展至六间，平均每月外销甘和茶6 000箱，内销3 000多箱（每箱15.1千克，合共200盒，2 000小包）。这是甘和茶发展史上的鼎盛时期。目前甘和茶在国内和海外都有出售，至今东南亚地区以及世界有华人的区域仍有源吉林甘和茶的销售网点。

甘和茶的成分包括紫苏叶、青蒿、香薷、薄荷、葛根、前胡、防风、黄芩、连翘、桑叶、淡竹叶、广藿香、苦丁茶、水翁花、荷叶、川木通、栀子、茵陈等多味药材，有疏风清热、解暑消食、生津止渴的功效，可用于治疗感冒发热、头痛、骨节疼痛、食滞饱胀、腹痛吐泻。①

第三节　日常保健

一、潮州的草药茶

1. 青草药

潮汕民间有"三月三，荠菜当灵丹"的保健谚语。"五月五日午，天师骑艾虎，蒲剑斩百邪，鬼魅入虎口"，指的是端午时节，将艾叶、菖蒲挂在门上，能起到消毒杀菌，驱瘟避疫之功。盛夏三伏，流火炎蒸，暑邪袭人致中暑。医贤断

① 源而壮．百年字号源吉林的甘和茶．广州市荔湾区政协文史资料研究委员会．荔湾文史（第3辑），1991；佛山市医药总公司．佛山市药业志．佛山：佛山市医药总公司，1992.

言“暑症断得着，青草三二叶”，民间流传有“青蒿、莲叶，解暑妙药”等保健谚语。“时令染时疾”、“时药防时病”，是说按不同季节的致病机因，科学地选择适合时令的草药防治常见病、多发病。青草药方便、易得、经济、灵验、妙效，又能起到防病、保健、“不治已病，治未病”之功。

民间也有许多用时令草药水煎饮服防治时病的方法。彭锦先生搜集的有：“额头烧烧，三个葱头加三片生姜”；“双目红红，龙胆草加叶下红”；“鼻水流流（指感冒流鼻涕），五粒青橄榄（稍捣碎）加点白菜头（指白萝卜，是中医‘青龙白虎汤方剂’）”；“齿痛痛，铺地锦加盐酸仔（捣碎加点食盐咬在齿痛处）”；“脚痹痹，挽草来贴鼻（局部血循环不畅会引致脚足麻痹，用青草贴在鼻梁上，脚腿活动一下舒筋活络便好了）”。又有用大青叶加工研制而成的青黛，调食醋外敷红肿痛热的流行性腮腺炎（俗称“猪头肥”）的方法。①

2．保健凉茶

潮州的保健凉茶，共性为“凉”，形态多种多样。据陈锦荣先生介绍，有以下六类：

（1）清热解表之凉茶。

①银翘夏桑菊凉茶（组成：银花、连翘、夏枯草、桑叶、菊花各5克加适量甘草）。

冲泡方法：将以上各药洗净，加水后煮沸3～5分钟，然后倒入茶壶中冲泡，反复二三次。

其中的银花与连翘是清热解表的药对，桑叶与菊花又是疏散风热、清头目的药对，夏枯草可以清肺热肺躁，甘草可以调和诸药。此凉茶对于感冒后发热多恶寒少、头痛咽喉干苦等“风热感冒”有很好的保健治疗作用，但“凉身”或胃寒者慎用。

②银花苏叶薄荷茶（组成：茶叶、银花各9克，苏叶、薄荷各5克）。

冲泡方法：将上药洗净后，用开水冲泡，代茶饮。

用于外感风热并有咽喉痛者，但体虚容易出汗者慎用。

（2）清热去湿之凉茶。

①茅根竹心猴蔗茶（组成：鲜茅根20克、鲜竹心5克、鲜猴蔗30克）。

制作方法：将以上三味切碎洗净加水煮至出味，取药液饮用。

此方是潮州民间常用之草药茶，在街头巷尾，一到夏天，就有小贩在喊“茅根竹心猴蔗”，此茶对于因湿热而出现的小便不利，有清解作用。

---

① 彭锦．潮汕草医草药文化．羊城晚报，2011－07－05．

②山葡萄茶（仅用潮汕草药山葡萄一味晒干，每次用干山葡萄15克左右）。

冲泡方法：或是先煎后取汁，或是冲泡饮用，可加红糖适量。

此药茶可以解湿热、利小便，是潮汕人夏季常用的“草药茶”。

(3) 清肝明目之凉茶。

①桑菊决明子茶（组成：桑叶、菊花、草决明各10克左右，其中草决明打碎）。

冲泡方法：先将以上三药加水煮5分钟左右，再倒入茶壶中，冲泡饮用。

此凉茶有桑叶与菊花之疏风平肝清热作用，加入决明子的清肝明目又通便之功效，对于肝火旺，眼红或大便干涩者效果甚好。

②羚羊冬瓜册水（组成：羚羊丝0.3克，加数片冬瓜册）。

冲泡方法：将以上二味放在杯中，冲入滚水，加盖，约20分钟后即可饮用。

羚羊清心肝之热，加入冬瓜册又清润肺胃之火，更加强清肝火退胃肠热之作用，若素有气虚者，可加入西洋参1克左右。

(4) 解暑凉茶。

①潮州暑茶袋泡，共由36种中草药组成，既有潮州人解暑草药山甘茶以及中医传统使用的藿香、佩兰、青蒿、药丸草、莲叶等解暑药，又有健脾利湿之半夏、茯苓、扁豆以及一些益气生津之中草药，具有明显的防暑解暑、健脾利湿之药用功效。“潮州暑茶”已被列入潮州市非物质文化遗产项目。

冲泡方法：取一袋泡“潮州暑茶”，放入保温杯中，加滚水冲泡15分钟左右，即可饮用，以防暑解暑，若已感中暑，则要用2小袋如上泡制，以供服用，可见效。

②鲜荷叶茶（组成：鲜荷叶一张、鲜竹叶数片，绿茶3克）。

将荷叶、竹叶洗干净，切成细丝，与茶叶一同放入茶壶，以沸水冲泡，频频饮用。

用于夏天解暑之用。也可用保健中草药剂“荷叶茶”（将鲜荷叶经科学提炼而成冲剂）一包，冲滚水饮用。

(5) 养阴凉茶。

①熟地水（以熟地切片加水煮至成褐色，有甘甜微苦味）。

将煮好的熟地水或单纯饮用，或加入少许红糖，可收到养阴解虚热的目的，但胃气虚而消化不良者不宜多用。

②菊花麦冬茶（组成：以菊花与麦冬，经科学提炼而成冲剂）。

用菊花麦冬茶一小包，冲开水即可饮用。麦冬能养肺胃之阴，可以生津止渴，再加上菊花之清热疏风，口感也好，是潮州人暑天解热养阴之绝好保健茶，对于素有肺胃阴虚者更好。

(6) 泻火凉茶。

①黄连茶（以黄连2克左右打碎，绿茶5克）。

将黄连碎与绿茶放入茶壶中，如冲潮州工夫茶，频频饮用。可用于肺胃积火，或是熬夜火盛，但体虚而虚火内生者不宜服用。

②鸭舌草水（鲜鸭舌草10～15克）。

将水煮沸，加入生鸭舌草，焯5分钟左右，将草药捞起，留下鸭舌草液，可加入适量红糖。

鸭舌草为潮州特有草药，多为家种，有清热凉血、解毒散结作用，用于肺热喉痛之症，但脾胃虚寒者不宜用。①

二、客家药方药膳

客家人的先辈们经过长期的迁徙，定居在南方各省。在长期的生活实践中，积累了许多日常医药经验。“二两白米煮成汤，七根葱白七片姜，熬粥兑入半杯醋，伤风感冒保安康。”这是流传于岭南地区尤其是客家山区常用的中草药小验方“姜葱粥”。客家人每遇干咳，喜用鲜枇杷叶100克，去毛水煎，治疗干咳少痰，或咳嗽胸痛之症。据近百例临床观察显示，一般服药3剂，干咳可止。名医谢震强还发现了用新鲜马齿苋治疗肺结核的方法，并用民间草药治好了身患甲状腺瘤的病人。②

客家人发现了大量南方本地的中草药并积累了丰富的使用方法，将其与日常生活结合起来，以适应当地的环境气候和生活习惯，具有简、便、验、廉的特点，为客家先辈们抵抗疾病、强身壮体、繁衍子孙后代作出了不可磨灭的贡献。

客家地区的药膳，是客家民间饮食的一大特色。将中草药与食物相配，药借食味，食助药性，一方面是美味的食物，另一方面又可以预防疾病、强壮身体，因此深受百姓喜爱。如常见的汤饮“生地土茯苓汤”、“艾根鸡肉汤”等。

客家老火靓汤是采用肉类食物加上客家祖传的中草药、野生草根、豆类、风

---

① 陈锦荣．潮州保健凉茶面面观．潮州日报，2012－06－20.

② 谢震强．客家人村居实用验方．广州：羊城晚报出版社，2008．3，4，13；谢益坚，谢文英．愿将人病犹己病，救得他生是我生——全国职业道德先进个人、广东省名中医谢震强．河源市政协文史资料编辑委员会，河源市卫生局．河源文史资料（第17辑·医药卫生专辑），2007。谢按：枇杷叶为常用清肺止咳药，然用量一般在5～15克左右，客家人用大剂量达100克。并取其鲜者，则药专力强，以风热燥火干咳和秋燥干咳最为对症。又，治肺结核，取鲜马齿苋300克，洗净捣汁，去渣加蜂蜜少许（以甜为度），一日二服，不可间断，连服两月，多可治愈，冬月无鲜品，可用晒干马齿苋半斤煎取浓汁服亦验。

味菜干等纯天然绿色植物经长时间清炖而成，汤香肉美。同时，根据煲汤料不同，还具有清肝明目、去湿利水、润肺止咳、健胃消食、补气养血、养颜美容、强筋活络、壮阳补肾等各种不同功效。一锅客家老火靓汤，蕴涵浓浓的亲情，让人沉醉。

部分药物特性与制法：

石参根：凉润，生津祛湿、清心润肺，消积滞、静心、护肝。是酒店的上等汤料，具有独特的芳香味，口感甘纯。用法：取30~50克用清水浸泡5~15分钟，洗净后加入猪骨或鸡、鸭煲或炖汤。

牛乳树茎：温，通经活络、壮筋骨、祛风解热、消积滞。体内有湿气者，可取50克用清水洗净后加入猪骨或鸡、鸭煲汤，味甘、清香。汤有淡淡的奶香味。

五指毛桃：温，益气补虚、行气解郁、活络壮骨、健脾化湿、止咳化痰。用法：取50克用清水洗净后加入猪骨或鸡、鸭煲汤，口感甘、清香。如果喜欢喝浓一些的汤，可以加80克黄豆、2颗蜜枣一起煲。味香甜。

五月艾：温补，归脾、肝、肾，调经去瘀、安胎，治月经不调、脐腹冷痛等。用法：取20~30克用清水洗净后加入猪肉或兔、鸡、鸭煲汤或焖，味微苦、甘、清香。

五叶神：性凉，可治失眠多梦，化痰止咳、平喘、抗癌、抗衰老、降血脂。取10~15克五叶神用清水洗净后加入猪骨或鸡、鸭肉煲汤，味清、甘甜。降血压、降血糖，清肺。

鸡骨草：凉，清热解毒、舒肝止痛、祛黄护肝。用法：取30~50克用清水洗净后加入猪骨或鸡、鸭煲汤，味甘香。

鱼腥草：凉，清热解毒、利湿消肿、入肺脾经。用法：取20~30克用清水洗净后加入猪骨或鸡、鸭、鱼煲汤，口感清香。

溪黄草：凉，清热解毒、清肝利胆、退黄祛湿、凉血散瘀。用法：15~20克用清水洗净后加入猪骨或鸡、鸭、鲤鱼煲汤，微苦、甘、清香。①

三、广东凉茶

凉茶是岭南人民根据本地的气候、水土特性，在长期疾病预防与保健的过程中，以中医养生理论为指导，以中草药为基础，总结研制出的一种具有清热解毒、生津止渴、祛火除湿等功效的日常饮品。

---

① 广东老火靓汤（客家）. 开心网，http：//www. kaixin001. com/repaste/22169055_407572915. html#relation=parent&message=%7B%22loginprobe%22%3A1%7D&_=0. 9158698537560699.

岭南人饮用凉茶历史悠久、相习成俗，与本地气候和水土有很大关系。古时，岭南（主要是两广）为百越之地，也是中原人称蛮夷戎狄的“南蛮”，“地湿水温”，水质偏燥热，身体易“聚火”，因此瘴疠病毒肆虐。淮南王刘安谏汉武帝远征岭南时说：“南方暑湿，近夏瘴热，暴露水居，蝮蛇蠹生，疾病多作；兵未血刃，而病死者十之二三。”公元306年，东晋道学医药家葛洪南来岭南。当时瘴疠流行，他对岭南各种温病医药进行了深入研究，救人无数。葛洪的研究和实践以及后世岭南温派医家的总结、民间防治疾病过程中积累的经验，形成了岭南文化底蕴深厚的凉茶文化，其配方、术语世代相传。数百年来，林立于广东、香港、澳门的凉茶铺，形成了一道岭南文化的独特风景线。

历史最早的广东凉茶品牌是由广东鹤山人王泽邦于清道光八年（1828）始创的王老吉凉茶。茅根竹蔗水、菊花茶等是广东家常凉茶之一，有清热下火、生津止渴、润肺排毒之疗效。常用的五花茶、夏桑菊、王老吉等凉茶，一般味苦性寒，适用于四时感冒、头痛发热等积滞之症。小儿七星茶由味甘淡性寒流之药物组成，适用于小儿感冒发热、烦躁咬牙等症。

广东凉茶具有独特的文化底蕴。无数关于凉茶的历史典故、民间传说在岭南和海外广为流传。“宝芝林”因黄飞鸿早就饮誉海内外；“王老吉”的创始人王泽邦被称为“药侠”，与慈禧太后、洪秀全、太平军、林则徐等历史人物及事件紧密相连；名扬中外的“李众胜堂”药店在普济凉茶配方的基础上研制出保济丸、保和茶，广受民众欢迎。

广东凉茶配制技艺以家族世袭传承下来，已有数百年历史。“文革”中，凉茶文化在内地遭到了严重破坏，不仅凉茶铺关门，有关凉茶的制作器具、遗址、遗迹、史料、照片等文物也所剩无几，但其在港、澳地区仍得到保存。目前广东、港澳凉茶产量已达200万吨，2006年，凉茶销量已超过可口可乐在中国内地的销量。2007年产销量达600万吨，销售范围已覆盖全国及美国、加拿大、法国、英国、意大利、德国、澳大利亚、新西兰等近20个国家。凉茶文化得到了民众的广泛认可。

初饮广东凉茶的外地人，对凉茶唯一的感受就是一个字——“苦”。本地人往往能从“苦”里喝出“甘”。凉茶可以做到凉而不寒，清热而不伤脾胃，对肝肾没有毒性，四季皆宜，无病时可防病，有病时能治病，“秋冬防秋燥、春夏去暑湿”，成为深受民众喜爱的日常饮品。

广东凉茶有广义和狭义之分。广义的凉茶泛指一切清凉的汤药，轻则如“夏桑菊”、“竹蔗茅根汁”、“石岐凉茶”等之属；重则如“白虎汤”、“犀角地黄汤”之剂。狭义的凉茶仅指药方中加有茶叶的清凉汤剂，如“东莞鲁太爷甘露茶”就是在山楂、神曲、麦芽、防风、陈皮、乌药、厚朴、枳壳等药物中加入旧茶叶而成。无论广义或是狭义的凉茶，或多或少，或轻或重都带有寒凉之性，唯“热气”者所宜，适合包括内热、火气较重或者湿热重、口气大、面色黄赤等情况的人饮用。

中医认为，人与自然界息息相关。广东凉茶的饮用应随季节变化，选择不同的凉茶种类。春夏两季阳气升发，人体腠理相应疏松开泄，选用凉茶宜轻清，以免发散太过，耗损气阴；长夏易感暑而挟湿，选择凉茶宜以清热消暑祛湿为主；秋多燥邪，燥易伤肺，宜选用清肺润燥养阴的凉茶；冬季阴气至盛，人体腠理致密，阳气内敛，选用凉茶不宜过寒过猛，以防伤及阳气。①

1. 常见凉茶配方

凉茶一般有清热解表茶、解感茶、清热润燥茶、清热化湿茶。各种凉茶配方各有不同。

（1）王老吉。由10味中药组成：以岗梅根、淡竹叶、五指柑清心火、解热毒；配以山芝麻、布楂叶、金沙藤、金樱根、木蝴蝶利湿通淋，除肠胃之火；再以金钱草、火炭母冰血去瘀，疏肝和胃。这些中药是天然植物，能有效地去除人体的毒素，提高免疫力。

（2）湛江伤风咳茶。由桔梗、浙贝母、桑叶、紫苏叶、防风、荆芥、枇杷叶、薄荷、前胡、天花粉、厚朴、甘草组成。可治疗伤风咳嗽，发热头痛，鼻塞流涕，喷嚏喉痒。

（3）夏桑菊茶。集夏枯草、桑叶、菊花等植物，味道甘甜，气味芳香。主要针对风热感冒，可以清热解毒，清火明目，秋冬防肺燥，春夏祛暑湿。

（4）邓老凉茶。包括金银花、白茅根、菊花、桑叶、蒲公英、甘草等中药，具有清热解毒、疏散风热、抗病毒、解热、抗炎等作用。

（5）清开灵。由金银花、黄芩、板蓝根、栀子、水牛角、动物胆酸、珍珠层粉等7味中药组方制成。该药具有抗病毒、清热毒、醒脑开窍、抗菌等功能。对各种病毒（热毒）性感冒、上呼吸道感染等有显著的预防和治疗效果。

（6）金银花茶。主要成分为金银花、山芝麻、菊花，具有清热解毒、凉血消暑、降火利咽、生津止渴、清除风热感冒、热血毒痢、痈肿疔疮、温病发热等功效。

（7）五花茶。主要成分为金银花、菊花、槐花、葛花、木棉花。选用纯中

① 秦艳芬. 广东凉茶. 广州：广东科技出版社，2002.

药精制而成，具有清热解毒、生津止渴、解酒去湿、健胃消滞等作用。[①]

2. 自制夏季保健凉茶

（1）陈皮茶：将干橘子皮10克洗净，撕成小块，放入茶杯中，用开水冲入，盖上杯盖焖10分钟左右，然后去渣，放入少量白糖。稍凉后，放入冰箱中冰镇一下更好。常饮此茶，既能消暑，又能止咳、化痰、健胃。

（2）桑菊茶：将桑叶、白菊花各10克，甘草3克放入锅中稍煮，然后去渣叶，加入少量白糖，桑菊茶就制成了。可散热、清肺润喉、清肝明目，对风热感冒也有一定疗效。

（3）薄荷凉茶：取薄荷叶、甘草各6克放入锅内，加2 500克水。煮沸5分钟后，放入白糖搅匀。常饮能提神醒脑。

（4）西瓜皮凉茶：将西瓜皮外层片下，洗净后切成碎块，放入适量的水煮半小时左右，去渣取汁，再加入少量白糖。有去暑利尿解毒之效。

（5）桑叶茶：桑叶、菊花各5克，薄荷3克，苦竹叶、白茅根各30克洗净，放入茶壶内，用开水泡10分钟即成。代替茶水随时饮用，辛凉解表，适用于风热感冒。[②]

---

① 秦艳芬. 广东凉茶. 广州：广东科技出版社，2002；樊荣. 冰与火：王老吉营销风暴. 深圳：海天出版社，2009. 6；常用凉茶. 中医中药网，http：//www. zhong - yao. net/zy/dq/cj/200905/166345. html.

② 欧红梅. 中医实用保健宝典. 北京：人民军医出版社，2009. 50 ~ 51.

第十章 传承与保护

一、非物质文化传承和保护的原则

根据2003年联合国教科文组织《保护非物质文化遗产国际公约》，“保护”是指采取措施，确保非物质文化遗产的生命力，包括这种遗产各个方面的确认、立档、研究、保存、保护、宣传、弘扬、传承（主要通过正规和非正规教育）和振兴。2011年2月25日颁布的《中华人民共和国非物质文化遗产法》也指出“保护”包括“调查、确立、传承传播，法律责任”。保护非物质文化遗产应当坚持以下几个基本的原则：

（1）以人为本。物质文化遗产与非物质文化遗产共同承载着人类社会的文明，是文化多样性的体现。非物质文化遗产离不开人。既需要全社会的人来保护，也需要专门的人的传承。非物质文化传承人的消亡，意味着非物质文化遗产的消失。因此，非物质文化保护首先要做到以人为本。

（2）集体传承。非物质文化非一人所能够完成。因此要坚持整体保护原则，既要保护传承人，又要提供必要的传承场所，还需要提供必要的经费和条件，以确保授徒、传艺、交流等活动的开展。

（3）原态保护。原态保护不仅包括保护非物质文化项目的具体、原生形态，还包括保护其原生态环境及其特定的文化空间和环境，以尊重其文化的独立性、完整性和自由发展。

（4）活态保护。非物质文化依托于人和社会而存在，具有能动性和创生性。目前许多传统的非物质文化还处于创新和发展之中，散发出勃勃生机。这就需要坚持活态保护原则，呵护非物质文化遗产的生命发展。

二、广东传统非物质文化遗产现状

1. 具体工作仍需加强

在非物质文化遗产保护中，政府起着至关重要的作用。虽然广东的非物质文化遗产保护已经取得了不少成绩，2011年7月29日广东省制定并通过的《广东非物质文化遗产条例》等措施也显示了政府的决心和努力，但相对于广东丰富的非物质文化遗产来说，仍旧有很多工作要做。特别是基层、具体工作还有很长的路要走，包括提高对非物质文化重要性、保护非物质文化紧迫性的认识，探索推广具体的工作方法和措施，等等。现在广东的许多非物质文化遗产项目，走的还是自生自灭的市场化道路。经费短缺的窘境、部分传承人由于种种原因放弃传承等现象依然存在。可以由政府引导和推动非物质文化相关的文化教育、休闲娱乐、艺术欣赏、度假旅游以及服务性的消费行为，做到政府投入、非物质文化遗产收入、非物质文化遗产保护、群众直接受益的良性循环。各级政府可将非物质文化遗产保护纳入当地经济、社会发展的全局，进行合理规划和部署。还可以在此基础上，创建自己的非物质文化遗产品牌文化，走出广东，走向全国，走向海外。

2. 民众参与不够

非物质文化遗产保护是一项来自民众、服务民众的事业，功在当代、利在千秋。2010 年文化部研究确定了“非遗保护，人人参与”的主题，要求各省、自治区、直辖市文化厅（局）精心组织开展丰富多彩的非物质文化遗产保护活动，引导社会公众关注并积极参与非物质文化遗产保护。广东也组织了很多活动，比如迎春花市、端午龙舟大赛等。但仅靠政府是不够的。非物质文化的特性，决定了它需要大量民众的关心和参与。这就要求相关部门进一步创造条件，营造氛围，让更多的群众参加，也需要群众提高对传承文化的责任感。我们的调查发现，虽然大多数年轻人对传统戏曲、艺术的保护抱肯定态度，但接触少、了解浅，参与不积极，传承现状不容乐观。因此，有必要让非物质文化保护体系化、体制化和社会化，将非物质文化纳入学校教育和社会教育，从人，特别是青少年做起，提高民众的参与热情和参与能力，以保证千年文化不至流失在我们手中。

3. 许多项目处于濒危状态

随着时代的发展，各种新兴文化形态层出不穷，部分传统文化经受着冲击，甚至面临严重的生存危机。比如罗定的泷州歌曾经是老百姓口耳相传、喜闻乐见的民歌，现在面临无人可歌的困境。珠海斗门的水上婚俗，虽然入选了国家非物质文化遗产，但随着当代“酒店婚礼”的流行，已经不可能挽救，只能采取博物馆留存、旅游开发等措施来保护。再如怀集“贵儿戏”作为广东 13 个戏剧剧种之一被列为怀集县非物质文化遗产，近年也处于濒危状态。所幸当地想方设法保留这一独有的剧种，成立了桥头镇" 和贵堂" 贵儿戏剧团，经常在墟镇或下村寨免费为群众献演，延续“贵儿戏”的艺术生命。

三、群策群力，参与广东非物质文化遗产的传承和保护

根据非物质文化遗产保护的特征及保护原则，结合广东省非物质文化遗产保护的现状及问题，需要我们群策群力，参与本省非物质文化遗产的传承和保护，让我们祖先的珍贵文化遗产延续下去，并将它们交给下一代。

1. 认识、了解身边的传统文化，了解家乡的悠久历史

根据我们对全省民族传统文化艺术教育情况所作的调查，大多数青年学生对传统文化有一定的认识，肯定在学校开设相关课程的作用和意义，同时也正在积极参与相关课程的学习。由于传统非物质文化和民众生活息息相关，因此，理论学习只是一方面。在课程之外，还需要我们深入社会、深入生活，了解我们的家乡和我们的文化，了解家乡悠久的历史、丰富的色彩、纯朴的人民，亲身参与到文化和历史之中，感受到它活生生的存在，亲身参与其中。这也是传统非物质文化学习和传承的方式之一。

2. 参与非物质文化的保护，为文化的延续尽一份力

建立和完善非物质文化遗产保护机制，非物质文化遗产保护是一项系统工程，需要各级政府、各级各地的文化部门、宣传部门以及本领域的专家学者等相关部门和人员通力协作、互相配合，同时也需要我们生活在其中的每一个人参与和推动非物质文化遗产工作的持续有效开展。

目前非物质文化保护的工作还有很多。首先是非物质文化立法还有待加强。需要尽快结合广东非物质文化遗产的特色和广东非物质文化遗产保护的现实状况制定相关的地方法规。通过立法，明确界定“广东非物质文化遗产”的保护范围、权利主体和保护期间，确定分类扶植、保护和抢救的程序、方法，禁止非物质文化遗产的不法使用和不当使用，明确知识产权的归属，规范市场秩序，理顺行政主导与民间协调保护行为的关系，引导“非物质文化遗产”健康发展。其次，通过大力宣传，提高社会对非物质文化遗产保护的意识。应当积极进行非物质文化遗产保护知识普及教育，使民众从小树立非物质文化遗产保护意识，使非物质文化遗产能够继续作为活的文化传统在青少年当中得到继承和发扬。

3. 采取有效途径，让传统非物质文化不再濒危

文化需要传承，文化需要发展，文化需要不断地活化。目前，广东非物质文化遗产保护刚起步，许多非物质文化遗产还处于较为初级的开发阶段，部分进入市场轨道，参与市场竞争。但更多的需要促活和发展，让它更具生命和活力。比

如非物质文化旅游，包括非物质文化遗产的品牌价值、旅游价值和其他商业价值的开发，视听材料、歌舞表演、民族服饰等的制作，丰富多彩的节庆、群众文化活动等，构建文化生态，繁荣、活跃民族民间文化，为广东非物质文化传承和发展提供有力的支持和保障。

后　记

本书包含了笔者近年教学研究以及全国教育科学十一五规划课题“广东传统非物质文化课程资源开发与利用”工作的一些心得，亦为相关课程教材。部分内容和观点已经在《文化遗产》、《岭南文史》、《戏剧》、《岭南学》、《南国红豆》、《农业考古》、《华南农业大学学报》、《汕头大学学报》、《中医文献杂志》、《羊城今古》等刊物以及学术会议发表。编撰过程中尽可能比较全面地学习了广东各种非物质文化文献资料和前人工作。参考引用的内容和图片，或者在文中注出，或者尽可能将能够找到的资料来源作出说明。能力条件所限，不能一一向各位编辑和作者致意，在此一并表示衷心的感谢。

本书的完成，与暨南大学出版社的支持分不开。他们对传统文化的热忱让笔者感动。李艺老师为本书付出了大量心血。中山大学黄天骥教授、叶春生教授和华南农业大学吴建新教授慨予许多鼓励和帮助。

相关工作始于2006年开设的同名课程。华南农业大学教务处提供了良好的条件。中文系117位同学、选修课139位同学参加了调研。李桂芹老师，陈晓燕、罗烁章同学做了很多文字工作。中山大学中国非物质文化遗产研究中心、华南师范大学岭南学研究中心、广东省社会科学界联合会、广州文学艺术创作研究院等单位，戏曲界、教育界、文化界诸多师友一直以来的支持关爱和学生的热情参与是教学和研究得以进行的重要原因。恕不详列。

广东传统文化是广东人的珍贵财富，同时也是中国和世界的。无论“本土”还是“新客家”，生活在这里的人们始终被它的历史和文化所萦绕。了解越多，大家在耕作这片土地时就越有兴味，在这片土地上的生活也会更加生动。囿于视野和篇幅，本书从先人、前辈和同道的实践和总结中浮光掠影，以蠡测海。言不尽意，错漏难免，敬请读者指正。

徐燕琳

2012年6月